普通高等学校"十四五"规划商贸类专业问题导入式数字化精品教材

会计学基础

Fundamentals of Accounting

主编 ◎ 胡春华　赵清露

华中科技大学出版社
http://press.hust.edu.cn
中国·武汉

内 容 提 要

本书密切结合当前我国会计理论和大数据相结合的现实需要，以我国的会计制度和会计准则为指引，引入数字资源，系统介绍了会计学的概念、职能与目标、会计核算的前提要求、会计要素与会计账户、借贷记账法及其在工业企业中的应用、会计凭证、会计账簿、财产清查及会计报告的编制。书中每章章末提供了思考题及配套练习题，具有较高的实用价值。

本书理论知识与相关案例相结合，教学与实战演练相结合，且编写体例科学，便于学生更好地进行会计知识的融会贯通，在掌握会计理论知识的过程中也能及时甄别岗位风险，严守会计职业道德。

本书可供高校或专科院校相关专业学生学习、参考，也可为专业人士提供借鉴和参考。

图书在版编目(CIP)数据

会计学基础/胡春华，赵清露主编. -- 武汉：华中科技大学出版社，2024.5. --（普通高等学校"十四五"规划商贸类专业问题导入式数字化精品教材）. -- ISBN 978-7-5772-0917-3

Ⅰ．F230

中国国家版本馆CIP数据核字第2024AS4688号

会计学基础　　　　　　　　　　　　　　　　　　　　　　　胡春华　赵清露　主编
Kuaijixue Jichu

策划编辑：陈培斌　周晓方　宋　焱
责任编辑：陈培斌
封面设计：廖亚萍
责任监印：周治超
出版发行：华中科技大学出版社（中国·武汉）　　电话：(027) 81321913
　　　　　武汉市东湖新技术开发区华工科技园　　邮编：430223
录　　排：华中科技大学出版社美编室
印　　刷：武汉市籍缘印刷厂
开　　本：787mm×1092mm　1/16
印　　张：15
字　　数：372千字
版　　次：2024年5月第1版第1次印刷
定　　价：49.80元

本书若有印装质量问题，请向出版社营销中心调换
全国免费服务热线：400-6679-118　　竭诚为您服务
版权所有　侵权必究

普通高等学校"十四五"规划商贸类专业问题导入式数字化精品教材

编委会成员

顾　问

袁永友（武汉纺织大学外经贸学院）

主任委员

刘汉霞（武汉纺织大学外经贸学院）

委　员　（以姓氏拼音为序）

龚　锋（湖北大学知行学院）

胡春华（武汉纺织大学外经贸学院）

胡柳波（武汉东湖学院）

胡晓峰（武汉工程科技学院）

李　林（武昌首义学院）

刘　力（武昌工学院）

马光菊（武汉学院）

彭　艳（武汉纺织大学外经贸学院）

王笑影（京东物流集团）

王　艳（武汉华夏理工学院）

王玉婷（武汉纺织大学外经贸学院）

詹羲洲（三峡大学科技学院）

张　舫（武汉纺织大学外经贸学院）

张迎燕（武汉纺织大学外经贸学院）

总 序
Introduction

党的二十大报告指出，我国进入了全面建设社会主义现代化国家、向第二个百年奋斗目标进军的新征程，高质量发展是全面建设社会主义现代化国家的首要任务。高质量发展要坚持教育优先发展、科技自立自强、人才引领驱动，加快建设教育强国、科技强国、人才强国，坚持为党育人、为国育才，全面提高人才自主培养质量，加快建立人才资源竞争优势，培养德智体美劳全面发展的社会主义建设者和接班人。

站在"两个一百年"奋斗目标的历史交汇点，培养全面建设社会主义现代化国家所需要的应用型人才，是我国应用型本科高校的历史使命和责任担当。应用型本科高校区别于传统学术型、研究型高校，它是满足地方经济社会发展对应用型人才的需要以及推进我国高等教育大众化进程的产物。应用型本科教育坚持对应用型人才的培养，强化专业体系的应用性、职业性和发展性。《中国教育现代化2035》明确提出"优化人才培养结构""加大应用型、复合型、技术技能型人才培养比重"，使得大力发展应用型本科教育、强化应用型人才培养，成为高等教育改革发展的时代命题。

教材建设是高等教育改革发展的一项重要内容，高质量的教材是培养合格人才的基本保证。办好应用型本科教育，培养应用型人才，要求我们重视应用型本科教育教材建设，编写和出版具有应用型本科教育特色的教材。编写一套适应新时代发展趋势的应用型本科高校经济管理类教材，与中国经济发展同频共振，是编者多年来的愿望。

那么，如何做好应用型本科高校经济管理类教材的编写工作呢？习近平总书记说过，"我们中国共产党人干革命、搞建设、抓改革，从来都是为了解决中国的现实问题"，编者根据习近平总书记讲话精神，在编写具有自身特色、解决中国现实问题的应用型本科高校经济管理类教材时注重以下几点。一是在体系上坚持进行基本理论介绍，注重数字经济前沿理论的引入。在重视基本理论的描述和学科知识的介绍的基础上，引入数字经济背景下的新理论、新理念和新方法。二是在内容上强化问题意识，坚持问题导向。通过实际情境中的问题引出分析问题、解决问题的思路、方法和技巧。三是开发本土案例，讲好中国故事。在学习借鉴西方企业经营管理经验的同时，注重开发中国本土案例，让世界看到中国企业品牌力量和发展前景。

为了做好这项工作，我们邀请了一批应用型本科高校教授、博士、骨干教师和本地优秀企业家，共同撰写《国际服务贸易教程与案例》《市场调查与数据分析实务》

《会计学基础》《情商与管理沟通》《大学生创业基础》《商务谈判》等一系列教材。这批教材涉及国际经济与贸易、工商管理、市场营销、会计学等专业，既涉及专业基础内容又涉及专业核心内容，既有理论又有实践，其共性是在大数据背景下反映新时代应用型人才培养的要求。在华中科技大学出版社的大力支持下，我们终于迈出了实现梦想的第一步。

虽然这些教材还有很多不尽如人意之处，存在诸多不足，但所有编者为贯彻落实教育部《普通高等学校教材管理办法》，本着育新人、兴文化、展使命的初心，以只争朝夕、追求卓越的精神，对接学科前沿，为促进教学信息化改革、实现经济管理类教材提质增效做出了不懈的努力，他们辛勤的汗水体现在每一本教材的字里行间。后期我们还会进行第二批教材的编写工作。

在教材即将付梓之际，我们对华中科技大学出版社的支持表示衷心感谢！

教材如若有不妥之处，敬请各位专家学者批评指正，提出宝贵意见！

丛书编委会

2022 年 11 月

前言

会计专业作为经济学领域的核心领域，正经历着快速发展并具有广阔的应用前景，其核心任务是记录、分析和解释经济交易和财务信息。随着全球经济的复杂化和全球化程度的提高，会计专业正经历着新的挑战和机遇。随着数字化转型、数据分析、可持续发展会计、国际会计标准以及新兴技术的影响，会计专业人员将在未来扮演更加重要的角色。我们期待会计专业能够不断创新，适应经济发展的需求，为企业和经济发展提供可靠的财务信息和决策支持。

《会计学基础》作为会计专业学生入门级的学习教材，其主要阐述会计学的基本理论、基本方法和基本操作技术，是整个会计学科体系的理论基础，也是会计初学者迈入会计学科的第一扇门。万事开头难，能否让学生对会计产生学习兴趣，能否使其构建起对会计逻辑的正确理解，本教材的内容编写发挥着关键作用。本教材结合多年来的课堂教学实践经验和国内外会计变革的最新进展，确定结构体例与内容编排，主要体现以下三个方面的编写特点。

一是遵循知识的内在逻辑。《会计学基础》的知识体系具有内在的逻辑规律：首先是要搞清楚会计对象，然后是会计要素、会计科目与账户，最后是学习会计相关方法，包括复式记账、借贷记账法、试算平衡。基本方法和理论学完之后接着是实务中的内容，包括记账凭证、会计账簿、财务会计报告。知识点循序渐进，初学者能够一步一步弄懂会计的基本工作范畴。

二是注重教学方法的嵌入。将案例教学法、问题导向教学法等先进教学方法嵌入教材之中，引导学生学习的兴趣。每章在内容开头设置了学习目的与要求、学习重点与难点、案例导入，从案例着手引导学生带着问题去思考、去学习；每章结尾安排了本章小结，对每章重要的知识点进行概括说明，并附带了思考题及练习题，可以检验学生对本章内容的掌握程度。

三是实现产教融合、校企合作。本教材不仅根据企业的实务需要，体现国家最新颁布的会计准则、税法等法律法规内容，而且实现大学教材与企业培训教材的协调。

本教材可供高等院校会计学专业及其他经管类专业学生使用，也可供会计工作者、会计教师和其他与经济管理相关的工作人员使用。

本教材由胡春华、赵清露担任主编，郭菊、黄知兰参与编写。具体分工如下：胡春华编写第四章、第五章和第六章；赵清露编写第二章和第三章；郭菊编写第一章和第七章；黄知兰编写第八章和第九章。

由于各位编者水平有限，本教材难免有疏漏、错误之处，敬请各位同行、读者批评指正。

编　者

2024 年 2 月

目 录
Contents

第一章　总论 …………………………………………………………………… 1

第一节　会计的概念及特点 / 2
第二节　会计的职能与目标 / 6
第三节　会计核算的基本前提 / 8
第四节　会计信息质量要求 / 11

第二章　会计要素与会计账户 ………………………………………………… 16

第一节　会计要素 / 17
第二节　会计等式 / 24
第三节　会计科目 / 28
第四节　会计账户 / 33
第五节　会计核算的基础 / 35

第三章　复式记账 ……………………………………………………………… 44

第一节　复式记账原理 / 45
第二节　借贷记账法 / 46
第三节　总分类账户与明细分类账户 / 54

第四章　借贷记账法在工业企业中的应用 …………………………………… 62

第一节　工业企业主要经济业务概述 / 63
第二节　资金筹集业务的核算 / 64
第三节　固定资产取得业务的核算 / 71
第四节　采购业务的核算 / 75
第五节　生产业务的核算 / 82
第六节　销售业务的核算 / 93
第七节　利润形成和利润分配的核算 / 100
第八节　资金退出企业的核算 / 109

第五章　会计凭证 …………………………………………………………… 119

　　第一节　会计凭证概述 / 120
　　第二节　原始凭证 / 122
　　第三节　记账凭证 / 130
　　第四节　会计凭证的传递与保管 / 137

第六章　会计账簿 …………………………………………………………… 145

　　第一节　会计账簿的意义和种类 / 146
　　第二节　会计账簿设置与登记要求 / 150
　　第三节　会计账簿的格式与登记方法 / 153
　　第四节　对账与结账 / 162
　　第五节　错账的查找与更正 / 164
　　第六节　会计账簿的更换与保管 / 168

第七章　财产清查 …………………………………………………………… 174

　　第一节　财产清查概述 / 175
　　第二节　财务清查的方法 / 179
　　第三节　财产清查结果的处理 / 181

第八章　财务报告 …………………………………………………………… 193

　　第一节　财务报告概述 / 194
　　第二节　资产负债表 / 196
　　第三节　利润表 / 204
　　第四节　现金流量表 / 208

第九章　会计核算程序 ……………………………………………………… 215

　　第一节　会计核算程序意义和种类 / 216
　　第二节　记账凭证会计核算程序 / 217
　　第三节　科目汇总表会计核算程序 / 219
　　第四节　汇总记账凭证会计核算程序 / 221

参考文献 ……………………………………………………………………… 227

第一章 总论

学习目的与要求

通过本章学习，学生了解会计的产生和发展，会计核算的基本方法，熟悉会计核算和会计监督的关系，掌握会计定义、会计特点、会计基本职能和会计目标。

学习内容

1. 会计的历史与发展、会计机构、会计人员。
2. 会计的概念及会计的特征，会计的对象与目标，会计的基本职能，会计的核算方法。
3. 会计基本假设，会计基础。
4. 会计信息的使用者及其质量要求。

学习重点

1. 会计的核算方法、会计基本假设和会计基础。
2. 会计信息的使用者及其质量要求。

学习难点

1. 会计基本假设、会计基础。
2. 会计信息的质量要求。

> **案例导入**
>
> 太原龙城制衣公司是一家专门为煤炭企业生产工装的企业，主要从事各种工装的生产与销售业务。东山煤业是龙城制衣公司的最大投资者，同时，为了扩大规模，除投资者投资外，龙城制衣公司还向工行太原晋源支行等银行贷款。企业共有职工200余名，其主要原料供应商为北京龙城纺织有限公司等5家家纺用品生产企业，其主要客户为山西省及其周边的煤炭企业。上述与企业相关的各方，均需从不同角度了解企业的生产经营情况。例如，企业经营是盈利还是亏损？借给企业的钱是否可以按期偿还？企业支出是否合理？企业是否按照国家法律规定及时、足额地交纳各项税费？企业提供的数据是否真实？等等。回答上述问题必须依靠会计工作。那么什么是会计，会计的职能有哪些，会计为谁服务呢？

第一节 会计的概念及特点

一、会计历史与未来

（一）会计的历史

会计的历史源远流长，在文字出现之前，我们就用符号、图画记录狩猎的收获。在我国历史上的很长一段时间内，会计主要用来管理国家层次上的财政收入与支出，而民间所用的会计一直是比较简单的。会计的发展可划分为古代会计、近代会计和现代会计三个阶段。

◆ **1. 古代会计阶段**

古代会计，从时间上说，就是从旧石器时代的中晚期至封建社会末期的这段漫长的时期。从会计所运用的主要技术方法方面看，主要涉及原始计量记录法、单式账簿法和初创时期的复式记账法等。此间会计所进行的计量、记录、分析等工作一开始是同其他计算工作混合在一起，经过漫长的发展过程后，才逐步形成一套具有自己特征的方法体系，成为一种独立的管理工作。

◆ **2. 近代会计阶段**

近代会计的时间跨度标志一般认为应从1494年意大利数学家、会计学家卢卡帕乔利所著《算术、几何、比及比例概要》一书公开出版开始，直至20世纪40年代末结束。此间在会计的方法技术与内容上有两点重大发展，其一是复式记账法的不断完善和推广，其二是成本会计的产生和迅速发展，继而成为会计学中管理会计分支的重要基础。

◆ **3. 现代会计阶段**

现代会计的时间跨度是自20世纪50年代开始到目前。此间会计方法技术和内容的发展有两个重要标志，一是会计核算手段方面质的飞跃，即现代电子技术与会计融合导致的"会计电算化"；二是会计伴随着生产和管理科学的发展而分化为财务会计和管理会计两个分支。1946年在美国诞生了第一台电子计算机，1953年便在会计中得到初步应用，其后迅速发展，至20世纪70年代，发达国家就已经出现了电子计算机软件方面数据库的应用，并建立了电子计算机的全面管理系统。从系统的财务会计中分离出来的"管理会计"这一术语在1952年的世界会计学会上获得正式通过。

（二）会计的未来

"互联网＋"是把互联网的创新成果与经济社会各领域深度融合，推动技术进步、效率提升和组织变革，提升实体经济创新力和生产力，形成更广泛的以互联网为基础设施和创新要素的经济社会发展新形态。近些年来，"互联网＋"逐步深入人心，已经改造及影响了各行各业。会计工作的许多方面也与互联网开始深入融合，网络代理记账、在线财务管理咨询、云会计与云审计服务等第三方会计审计服务模式初现端倪；以会计信息化应用为基础的财务一体化进程不断提速，财务共享服务中心模式逐渐成熟；联网管理、在线受理等基于互联网平台的管理模式成为会计管理新手段；在线联机考试、远程培训教育等已成为会计人才培养重要的方式。

2015年的全国"两会"上，李克强总理在政府工作报告中提出制定"互联网＋"行动计划；最近，国务院正式发布《关于积极推进"互联网＋"行动的指导意见》，明确了推进"互联网＋"的总体思路、基本原则、发展目标和11个具体行动。到2025年，网络化、智能化、服务化、协同化的"互联网＋"产业生态体系基本完善，"互联网＋"新经济形态初步形成，"互联网＋"成为经济社会创新发展的重要驱动力量。

《关于积极推进"互联网＋"行动的指导意见》的发布，标志着我国全面开启通往"互联网＋"时代的大门，会计行业也将迎来一场前所未有的变革。

（1）"互联网＋"为会计技术的发展提供了新支撑。随着云计算、大数据、移动互联网等新兴技术的快速发展，会计信息处理更实时、动态、集中，会计核算更规范、高效、便捷，信息技术的发展为会计技术的演进升级提供了有力支撑。

（2）"互联网＋"为会计人员的转型带来了新机遇。在互联网技术和大数据融合的辅助下，单位构建涵盖财务分析与预测、财务战略规划、资本市场运作、全面预算管理、风险控制和绩效管理等较为完备的现代化管理体系成为可能，将有助于会计核算向价值管理转型，推动管理会计独特作用进一步体现。

（3）"互联网＋"为会计职能的转变创造了新环境。随着网络技术的迅速发展，会计职能已从传统的"信息处理和提供"转向"信息的分析使用和辅助决策"。从"事后算账"转向"事前预测、事中控制"。加快推进"互联网＋"，有利于更好地发挥会计的预测、计划、决策、控制、分析、监督等功能，推动会计工作提质升级。

面对"互联网＋"给会计改革与发展带来的新功能，会计行业只有扎根于经济社会发展，服务于国家治理能力的提升和企业创新进步，才能永葆生机和活力。当前和今后一个时期会计行业需要从以下几个方面做好准备，迎接"互联网＋会计"时代的到来。

在会计管理层面，要为促进"互联网＋会计"时代的深度融合营造有利的政策环境。既要完善会计标准体系及配套机制，又要加快修订有关会计法律法规制度，为会计与互联网深度融合提供有力保障;既要稳步推进互联网技术在会计考试、继续教育、会计人员管理等领域的有效应用,又要利用信息技术规范管理,提高效能,推动会计管理与会计监督工作再上新台阶。

在企业层面,要为适应"互联网+会计"时代的新要求做好调整与准备。既要充分认识"互联网+会计"时代的商业模式、思维模式及数据处理模式的大变革,在管理思维、经营理念、组织架构等方面做出调整与准备,又要充分发挥互联网在信息交换、数据汇总、集成管控等方面的优势,在会计岗位设置、会计职能定位等方面做出调整与准备,使管理会计的职能得到充分发挥,让企业财务部门更有效地参与分析决策、进行内部控制。

在会计师事务所层面,要为抓住"互联网+会计"时代的新机遇而加快信息化建设步伐。要充分运用移动互联网、云计算、大数据等信息技术,既应用于协同办公管理系统建设、行业信息管理系统升级和行业信息化咨询服务,更要完善会计师事务所的审计软件应用,推动借助于互联网的"智能审计"业务加快发展,切实提升会计行业服务国家战略的水平。

在会计人员方面,要为应对"互联网+会计"时代新挑战而奋发学习。广大会计人员一方面要适应互联网所带来的信息技术新挑战,学习、掌握互联网应用技术,在财务管理工作中应用大数据、云计算等新手段,借助信息新工具,更高效地履行分析、决策、辅助管理等新职能;另一方面要适应互联网所带来的业务延伸新挑战,加强国际化能力的全方位锻造,为服务企业"走出去",承接境外企业会计外包业务等做好准备。

总之,随着"互联网+"时代及大数据时代的到来,社会经济的发展和管理要求的不断提高,会计经历了一个由简单到复杂、由低级到高级的不断发展完善的过程。

会计就业岗位

从会计的发展可以看到,未来会计的就业市场是很大的,同时也面临很多挑战。

会计岗位是各个领域或行业用人单位必不可少的工作岗位,只要存在经济活动,就需要设置会计机构,建立会计部门,设置会计岗位,安排会计工作,因而会计专业的就业门路是很广的。同时,随着社会经济的高速发展,各行各业对会计类人才的需求不断增加,会计专业人才将成为热门人才。这对学生毕业后就业非常具有优势。但是,高职会计专业是更加追求实用型的专业,其职业更是非常讲究实际经验和专业技巧,需要熟练会计操作技能、财务管理与审计的各种方法、计算机的基本操作技能等。会计专业是我国的一大热门专业,每年投身会计专业考试的人数都成倍增长,且其毕业生的就业率极高,分布在各个行业领域中,具体就业岗位如下:

(1)各类企事业单位、会计师事务所、经济管理职能部门、金融与证券投资部门、外贸公司等单位与部门从事会计与财务管理等工作岗位;

(2)各大企业、银行、酒店、学校等从事出纳、财务会计、内部审计、财务管理等工作岗位;

(3)从事会计师、注册会计师、证券分析师、银行职务、商业咨询、税收等工作岗位。

现在社会上对于学历的要求越来越高,在很多用人单位的招聘中,大专以上学历是一个基本的招聘条件,这也使得越来越多的人想要考取证书以达到就业、升职加薪等目的。目前国内的会计专业考试分为两个类别,分别是会计职称类证书、注册会计师资格证书,都有着非常大的影响力。

三 会计的概念

会计是人类社会发展过程中从生产职能中分离出来的一种附带管理工作,它起源于实践,是为管理生产活动而产生的。随着社会经济的不断发展,生产规模日益扩大,生产、分配、交换、消费活动错综复杂。会计从简单地计算和记录财务收支,逐渐发展到利用货币来综合地反映和监督经济过程。通过长期的社会发展,科技越来越发达,通信越来越完善,电子计算机逐渐替代了手工核算,实现了会计信息化。

会计已经成为现代企业一项重要的管理工作。企业的会计工作主要是通过一系列会计程序,对企业的经济活动和财务收支进行核算和监督,反映企业财务状况、经营成果和现金流量,向会计信息使用者提供会计信息,参与经营管理,提高企业经济效益,促进市场经济健康、有序的发展。

会计是以货币为主要计量单位,运用专门的技术方法,核算和监督一个单位经济活动的一种经济管理工作。

所谓单位就是国家机关、社会团体、公司、事业单位和其他组织的统称。本教材主要介绍工业企业经济业务的会计处理。

四 会计的基本特征

会计具有以下几个基本特征。

◆ **1. 会计以货币作为主要计量单位**

在现实经济生活中,人们主要采用实物量度、劳动量度和货币量度三种计量尺度。前两种量度具有具体、直观的优点,但缺乏综合性、可比性。而货币量度则将千差万别的财产物资、劳动消耗和劳动成果折合为统一的价值量,具有很强的综合性和可比性。实物量度和劳动量度作为货币量度的补充。

◆ **2. 会计拥有一系列专门方法**

会计的方法是指用来核算和监督会计内容、完成会计目标的手段。会计的方法包括会计核算方法、会计分析方法和会计检查方法。会计核算方法是对经济活动进行全面、综合、连续、系统的记录和计算,为经营管理提供必要的信息所应用的方法,它是整个会计方法体系的基础。

◆ **3. 会计具有核算和监督的基本职能**

会计核算和监督的基本职能,即对已发生的经济业务以会计专业术语进行描述,并在此基础上对经济业务的合法性和合理性进行审查。

◆ **4. 会计是一个经济信息系统**

我们从会计认识上分析会计的各项活动,不难得出,会计的各项活动都体现为对信息的某种作用。取得原始凭证,是信息的获取;原始凭证的审核,是信息的特征提取和确认;设置会计账户,是信息的分类判别。

◆ **5. 会计的本质就是管理活动**

会计是社会生产实践过程中分离出来的一种附带管理工作。会计工作通常在单位内部管理过程中的系统中进行，每一个管理环节都离不开会计人员的参与。从会计职能的属性上分析，核算和监督本身就属于一种管理活动，因而会计的本质就是一项经济管理活动，它属于管理范畴。

第二节 会计的职能与目标

一、会计的对象与目标

（一）会计对象

会计的对象是指会计所核算和监督的内容，具体是指社会再生产过程中能够以货币表现的经济活动。以货币表现的经济活动通常又称为资金运动或价值运动，即会计的对象就是资金运动或价值运动。需要注意的是社会再生产过程中只有能够以货币表现的经济活动才是会计核算和监督的内容。

由于各单位的性质不同，经济活动也各不相同，因而具体的会计对象也不相同。本教材主要介绍工业企业具体的会计对象。工业企业是从事生产加工和销售的营利性企业，为了进行生产经营活动，必须拥有一定的资金。对于工业企业而言，资金指的是企业所拥有的各项财产物资的货币表现，在生产经营过程中，资金的存在形态不断地发生变化，构成了企业的资金运动，表现为资金投入、资金运用（也称为资金的循环与周转）和资金退出三个过程，如图1-1所示。

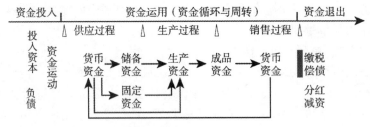

图1-1 工业企业资金运动

资金投入主要由企业所有者投入的资金和债权人投入的资金两个部分构成，前者属于企业所有者权益，后者属于企业债权人权益，即负债。根据资金投入的概念可得出会计等式"资产＝负债＋所有者权益"。

资金运用（资金的循环与周转）分为供应、生产、销售三个阶段。企业拥有一定的资金后就需要进行生产经营活动，资金状态不断地发生变化。首先，在供应过程中，企业要买机器设备（劳动资料）、原材料（劳动对象）等，发生包装费、保险费、运输费等采购成本，与供应单位发生货款结算关系，此时资金状态由货币资金转化为储备资金、固定资金。其次，在生产过程中，生产工人（劳动者）借助劳动资料对劳动对象进行生产加工，生产过程中产生的材料费、固定资产折旧费、生产工人工资等，此时资金状态由储备资金、固定资金转化为生产资金。生产完成，产成品完工入库，此时生产资金转化为成品资金。再其次，在销售过程中，企业需要将产品销售给客户，取得销售收入，与此同时还需支付产品包装、运输、广告等费用并与购货方及税务部门等发生相关结算关系，此时成品资金又转化为货币资金。资金的主要表现形式是货币资金。通常将资金从货币形态开始，依次经过固定资金、储备资金、生产资金、成品资金，最后又回到货币资金这一运动过程称为资金循环，周而复始的资金循环称为资金周转。

资金退出主要包括偿还债务、缴纳各类税金、向投资者分配利润、经法定程序减少注册资本等。资金的退出是指企业的资金离开企业，退出的资金不再参与资金的循环与周转。

上述资金的投入、运用和退出等经济活动所引起的各项财产物资和资源的增减变动情况及在生产经营过程中产生的成本和费用，就构成了工业企业会计的具体对象。

上述资金运动呈现出显著的运动状态，同时也具有某一特定时点上的相对静止状态。以上述工业企业为例，企业持续生产经营需要有一定的经济资源，它们分布在企业生产经营过程的不同阶段和不同方面，称为资金的占用。另一方面，这些经济资源的取得需要通过一定的途径，包括投资者投入的资金或是债权人提供的借款等，称为资金的来源。企业的资金在任一时点上均表现为资金占用和资金来源两个方面，即"资产＝权益"，它们相互联系，相互制约。

（二）会计目标

会计目标也称会计目的，是要求会计工作完成的任务或达到的标准，即向财务会计报告使用者提供与企业财务状况、经营成果和现金流量等有关的会计信息，反映企业管理层受托责任履行情况，有助于财务会计报告使用者做出经济决策。

财务报告使用者包括投资者（股东）、债权人、供应商、经营者、客户、政府部门、企业职工、竞争对手及社会公众等。

二、会计的职能

会计的职能是指会计在经济管理过程中所具有的功能。随着生产力水平的日益提高、社会经济关系的日益复杂和管理理论的不断深化，会计所发挥的作用日益重要，其职能也不断地丰富和发展。会计具有会计核算和会计监督两项基本职能和预测经济前景、参与经济决策、评价经营业绩等拓展职能。

（一）会计的基本职能

《中华人民共和国会计法》第五条规定"会计机构、会计人员依照本法规定进行会计核算，实行会计监督"。

◆ **1. 会计的核算职能**

会计核算是会计的最基本职能，也称反映职能。它是以货币为主要计量单位，通过确认、计量、记录和报告等环节，对特定主体的经济活动进行记账、算账、报账，为各有关方面提供会计信息的功能。记账是指把一个会计主体一定日期或者时期内所发生的经济业务事项，通过一定的程序和方法在会计凭证、账簿上进行记录和反映的过程。算账是指通过会计核算的组织形式和专门方法，对相关会计要素进行归类、计算的过程。报账是指在记账、算账的基础上，通过会计报表的形式，为会计信息的使用者提供某一会计主体一定时期的财务状况和经营成果的会计信息。

◆ **2. 会计的监督职能**

会计监督也称控制职能，是指会计人员根据国家的财经政策、会计法规和企业的管理制度，利用会计信息，对会计主体经济活动进行的控制活动，目的是确保经济活动的真实性、合法性和合理性。只有实施有效的会计监督，才能保证会计核算所提供的会计信息的质量。

合法性。审查是指保证各项经济业务符合国家的有关法律法规，遵守财经纪律，执行国家的各项方针政策，杜绝违法乱纪行为。

合理性。审查是指检查各项财务收支是否符合特定的对象的财务收支计划，是否有利于预算目标的实现，是否有奢侈浪费行为，是否有违背内部控制制度要求等现象，为增收节支、提高经济效益严格把关。

会计监督基于会计核算，一般分为事前监督、事中监督和事后监督。目前，我国会计监督是由单位内部会计监督、社会监督和财政监督三部分共同组成的监督体系进行的。

◆ **3. 会计核算与监督职能的关系**

会计核算与会计监督两者是相辅相成、辩证统一的关系。会计核算是会计监督的基础，没有核算所提供的会计信息，监督就失去了依据；而会计监督又是会计核算质量的保证。

（二）会计的拓展职能

会计的拓展职能主要有：① 预测经济前景；② 参与经济决策；③ 评价经营业绩。

第三节 会计核算的基本前提

一 会计基本假设

现实会计实践工作过程中，经济活动复杂多样，单位各不相同，会计工作需要根据单位经济活动选择合适的会计方法进行处理。由于存在一些不确定的因素，会计人员很难对复杂的情况做出肯定的判断和估计，从而无法做出适当的会计处理。因此，需要对不确定的经济活动设定一些基本前提，在假定的前提下进行会计核算。会计基本假设是企业会计确认、计量和报告的前提，是对会计核算所处时间、空间环境等所作的合理假定。会计基本假设包括四项，即会计主体、持续经营、会计分期和货币计量。

（一）会计主体

会计主体是指会计人员所核算和监督的特定单位，是会计核算和监督的空间范围。会计主体假设是指假设会计所核算的是一个特定的企业或单位的经济活动，不包括该企业投资者或债权人的经济活动，或其他单位的经营活动。需要注意的是，会计主体不同于法律主体。一般而言，法律主体必然是一个会计主体，但会计主体不一定是法律主体，作为会计主体，必须能够控制经济资源并进行独立核算。

（二）持续经营

持续经营是指在可预见的未来，企业将按当前的规模和状态继续经营下去，不会停业，也不会大规模削减业务。持续经营意味着会计主体将按照既定用途使用资产，按照既定的合约条件清偿债务，会计人员就可以在此基础上选择会计原则和方法。会计制度规定，会计核算应当以企业持续、正常的生产经营活动为前提。持续经营界定了会计核算的时间范围。

（三）会计分期

会计分期是指人为把企业持续经营的生产经营活动划分为若干个相等的期间。它是会计确认、计量和报告的时间范围。会计期间通常分为年度和中期（半年度、季度、月度）。年度，是指报告期间为1年，即会计年度。中期，是指短于一个完整的会计年度的报告期间，包括半年度、季度、月份。我国会计年度按公历确定起讫日期：1月1日至12月31日。

这一基本假设的主要意义：界定了会计信息的时间段落，为权责发生制、划分收益性支出与资本性支出等会计原则奠定了理论与实务的基础，为分期结算账目和编制财务会计报告奠定了理论与实务的基础。

（四）货币计量

货币计量是指会计主体在会计确认、计量和报告时以货币作为计量尺度，反映会计主体的生产经营活动。我国《企业会计准则》规定："会计核算以人民币为记账本位币。业务收支以外币为主的企业，也可以选定某种外币作为记账本位币，但编制的会计报表应当折算为人民币反映。境外企业向国内有关部门编报会计报表，应当折算为人民币反映。"

上述会计核算的四项基本假设，具有相互依存、相互补充的关系。具体地说，会计主体确立了会计核算的空间范围，持续经营与会计分期确立了会计核算的时间长度，而货币计量则为会计核算提供了必要手段。没有会计主体，就不会有持续经营；没有持续经营就不会有会计分期；没有货币计量就不会有现代会计。

二、会计基础

会计基础，是指会计事项的记账基础，是确认会计主体收入、费用的标准。对会计基础的不同选择，决定会计主体取得收入和发生费用在会计期间上的配比关系，从而直接影响会计主体的财务状况和经营成果。

由于企业生产经营是连续的，但会计期间的划分是人为的，那么就会导致收入和费用出现收支期间和应归属期间不一致的情况。会计基础按其以应收应付还是实收实付作为确认、计量和报告企业单位的收入和费用标准可以分为权责发生制和收付实现制两类。企业会计核算应当以权责发生制为基础进行会计确认、计量和报告。

（一）权责发生制

权责发生制，也称为应计制或应收应付制，是以权利或责任的发生与否为标准来确认收入和费用。凡是应属本期的收入和费用，不管其款项是否收付，均作为本期的收入和费用入账；反之，凡不属于本期的收入和费用，即使已收到或付出款项，也不应作为本期的收入和费用入账。

采取权责发生制的优点是：可以正确反映各个会计期间所实现的收入和为实现收入所应负担的费用，从而可以把各期的收入与其相关的费用、成本相配合，加以比较，正确确定各期的财务成果。其缺点是：实务处理繁琐。绝大多数企业采用这一基础记账。

（二）收付实现制

收付实现制也称现金制，是以现金收到或付出为标准来记录收入的实现或费用的发生。凡属本期实际收到款项的收入和支付款项的费用，不管其是否应归属于本期，都应作为本期的收入和费用入账；反之，凡本期未实际收到款项的收入和未支付款项的费用，即使应归属于本期，也不应作为本期的收入和费用入账。

采取收付实现制的优点是：会计记录直观，便于根据账簿记录来量入为出；会计处理简便，不需要对账簿记录进行期末账项调整。其缺点是：不符合配比原则的要求，不能正确计算各期损益。因此，收付实现制可适用于各级人民政府的财政会计、行政单位会计和不实行成本核算的事业单位会计。

【例1-1】 某企业2022年11月份发生下列支出：（1）年初支付本年度保险费2 400元，本月摊销200元；（2）支付下年第一季度房屋租金3 000元；（3）支付本月办公开支800元。按照权责发生制要求，本月费用为（　　）元。

A. 1 000　　　　B. 800　　　　C. 3 200　　　　D. 3 000

《企业会计准则——基本准则》第九条规定，企业应当以权责发生制为基础进行会计确认、计量和报告。我国企业会计必须采用权责发生制计算损益，而预算单位的会计则采用收付实现制。随着财政体制的不断改革，政府会计的建立与完善，预算单位也引入权责发生制，如事业单位主要从事经营业务活动的采用权责发生制。

第四节　会计信息质量要求

一、会计信息的使用者

会计信息的使用者主要包括投资者、债权人、企业管理当局、政府部门及其相关部门和社会公众等。这些使用者出于不同的目的，对会计信息的关注点有所不同。

投资者主要是根据财务会计信息评价企业的各种投资机遇、估量投资的预期成本和收益以及投资风险的大小，做出是否对该企业投资的决策；债权人关心的主要是企业能否按期还本付息；企业管理当局要完成既定的经营目标，就必须对经营过程中遇到的各种重大问题进行决策，而正确的决策必须以相关的、可靠的信息为依据；为了实现社会资源的优化配置，国家必然通过税收、货币和财政政策进行宏观经济管理。

二、会计信息的质量要求

会计信息质量要求是对企业财务会计报告中所提供高质量会计信息的基本规范，是使财务会计报告中所提供会计信息对投资者等使用者决策有用应具备的基本特征，主要包括可靠性、相关性、可理解性、可比性、实质重于形式、重要性、谨慎性和及时性等。

（一）可靠性（客观性）

会计信息的可靠性，是指会计信息能够准确、合理地反映会计主体的财务状况和经营成果，使会计信息的使用者能够在做出决策时避免重大失误。

可靠性要求企业应当以实际发生的交易或者事项为依据进行确认、计量和报告，如实反映符合确认和计量要求的各项会计要素及其他相关信息，保证会计信息真实可靠、内容完整。

（二）相关性

会计信息的相关性，是指财务报表信息与使用者将要做出的决策相关联，能够帮助使用者改进或提高做出决策的质量。

相关性要求企业提供的会计信息应当与财务会计报告使用者的经济决策需要相关，有助于财务会计报告使用者对企业过去和现在的情况做出评价，对未来的情况做出预测。

（三）可理解性（明晰性）

会计信息的可理解性，是指会计报表信息必须清晰明了，以便使用者可以理解和利用。这一原则实际上强调的是可理解性，只有能够使其会计信息的内容准确、无误表达，易于理解，才能达到提供会计信息的目的，从而实现会计目标。

可理解性要求企业提供的会计信息应当清晰明了，便于财务会计报告使用者理解和使用。

（四）可比性

会计信息的可比性，是指会计核算应当按照规定的会计政策、会计方法进行，只有这样，才能保证不同企业之间的横向可比，同时也能为政府相关部门提供汇总的数据资料，以满足国家宏观调控的需要。

可比性要求企业提供的会计信息应当相互可比，保证同一企业不同时期可比、不同企业相同会计期间可比。

同一企业不同时期发生的相同或者相似的交易或事项，应当采用一致的会计决策，不得随便更改。确实需要更改的，应当在附注中说明。

不同企业发生的相同或者相似的交易或事项，应当采用规定的会计政策，确保会计信息口径一致、相互可比。

（五）实质重于形式

实质重于形式在会计上的应用，其含义就是要求按照交易或事项的经济实质，而非外表形式来进行相应的会计确认、计量、记录与报告。

实质重于形式要求企业应当按照交易或者事项的经济实质进行会计确认、计量和报告，不应仅以交易或者事项的法律形式为依据。

（六）重要性

会计信息的重要性，是指财务报告在全面反映企业财务状况和经营成果的同时，应当区别经济事项的重要程度，而采用不同的会计处理程序和方法。对于重要的会计事项，应单独核算、分项反映，保证其准确度高，并在会计报表中加以重点披露；而对于不重要的会计事项，则可以简化核算或合并披露。这也是从会计核算的成本效益原则出发而进行的考虑。

重要性要求企业提供的会计信息应当反映与企业财务状况、经营成果和现金流量有关的所有重要交易或者事项。

（七）谨慎性

会计信息的谨慎性，是指在处理不确定的会计事项时，当有几种方法可供选择时，应当持谨慎的态度，选择不导致夸大资产、虚增利润的方法。在进行会计核算时，应当合理地预计可能发生的损失和费用，而不应预计可能实现的收入或过高地估计资产的价值。

谨慎性要求企业对交易或者事项进行会计确认、计量和报告时保持应有的谨慎，不应高估资产或者收益、低估负债或者费用。

需要注意的是，谨慎性原则的运用必须在合理的范围内进行，保证其不会影响会计信息的质量，任何有意多计费用、损失，少计收入、利润的做法，都是与其背离的。例如，对资产计提减值准备、对应收账款计提坏账准备等都是谨慎性原则的体现。

（八）及时性

会计信息的及时性，是指会计核算工作要讲求时效，必须在最佳的时间提供相应的会计信息。由于经济环境的变化和经济业务的多样性，在不同时间所提供的会计信息，对于使用者而言有着不同的作用。不能保证会计信息的及时性，就会失去其有用性和使用价值。

及时性要求企业对于已经发生的交易或者事项，应当及时进行确认、计量和报告，不得提前或者延后。

本章小结

会计基本假设也称为会计前提，是指对会计核算所处的时间、空间环境等做出的合理假定，是企业会计确认计量和报告的前提。会计基本假设包括会计主体、持续经营、会计分期和货币计量四个方面。会计主体是空间范围，给谁当会计，谁就是会计主体。这里需要区分一个概念是法律主体与会计主体的关系，一般而言，法律主体一定是会计主体，但是会计主体不一定是法律主体，就比如A公司下设三个车间，每个车间都是一个会计主体进行独立核算，但是每个车间都不是单独的法律主体。

会计基础也可以理解为确认基础，主要解决的是收入和费用的归属期间问题，分为两种主要方法：权责发生制和收付实现制。权责发生制强调的是"应不应该"的问题，收付实现制强调的是实实在在收钱或付钱的问题。目前，除了我国行政事业单位的预算会计通常采用的是收付实现制以外，其余的都适用权责发生制。

会计信息质量要求包括8项。可靠性，强调真实；相关性，强调有用，可理解性，强调清晰明了；可比性，强调可以进行比较，其中包括相同主体的纵向比较和不同主体的横向比较，这就规定我们会计方式不能变来变去，确定以后就不能随意更改；实质重于形式，强调应当按照经济实质进行确认计量和报告而非法律形式，比如将永续债划分为权益工具、将负有强制付息义务的优先股确认为负债都是实质重于形式的体现；重要性，需要定量分析和定性分析相结合，对于不重大的计入当期损益，对于重大的进行追溯调整；谨慎性，就是别吹牛，不要高估自己的资产与收入，别低估自己的费用和负债；及时性，强调要及时出报表，对相关性和可靠性起到了制约作用。

思考题

1. 什么是会计？它有什么作用？
2. 会计的职能是什么？
3. 会计核算的前提有哪些？
4. 会计信息质量要求有哪些？
5. 会计的目标有哪些？

练习题

一、单项选择题

1. 下列各项经济活动中,不属于企业资金退出的是(   )。
   A. 偿还借款   B. 上交税金
   C. 发放工资   D. 向投资者分配利润

2. 特定主体的资金运动不包括的环节是(   )。
   A. 资金的投入   B. 资金的增值
   C. 资金的运用   D. 资金的退出

3. 下列各项中(   )不属于企业资金循环和周转环节。
   A. 供应过程   B. 生产过程
   C. 销售过程   D. 分配过程

4. 会计的基本职能是(   )。
   A. 预测和决策   B. 分析和管理
   C. 反映和考核   D. 核算和监督

5. 会计日常核算工作的起点是(   )。
   A. 设置会计科目和账户   B. 填制和审核会计凭证
   C. 登记会计账簿   D. 财产清查

6. 设置会计科目和账户、复式记账等属于(   )的基本方法。
   A. 会计监督   B. 会计核算
   C. 会计预测   D. 会计决策

7. 下列会计处理方法中,符合权责发生制基础的是(   )。
   A. 销售产品的收入只有在收到款项时才予以确认
   B. 产品已销售,货款未收到也应确认收入
   C. 厂房租金只有在支付时计入当期费用
   D. 职工薪酬只能在支付给职工时计入当期费用

8. 会计核算必须以(   )为核算的基础和假设条件。
   A. 会计主体   B. 持续经营
   C. 会计分期   D. 货币计量

9. 界定从事会计工作和提供会计信息的空间范围的会计基本前提是(   )。
   A. 会计职能   B. 会计主体
   C. 会计内容   D. 会计对象

10. (   )是企业内部主要的会计信息使用者。
    A. 企业管理者   B. 企业职工
    C. 债权人   D. 政府部门

11. (   )要通过企业的会计信息,了解企业承担义务的情况,获取对宏观经济管理、制定宏观经济政策等有用的信息。
    A. 政府   B. 社会公众

C. 债权人 D. 投资者

12. 下列关于谨慎性原则运用正确的是（　　）。

A. 计提秘密准备金

B. 高估资产或收益

C. 对可能发生的各项资产损失，按规定计提资产减值准备

D. 少计负债或费用

二、多项选择题

1. 会计核算的内容是指特定主体的资金活动，包括（　　）等阶段。

A. 资金的投入　　　　　　　　B. 资金的循环与周转

C. 资金的储存　　　　　　　　D. 资金的退出

2. 下列属于资金的运用的是（　　）。

A. 偿还债务　　　　　　　　　B. 购买原材料

C. 生产工人的工资　　　　　　D. 收回货款

3. 会计除了具有核算和监督的职能外，还具有的职能有（　　）。

A. 预测经济前景　　　　　　　B. 参与经济决策

C. 评价经营业绩　　　　　　　D. 设置科目和账户

4. 会计准则具有严密和完整的体系，我国已颁布的会计准则有（　　）。

A.《企业会计准则》　　　　　B.《小企业会计准则》

C.《事业单位会计准则》　　　D.《大企业会计准则》

5. 以下属于会计信息的使用者的是（　　）。

A. 企业管理者　　　　　　　　B. 潜在投资者

C. 政府部门　　　　　　　　　D. 社会公众

6. 我国新准则规定的会计信息质量要求包括（　　）。

A. 可靠性　　　　　　　　　　B. 相关性

C. 重要性　　　　　　　　　　D. 完整性

7. 下列选项符合可比性要求的是（　　）。

A. 同一企业不同时期可比　　　B. 不同企业不同会计期间可比

C. 不同企业相同会计期间可比　D. 同一企业同时期可比

三、判断题

1. 会计核算以货币为主要计量单位，有时辅之以实物和劳动量为计量单位。（　　）
2. 会计的职能就是人们赋予它的功能。（　　）
3. 会计监督包括事前监督、日常监督和事后监督。（　　）
4. 法律主体必须是会计主体，会计主体也必须是法律主体。（　　）
5. 会计基本的职能有核算和监督。（　　）

练习题答案请见【数字资源1-1】

第二章 会计要素与会计账户

学习目的与要求

通过本章学习，学生应该理解会计要素的概念，能熟练地说出会计要素的构成，并掌握会计各要素的具体内容。同时理解会计科目与会计账户之间的关系，并掌握会计账户的结构及其具体内容。

学习内容

1. 会计对象概念及内容，会计要素的概念及分类，会计要素的内容。
2. 会计等式内容，经济业务对会计等式的影响。
3. 会计科目的概念及设置原则，会计科目表，会计科目的分类。
4. 会计账户的概念，会计科目与账户之间关系，会计账户的基本结构。
5. 会计要素的计量属性，会计核算的基础。

学习重点

1. 会计要素的内容，会计等式内容，经济业务对会计等式的影响。
2. 会计科目的分类，会计账户的基本结构。

学习难点

1. 会计要素的内容，会计等式内容，经济业务对会计等式的影响。
2. 会计科目的分类，会计账户的基本结构。

> **案例导入**
>
> 华为科技公司主要从事电脑、手机等电子产品的零件组装,因此公司会采购一些配件、材料。公司在经济业务往来中,会多次涉及钱款交付、原材料采购、公司利润计算、公司上缴税金计算的一系列问题。那么,作为财务人员又该如何对这些业务进行核算呢?

第一节　会计要素

一、会计对象概念及内容

(一)会计对象的概念

会计对象是指会计所核算和监督的内容,即会计工作的客体。由于会计需要以货币为主要计量单位,对一定会计主体的经济活动进行核算和监督,因而会计并不能核算和监督社会再生产过程中的所有经济活动。凡是特定主体能够以货币表现的经济活动,都是会计核算和监督的内容,也就是会计的对象。以货币表现的经济活动通常又称为价值运动或资金运动。由于单位的组织形式和经济活动的内容不同,所以不同单位的会计对象均有不同的特点。

(二)会计对象的内容

会计对象的抽象描述,是指能用货币表现的经济活动,即价值运动或资金运动。资金是指能用货币表现的财产物资,它不是静止不变的,通过自身不断的运动而变化。资金运动主要有以下三种表现形式。

(1)资金进入企业:企业通过吸收投资、银行借入、发行股票或债券来筹集资金,引起企业资金的增加。

(2)资金在企业中的周转:企业用货币资金购买材料,形成储备资金。工人利用自己的生产技术,借助于机器设备对材料进行加工,发生的耗费形成生产资金。产品完工后形成成品资金。将产品销售,收回货款,得到新的货币资金。整个周转过程表现为:货币资金→储备资金→生产资金→成品资金→新的货币资金。

(3)资金退出企业:企业偿还银行借款、上交税金和分派利润或股利。

会计对象是在企业再生产过程中能以货币形式表现的经济活动,也就是企业再生产过程中的资金运动。工业企业进行生产经营活动,首先要用货币资金去购买生产设备和材料物资为生产过程做准备,然后将其投入企业生产过程中生产出产品,最后还要将所生产出来的产品对外出售并收回因出售产品而取得的货币资金。这样，工业企业的资金就陆续经过供应过程、生产过程和销售过程，其形态也随之发生变化。用货币购买生产设备、材料物资的时候，货币资金转化为固定资金、储备资金；车间生产产品领用材料物资时，储备资金又转化为生产资金；将车间加工完毕的产品验收入库后，此时，生产资金又转化为成品资金；将产成品出售又收回货币资金时，成品资金又转化为货币资金。我们把资金从货币形态开始，依次经过储备资金、生产资金、成品资金，最后又回到货币资金这一运动过程叫作资金循环，周而复始的资金循环叫作资金周转。实际上，企业的生产经营过程是周而复始、不间断、循环地进行的，即企业不断地投入原材料、不断地加工产品、不断地销售产品，其资金也是不断循环周转的。

上述资金循环和周转过程，也可以划分为三个具体阶段，即供应阶段、生产阶段和销售阶段。工业企业的资金在供、产、销三个阶段不断地循环周转，这些资金在空间序列上同时并存，在时间序列上一次继起。企业资金在供应、生产和销售三个阶段上的循环和周转，支撑着企业的正常运营。

就整个企业的资金运动而言，资金的循环周转还应该包括资金的投入和资金的退出。资金的投入是指资金进入企业。企业进行经营生产活动的前提是首先必须拥有一定数量的资金，资金投入包括投资者的资金投入和债权人的资金投入。前者构成了企业的所有者权益，后者形成了企业的债权人权益，即企业的负债。投入企业的资金一部分形成流动资产，另一部分形成企业的固定资产等非流动资产。资金的退出是指资金退出企业的资金循环和周转，它包括按法定程序返回投资者的投资、偿还各项债务、上缴税费、向所有者分配利润等内容，这时一部分资金离开企业，游离于企业资金运动之外。

资金的投入、运用和退出是资金运动的三个阶段，三者相互支撑，构成一个统一体。没有资金的投入，也就没有资金的循环和周转；没有资金的循环和周转，就没有资金的退出。

综上所述，工业企业因资金的投入、循环周转和资金的退出等经济活动而引起的各项财产和资源的增减变化情况，以及企业销售收入的取得和企业纯收入的实现、分配情况，构成了工业企业会计的具体对象。

与工业企业相比，商品流通企业的经营活动缺少产品生产环节。商品流通企业的经营过程主要分为商品购进和商品销售两个环节。在前一个环节中，主要是采购商品，此时货币资金转换为商品资金；在后一个环节中，主要是销售商品，此时资金又由商品资金转换为货币资金。在商业企业经营过程中，也要消耗一定的人力、物力和财力，所消耗的货币表现为商品流通费用。在销售过程中，也会获得销售收入和实现经营成果。因此，商品流通的资金是沿着"货币资金—商品资金—货币资金"方式运动。

行政、事业单位为完成国家赋予的任务，同样需要一定数额的资金，但其资金主要来源是国家财政拨款。行政、事业单位在正常业务活动过程中，所消耗的人力、物力和财力的货币表现，即为行政费用和业务费用。一般来说，行政事业单位没有或只有很少一部分业务收入，因为费用开支主要是靠国家财政预算拨款。因此，行政事业单位的经济活动一方面按预算从国家财政取得拨入资金；另一方面又按预算以货币资金支付各项费用。资金运动的形式是：资金拨入—资金付出。由此可见，行政事业单位会计对象的内容就是预算资金及其收支。

综上所述，不论是工业企业、商业流通企业，还是行政、事业单位都是社会再生产过程中的基层单位，会计反映和监督的对象都是资金及其运动过程。正因为如此，我们可以把会计对象概括为社会再生产过程中的资金运动。

二、会计要素的概念及分类

会计要素是指会计对象是由哪些部分所构成的，是会计对象的具体内容按照经济特征所作的最基本分类，是会计核算对象的具体化，也是构成会计报表的基本要素。

《企业会计准则》将会计要素分为资产、负债、所有者权益（股东权益）、收入、费用（成本）和利润六个会计要素。其中，资产、负债和所有者权益三项会计要素侧重反映企业的财务状况，构成资产负债表要素；收入、费用和利润三项会计要素侧重于反映企业的经营成果，构成利润表要素。会计要素是会计核算对象的具体化，是会计基本理论研究的基石，更是会计准则建设的核心。会计要素定义是否科学合理，直接影响着会计实践质量的高低。合理划分会计要素，有利于清晰地反映产权关系和其他经济关系。

三、会计要素的内容

（一）资产

◆ **1. 资产的定义**

资产是指企业过去的交易或者事项形成的，由企业拥有或者控制的，预期会给企业带来经济利益的资源。根据其定义，资产具有以下三个特征。

1）资产应为企业拥有或者控制的资源

资产作为一项资源，应当由企业拥有或者控制，具体是指企业享有某项资源的所有权，或者虽然不享有某项资源的所有权，但该资源能够被企业所控制。企业享有资产的所有权，通常表明企业能够排他性地从资产中获取经济利益。但是在有些情况下，资产虽然不为企业所拥有，即企业并不享有其所有权，但是企业控制了这些资产，同样表明企业能够从该资产中获取经济利益，符合会计上对资产的定义。如企业以融资租赁方式租入固定资产，虽然不拥有其所有权，但由于租赁时间较长，接近于该资产的使用寿命，表明企业控制了该资产的使用及其所能带来的经济利益，应当将其作为资产予以确认、计量和报告。

2）资产预期会给企业带来经济利益

这里是指资产具有直接或者间接导致现金和现金等价物流入企业的潜力。资产预期能给企业带来经济利益是资产的重要特征。如果某一项目预期不能给企业带来经济利益，就不能将其确认为企业的资产。前期已经确认为资产的项目，如果不能再给企业带来经济利益，也不能再确认为企业的资产。例如，商品、机器设备是企业的资产；如果是不能继续使用的变质或毁损材料，已经无法用于生产经营过程，在市场上也不能变现，不能给企业带来经济利益，就不能作为企业资产。

3）资产是由企业过去的交易或者事项形成的

资产应当由企业过去的交易或者事项形成，过去的交易或者事项包括购买、生产、建造行为或者其他交易或事项。只有过去发生的交易或者事项才能形成资产，企业预期在未来发生的交易或者事项不形成资产。

◆ **2. 资产的分类**

资产按照流动性可分为流动资产和非流动资产。

流动资产，是指将在1年（含1年）或者超过1年的一个营业周期内变现或者耗用的资产。流动资产包括货币资金、交易性金融资产、应收票据、应收账款、预付账款、应收利息、应收股利、其他应收款、存货等。

货币资金是指以货币形态存在的资产，包括库存现金、银行存款和其他货币资金，其中其他货币资金包括外埠存款、银行汇票存款、银行本票存款、信用卡存款、信用保证金存款等；交易性金融资产是企业持有的以公允价值计量且其变动计入当期损益的、以交易性为目的的持有债券投资、股票投资、基金投资、权证投资等金融资产；应收票据是指企业因销售商品、提供劳务等收到的商业汇票，包括商业承兑汇票和银行承兑汇票；应收账款是指企业因销售商品、提供劳务等经营活动而应向客户收取（但暂未收到）的款项；预付账款是指企业按照购货合同规定预付给供应商的款项。

企业的资产除了流动资产之外，就是非流动资产。非流动资产包括长期股权投资、固定资产、在建工程、工程物资、无形资产等。

固定资产是指企业使用期限超过1年的房屋、建筑物、机器、机械、运输工具，以及其他与生产、经营有关的设备、器具、工具等。不属于生产经营主要设备的物品，单位价值在2 000元以上，并且使用年限超过2年的，也应当作为固定资产。固定资产是企业的劳动手段，也是企业赖以生产经营的主要资产。从会计的角度划分，固定资产一般被分为生产用固定资产、非生产用固定资产、租出固定资产、未使用固定资产、不需用固定资产、融资租赁固定资产、接受捐赠固定资产等。

（二）负债

◆ **1. 负债的定义**

负债，是指企业过去的交易或者事项形成的、预期会导致经济利益流出企业的现时义务。根据负债的定义，它具有以下几个方面的特征。

1) 负债是企业承担的现时义务

负债必须是企业承担的现时义务，它是负债的一个基本特征。现时义务，是指企业在现行条件下已承担的义务。未来发生的交易或者事项形成的义务，不属于现时义务，不应当确认为负债。例如，某年5月，企业拟于2个月后购入一台机器，价款5万元，该年5月不能将应付的5万元作为企业负债。现时义务可以是法定义务，也可以是推定义务。其中，法定义务是指具有约束力的合同或者法律、法规规定的义务，通常在法律意义上需要强制执行。推定义务是指根据企业多年的习惯做法、公开的承诺或者公开宣布的政策而导致企业将承担的责任，这些责任也使有关各方形成了企业将履行义务解脱责任的合理预期。

2) 负债的清偿预期会导致经济利益流出企业

只有企业在履行义务时会导致经济利益流出企业的，才符合负债的定义。在履行现时义务清偿负债时，导致经济利益流出企业的形式多种多样。例如，用现金偿还或以实物资产偿还，以提供劳务偿还，以部分转移资产、部分提供劳务偿还，将负债转为资本，等等。在某些情况下，现时义务也可能以其他方式解除。例如，债权人放弃或者丧失了其要求清偿的权利等。在这种情况下，尽管现时义务的履行最终没有导致经济利益的流出，但是在现时义务发生时，仍然应当根据预计将要清偿的金额将其确认为负债。

3）负债是由企业过去的交易或者事项形成的

负债应当由企业过去的交易或者事项形成，过去的交易或者事项包括购买货物、使用劳务、接受银行贷款等。只有过去发生的交易或者事项才形成负债，企业将在未来发生的承诺、签订的合同等交易或者事项，不形成负债。

◆ **2. 负债的分类**

负债按其流动性分为流动负债和非流动负债。

流动负债是指在 1 年（含 1 年）或者超过 1 年的一个营业周期内偿还的债务，包括短期借款、应付票据、应付账款、预收账款、应付职工薪酬、应付股利、应交税费、其他应付款和 1 年内到期的长期借款等。

非流动负债是指在 1 年或者超过 1 年的一个营业周期以上偿还的负债，包括长期借款、应付债券、长期应付款等。负债按偿还方式分为货币性负债和非货币性负债。货币性负债是指未来需要以货币资金偿还的债务，如应付账款、应付票据、应付职工薪酬、应付股利、应交税费、短期借款、长期借款等。非货币性负债是指将来需要以提供劳务或商品的方式偿还的债务，如预收账款等。

（三）所有者权益

◆ **1. 所有者权益的定义**

所有者权益，是指企业资产扣除负债后，由所有者享有的剩余权益。所有者权益又称为股东权益。所有者权益反映了所有者对企业资产的剩余索取权，是企业资产中扣除债权人权益后应由所有者享有的部分。所有者权益的确认和计量主要取决于资产、负债、收入、费用等其他会计要素的确认和计量。

◆ **2. 所有者权益的分类**

所有者权益按其来源主要分为所有者投入的资本、直接计入所有者权益的利得和损失、留存收益等，通常划分为实收资本、资本公积、盈余公积和未分配利润等项目。

所有者投入的资本，是指所有者投入企业的资本部分，它既包括构成企业注册资本或者股本部分的金额，也包括投入资本超过注册资本或者股本部分的金额，即资本溢价或者股本溢价。这部分投入资本在我国企业会计准则体系中被计入资本公积，并在资产负债表"资本公积"项目下反映。

直接计入所有者权益的利得和损失，是指不应计入当期损益、会导致所有者权益发生增减变动的、与所有者投入资本或者向所有者分配利润无关的利得或者损失。其中，利得，是指由企业非日常活动形成的、会导致所有者权益增加的、与所有者投入资本无关的经济利益的流入；损失，是指由企业非日常活动产生的、会导致所有者权益减少的、与向所有者分配利润无关的经济利益的流出。直接计入所有者权益的利得和损失主要包括可供出售金融资产的公允价值变动额、现金流量套期中套期工具利得或损失属于有效套期的部分等。

留存收益，是指企业历年实现的净利润留存于企业的部分，主要包括计提的盈余公积和未分配利润。

（四）收入

◆ **1. 收入的定义**

收入，是指企业在日常活动中形成的、会导致所有者权益增加的、与所有者投入资本无关的经济利益的总流入。根据收入的定义，它具有以下几个方面的特征。

1) 收入应当是企业在日常活动中形成的

日常活动，是指企业为完成其经营目标所从事的经常性活动以及与之相关的活动。明确界定日常活动是为了将收入与利得相区分，因为企业非日常活动形成的经济利益的流入不能确认为收入，而应当计入利得。例如，企业制造产品售出，获得 10 万元，应当确认为收入；企业销售闲置生产设备，获得 80 万元，不能确认为收入，而应当计入利得。

2) 收入应当会导致经济利益的流入

该流入不包括所有者投入的资本。收入应当会导致经济利益的流入，从而导致资产的增加。但是，企业经济利益的流入有时是由所有者投入资本的增加导致的，所有者投入资本的增加不应当确认为收入，而应当将其直接确认为所有者权益。因此，与收入相关的经济利益的流入应当将所有者投入的资本排除在外。

3) 收入应当最终会导致所有者权益的增加

与收入相关的经济利益的流入应当最终会导致所有者权益的增加，不会导致所有者权益增加的经济利益的流入不符合收入的定义，不应确认为收入。

◆ **2. 收入的分类**

按照企业所从事的日常活动的性质，收入可以分为销售收入、提供劳务收入和让渡资产使用权收入。销售收入通过销售商品、产品获得；提供劳务收入通过提供服务获得；让渡资产使用权收入通过提供贷款、对外投资或对外出租活动获得。

按照日常活动在企业中所处的地位，收入可分为主营业务收入和其他业务收入。划分主营业务收入和其他业务收入，主要遵循重要性原则，目的是在充分提供信息的同时，减少核算成本和核算工作量。上述所定义的收入为狭义收入，即营业收入。狭义收入主要包括主营业务收入和其他业务收入。广义收入既包括企业从日常经营活动中获得的收入，又包括从偶发的其他活动中获得的收入。广义收入主要包括营业收入和营业外收入等。

（五）费用

◆ **1. 费用的定义**

费用，是指企业在日常活动中发生的、会导致所有者权益减少的、与向所有者分配利润无关的经济利益的总流出。根据费用的定义，它具有以下几个方面的特征。

1) 费用应当是企业在日常活动中发生的

这些日常活动的界定与收入定义中涉及的日常活动一致。将费用界定为日常活动中形成的，目的是将其与损失进行区分，因企业非日常活动形成的经济利益的流出不能确认为费用，应当计入损失。

2) 费用应当会导致经济利益的流出

该流出不包括向所有者分配的利润。费用导致经济利益流出，从而导致资产的减少或者负债的增加（最终也会导致资产的减少），其表现形式包括：现金或者现金等价物的流出，存货、固定资产和无形资产等的流出或者消耗等。鉴于企业向所有者分配利润也会导致经济利益的流出，而该经济利益的流出属于所有者权益的抵减项目，因而不应确认为费用，应当将其排除在费用之外。

3) 费用应当最终会导致所有者权益的减少

与费用相关的经济利益的流出应当最终会导致所有者权益的减少，不会导致所有者权益减少的经济利益的流出不符合费用的定义，不应确认为费用。

◆ **2. 费用的分类**

费用与收入相对应，没有收入就没有费用。因此，一定期间的费用与收入应当相互配比。

按照日常活动在企业中所处的地位，费用可以分为主要经营费用和其他业务费用。主要经营费用是为取得主营业务收入而发生的费用，其他业务费用是为取得其他业务收入而发生的费用。按照重要性的要求，对主要经营费用应分项进行会计核算，并了解其构成；对其他业务费用则合并进行会计核算。

按照费用与收入的关系，费用可以分为营业成本和期间费用。营业成本是指按照因果关系配比确定的已销售商品和提供劳务的成本，与其所获得的收入相对应，营业成本分为主营业务成本和其他业务成本。期间费用是按照时间关系配比确定的费用。期间费用与生产产品无直接关系，不能予以对象化，应由其会计期间取得的收入负担。期间费用包括管理费用、销售费用和财务费用。上述定义的费用是狭义费用，仅指与商品或劳务的提供相联系的耗费。广义费用还包括营业外支出和所得税费用。

（六）利润

◆ **1. 利润的定义**

利润，是指企业在一定会计期间的经营成果。利润包括收入减去费用后的净额、直接计入当期利润的利得和损失等。因此，利润的确认主要依赖于收入和费用，以及利得和损失的确认。通常情况下，如果企业实现了利润，表明企业的所有者权益将增加，业绩得到了提升；反之，如果企业发生了亏损，表明企业的所有者权益将减少，业绩出现了下滑。利润通常是评价企业管理层业绩的一项重要指标，也是投资者等财务报告使用者进行决策的重要参考。

◆ **2. 利润的分类**

利润的构成包括营业利润和营业外收支净额。

（1）营业利润是指营业收入减去营业成本、营业税金及附加、销售费用、管理费用、财务费用、资产减值损失，加上公允价值变动收益（减去公允价值变动损失）和投资收益（减去投资损失）后的净额。

（2）营业外收支净额是各种营业外收入减去各种营业外支出后的净额。

第二节 会计等式

一 会计等式内容

任何企业要从事生产经营活动,必定有一定数量的资产。而每一项资产,如果一分为二地看,就不难发现,一方面,任何资产只不过是经济资源的一种实际存在或表现形式,或为机器设备,或为现金、银行存款等;另一方面,这些资产都是按照一定的渠道进入企业的,或由投资者投入,或通过银行借入等,即必定有其提供者。显然,一般人们不会无偿地将经济资源(即资产)让渡出去,也就是说,企业中任何资产都有其相应的权益要求,谁提供了资产谁就对资产拥有索偿权,这种索偿权在会计上称为权益。这样就形成了最初的会计等式:

$$资产 = 权益$$

这一等式表明,会计等式之所以成立就是因为资产和权益是同一事物的两个方面:一方面是归企业所有的一系列财产(资产);另一方面是对这些财产的一系列所有权(权益)。而且,由于权益要求表明资产的来源,而全部来源又必与全部资产相等,所以全部资产必须等于全部权益。

而权益通常分为两种:一是以投资者的身份向企业投入资产而形成的权益,称为所有者权益;二是以债权人的身份向企业提供资产而形成的权益,称为债权人权益或负债。这样,上述等式又可表达成

$$资产 = 负债 + 所有者权益$$

这就是基本的会计等式。然而上述等式仍存在不足。一方面,企业一旦进入正常的经营活动循环,其资产就会不断地变换形态。这时,再试图区分哪部分资产是业主投入形成的,哪部分资产是通过借款等渠道形成的,相当困难。对规模较大的企业来说,几乎是不可能的。另一方面,从性质上看,债权人和业主对企业的要求权(权益)也是不同的。债权人希望借款人到期能顺利偿还本金,并能支付预定的利息;业主则希望通过有效的经营等活动,尽可能多地赚取利润。企业赚得再多,债权人也只能得到约定的本息,多余的就归所有者了。这样,上述资产负债表等式也可以表述为

$$资产 - 负债 = 所有者权益$$

这一等式一方面表明,负债的求偿能力高于所有者权益,另一方面,表明所有者权益是企业全部资产抵减全部负债后的剩余部分,因此,所有者权益也被称为"剩余权益"。这一术语,形象、贴切地说明了企业所有者对企业所享有的权益和风险:当企业经营成功、不断实现利润时,剩余权益就越来越大;反之,如果企业经营失败,不断出现亏损,剩余权益就会越来越小;当企业资不抵债时,剩余权益就为零或负数。

对基本会计等式,要理解、牢记的是:任何时点,企业的所有资产,无论其处于何种形态(如现金、银行存款、固定资产等),都必须有相应的来源,或者是借入的,或者是

所有者投入的，或者是经营过程中所赚取的（这一部分也归所有者）。这样，"资产＝负债＋所有者权益"这一等式，在任何情况下，其左右平衡的关系都不会被破坏。

会计等式一般有三种等式，分别是静态会计等式、动态会计等式和综合会计等式。

◆ **1. 静态会计等式**

静态会计等式是反映企业在某一特定日期财务状况的会计等式，是由静态会计要素（资产、负债和所有者权益）组合而成。其公式为

$$资产＝权益＝债权人权益＋所有者权益＝负债＋所有者权益$$

◆ **2. 动态会计等式**

动态会计等式是反映企业在一定会计期间经营成果的会计等式，是由动态会计要素（收入、费用和利润）组合而成。其公式为

$$收入－费用＝利润$$

◆ **3. 综合会计等式**

综合会计等式是由会计六要素——资产、负债、所有者权益、收入、费用、利润组合而成的，全面反映企业的财务状况和经营成果的会计等式。其公式为

$$资产＝负债＋所有者权益＋（收入－费用）$$

会计等式是指明各会计要素之间的基本关系的恒等式，所以也称为会计恒等式或会计平衡式。

"资产＝负债＋所有者权益"这一会计等式，称为财务状况等式，它反映了资产、负债和所有者权益三个会计要素之间的关系，揭示了企业在某一特定时点的财务状况。具体而言，它表明了企业在某一特定时点所拥有的各种资产以及债权人和投资者对企业资产要求权的基本状况，表明企业所拥有的全部资产都是由投资者和债权人提供的。

"收入－费用＝利润"这一会计等式，称为经营成果等式，它反映了收入、费用和利润三个会计要素的关系，揭示了企业在某一特定期间的经营成果。

"资产＝负债＋（所有者权益＋收入－费用）"这一会计等式综合了企业利润分配前财务状况等式和经营成果等式之间的关系，揭示了企业的财务状况与经营成果之间的相互联系。

二 经济业务对会计等式的影响

经济业务又称会计事项，是指在经济活动中使会计要素发生增减变动的交易或者事项。企业经济业务按其对财务状况等式的影响不同，可以分为以下几种基本类型。

（一）一项资产增加、一项负债增加的经济业务

例如：企业向银行借入三个月期限的短期借款 80 000 元，并存入银行。该项经济业务的发生，使资产中的"银行存款"增加了 80 000 元，另一方面负债中的"短期借款"增加了 80 000 元。最终，会计等式的恒等关系不变。

【数字资源 2-1】

（二）一项资产增加、一项所有者权益等额增加的经济业务

例如：企业收到投资者投入资金 100 000 元，并存入银行。该项经济业务的发生，使资产中的"银行存款"增加了 100 000 元，另一方面所有者权益中的"实收资本"增加了 100 000 元。最终，会计等式的恒等关系不变。

【数字资源 2-2】

（三）一项资产减少、一项负债等额减少的经济业务

例如：企业支付前欠货款 20 000 元，以存款支付。该项经济业务的发生，使资产中的"银行存款"减少了 20 000 元，另一方面负债中的"应付账款"减少了 20 000 元。最终，会计等式的恒等关系不变。

【数字资源 2-3】

（四）一项资产减少、一项所有者权益等额减少的经济业务

例如：某投资者撤回其在企业的投资 60 000 元，企业以存款支付。该项经济业务的发生，使资产中的"银行存款"减少了 60 000 元，另一方面所有者权益中的"实收资本"减少了 60 000 元。最终，会计等式的恒等关系不变。

【数字资源 2-4】

（五）一项资产减少、另一项资产等额减少的经济业务

例如：企业从银行提取现金 1 000 元。该项经济业务的发生，使资产中的"银行存款"减少了 1 000 元，另一方面资产中的"库存现金"增加了 1 000 元。最终，会计等式的恒等关系不变。

【数字资源 2-5】

（六）一项负债增加、另一项负债等额减少的经济业务

例如：企业向银行借入一笔短期借款 80 000 元，用来偿还前欠购货款。该项经济业务

的发生，使负债中的"应付账款"减少了 80 000 元，另一方面负债中的"短期借款"增加了 80 000 元。最终，会计等式的恒等关系不变。

【数字资源 2-6】

（七）一项所有者权益增加、另一项所有者权益等额减少的经济业务

例如：企业按法定程序，将资本公积金 70 000 元转增资本。该项经济业务的发生，使所有者权益中的"资本公积"减少了 70 000 元，另一方面所有者权益中的"实收资本"增加了 70 000 元。最终，会计等式的恒等关系不变。

【数字资源 2-7】

（八）一项所有者权益减少、一项负债等额增加的经济业务

例如：企业根据董事会决议，打算向投资者分配股利 100 000 元。该项经济业务的发生，使所有者权益中的"利润分配"减少了 100 000 元，另一方面负债中的"应付股利"增加了 100 000 元。最终，会计等式的恒等关系不变。

【数字资源 2-8】

（九）一项所有者权益增加、一项负债等额减少的经济业务

例如：企业欠货款 90 000 元到期无力支付，经协商同意企业以资本抵债。该项经济业务的发生，使所有者权益中的"实收资本"增加了 90 000 元，另一方面负债中的"应付账款"减少了 90 000 元。最终，会计等式的恒等关系不变。

【数字资源 2-9】

上述九类经济业务具体可分为三种情形：等式左边内部一增一减的变动，增减金额相等；等式右边内部一增一减的变动，增减金额相等；等式左边和右边各自一增一减的变动，增减金额相等。因此，以上分析可以得出结论：任何经济业务的发生都不会破坏会计等式的平衡关系。

第三节 会计科目

一、会计科目的概念及设置原则

（一）会计科目的概念

会计科目是对会计要素按照不同的经济内容和管理需要进行分类的项目。会计科目是设置账户、处理账务所必须遵守的规则和依据，是正确组织会计核算的重要条件。在实际工作中，通常是先设置会计科目再依据会计科目设置账户。会计科目也可简称为科目。

（二）会计科目的设置原则

会计科目的设置是会计核算和监督的基础，会计科目分类是组织会计核算、设置会计账户和进行账务处理的依据，设置会计科目一般应做到以下要求。

◆ **1. 全面性**

会计科目作为对会计要素具体内容进行分类核算的项目，其设置应能保证对各会计要素做全面的反映，形成一个完整的、科学的体系。具体地说，应该包括资产、负债、所有者权益、收入、费用和利润的若干会计科目，不能有任何漏洞，要覆盖全部核算内容，而且，每一个会计科目都应有特定的核算内容，要有明确的含义和界限，各个会计科目之间既要有一定的联系，又要各自独立，不能交叉重叠，不能含糊不清。

◆ **2. 简要性**

会计核算的目标就是向各方使用者提供有用的会计信息，以满足他们的判断、决策需要。一方面会计科目的名称要明了，代表了经济业务的主要特点，使人易懂；另一方面，不同的信息使用者，如国家宏观调控部门、企业内部管理部门、投资者、债权人、公众等对会计信息的需求不尽相同，会计科目设置既要兼顾不同信息使用者的需要，又要考虑会计信息的成本。也就是说，会计科目设置应简单明了、通俗易懂，要突出重点，对不重要的信息要合并或删减，要尽量使报表阅读者一目了然，易于理解。同时，要考虑会计信息化的要求，方便计算机操作，要加设会计科目编号。

◆ **3. 稳定性**

为了保证会计信息的连贯性、可比性，便于在不同时期、不同行业间的会计核算指标的分析和比较，提高会计信息的有效性，会计科目的设置应在一定时期内保持稳定，不宜经常变更。值得注意的是，强调会计科目的稳定性，并非要求会计科目绝对不能变更，当会计环境发生变化时，会计科目也应随之作相应的调整，以及时全面地反映经济活动。

◆ **4. 统一灵活**

为了适应国家宏观管理的需要，保证对外提供会计信息指标口径的一致性和可比性，财政部根据《企业会计准则》制定了统一的《企业会计制度》，会计制度中相应规定了统一的会计科目名称，并对每一会计科目的使用做了详细的说明。统一性就是要求企业设置会计科目时，应根据提供会计信息的要求，对一些主要会计科目的设置及核算内容应保证与《企业会计制度》的规定相一致；灵活性是指在不影响会计核算要求和会计报表指标汇总，以及对外提供统一的财务会计报告的前提下，企业可以根据本单位的具体情况、行业特征和业务特点，对统一规定的会计科目做必要的增设、删减或合并，有针对性地设置会计科目。

二、会计科目表

我国的会计科目一般都是由财政部统一规定的。参照财政部制定的《企业会计准则——应用指南》中的会计科目，将常见会计科目摘要，具体见表2-1。

表2-1　新会计准则会计科目表

序号	编号	会计科目名称	序号	编号	会计科目名称
		一、资产类	23	1304	贷款损失准备
1	1001	库存现金	24	1311	代理兑付证券
2	1002	银行存款	25	1321	代理业务资产
3	1003	存放中央银行款项	26	1401	材料采购
4	1011	存放同业	27	1402	在途物资
5	1012	其他货币资金	28	1403	原材料
6	1021	结算备付金	29	1404	材料成本差异
7	1031	存出保证金	30	1405	库存商品
8	1101	交易性金融资产	31	1406	发出商品
9	1111	买入返售金融资产	32	1407	商品进销差价
10	1121	应收票据	33	1408	委托加工物资
11	1122	应收账款	34	1411	周转材料
12	1123	预付账款	35	1421	消耗性生物资产
13	1131	应收股利	36	1431	贵金属
14	1132	应收利息	37	1441	抵债资产
15	1201	应收代位追偿款	38	1451	损余物资
16	1211	应收分保账款	39	1461	融资租赁资产
17	1212	应收分保合同准备金	40	1471	存货跌价准备
18	1221	其他应收款	41	1501	持有至到期投资
19	1231	坏账准备	42	1502	持有至到期投资减值准备
20	1301	贴现资产	43	1503	可供出售金融资产
21	1302	拆出资金	44	1511	长期股权投资
22	1303	贷款	45	1512	长期股权投资减值准备

续表

序号	编号	会计科目名称	序号	编号	会计科目名称
46	1521	投资性房地产	76	2021	贴现负债
47	1531	长期应收款	77	2101	交易性金融负债
48	1532	未实现融资收益	78	2111	卖出回购金融资产款
49	1541	存出资本保证金	79	2201	应付票据
50	1601	固定资产	80	2202	应付账款
51	1602	累计折旧	81	2203	预收账款
52	1603	固定资产减值准备	82	2211	应付职工薪酬
53	1604	在建工程	83	2221	应交税费
54	1605	工程物资	84	2231	应付利息
55	1606	固定资产清理	85	2232	应付股利
56	1611	未担保余值	86	2241	其他应付款
57	1621	生产性生物资产	87	2251	应付保单红利
58	1622	生产性生物资产累计折旧	88	2261	应付分保账款
59	1623	公益性生物资产	89	2311	代理买卖证券款
60	1631	油气资产	90	2312	代理承销证券款
61	1632	累计折耗	91	2313	代理兑付证券款
62	1701	无形资产	92	2314	代理业务负债
63	1702	累计摊销	93	2401	递延收益
64	1703	无形资产减值准备	94	2501	长期借款
65	1711	商誉	95	2502	应付债券
66	1801	长期待摊费用	96	2601	未到期责任准备金
67	1811	递延所得税资产	97	2602	保险责任准备金
68	1821	独立账户资产	98	2611	保户储金
69	1901	待处理财产损溢	99	2621	独立账户负债
	二、负债类		100	2701	长期应付款
70	2001	短期借款	101	2702	未确认融资费用
71	2002	存入保证金	102	2711	专项应付款
72	2003	拆入资金	103	2801	预计负债
73	2004	向中央银行借款	104	2901	递延所得税负债
74	2011	吸收存款		三、共同类	
75	2012	同业存放	105	3001	清算资金往来

续表

序号	编号	会计科目名称	序号	编号	会计科目名称
106	3002	货币兑换	130	6061	汇兑损益
107	3101	衍生工具	131	6101	公允价值变动损益
108	3201	套期工具	132	6111	投资收益
109	3202	被套期项目	133	6201	摊回保险责任准备金
		四、所有者权益类	134	6202	摊回赔付支出
110	4001	实收资本	135	6203	摊回分保费用
111	4002	资本公积	136	6301	营业外收入
112	4101	盈余公积	137	6401	主营业务成本
113	4102	一般风险准备	138	6402	其他业务成本
114	4103	本年利润	139	6403	营业税金及附加
115	4104	利润分配	140	6411	利息支出
116	4201	库存股	141	6421	手续费及佣金支出
		五、成本类	142	6501	提取未到期责任准备金
117	5001	生产成本	143	6502	提取保险责任准备金
118	5101	制造费用	144	6511	赔付支出
119	5201	劳务成本	145	6521	保单红利支出
120	5301	研发支出	146	6531	退保金
121	5401	工程施工	147	6541	分出保费
122	5402	工程结算	148	6542	分保费用
123	5403	机械作业	149	6601	销售费用
		六、损益类	150	6602	管理费用
124	6001	主营业务收入	151	6603	财务费用
125	6011	利息收入	152	6604	勘探费用
126	6021	手续费及佣金收入	153	6701	资产减值损失
127	6031	保费收入	154	6711	营业外支出
128	6041	租赁收入	155	6801	所得税费用
129	6051	其他业务收入	156	6901	以前年度损益调整

三、会计科目的分类

（一）按其归属的会计要素分类

◆ 1. 资产类

资产是指过去的交易、事项形成并由企业拥有或者控制的资源，该资源预期会给企业带来经济利益。

资产类科目分为流动资产、长期投资、固定资产、无形资产和其他资产。其中流动资产又分为现金及各种存款、短期投资、应收及预付账款、存货、待摊费用等。

◆ 2. 负债类

负债是指过去的交易、事项形成的现时义务，履行该义务预期会导致经济利益流出企业。

负债类科目分为流动负债和长期负债。其中流动负债包括短期借款、应付及预收账款、应付工资、应交税金、应付股利以及预提费用等。

◆ 3. 所有者权益类

所有者权益是指所有者在企业资产中享有的经济利益，其金额为资产减去负债后的余额。

所有者权益类科目包括实收资本（或股本）、资本公积、盈余公积、本年利润和利润分配等。

◆ 4. 成本类

成本是指将企业在生产过程中所发生的各种费用，按各种不同对象进行归集和分配，借以确定各该对象的总成本和单位成本。

成本类科目包括生产成本、制造费用和劳务成本等。

◆ 5. 损益类

损益是反映企业在一定期间内利润或亏损。

损益类科目又分为损收类（包括主营业务收入、其他业务收入、投资收益、补贴收入、营业外收入）和损费类（包括主营业务成本、主营业务税金及附加、其他业务支出、营业费用、管理费用、财务费用、营业外支出、所得税、以前年度损益调整）。

（二）按其核算信息详略程度分类

为了使企业提供的会计信息更好地满足各会计信息使用者的不同要求，必须对会计科目按照其核算信息的详略程度进行级次划分。一般情况下，可以将会计科目分为总分类科目和明细科目分类。

◆ 1. 总分类科目

总分类科目又称一级科目或总账科目，是对会计要素具体内容所做的总括分类，它提供总括性的核算指标，如"固定资产""原材料""应收账款""应付账款"等。

◆ 2. 明细分类科目

明细分类科目又称二级科目或明细科目，是对总分类科目所含内容所作的更为详细的分类，它能提供更为详细、具体的核算指标，如"应收账款"总分类科目下按照具体单位名称分设的明细科目，具体反映应向该单位收取的货款金额。

第四节　会　计　账　户

一、会计账户的概念

会计账户是根据会计科目开设的，具有一定格式和结构，用于分类反映会计要素增减变动及结果的一种工具。会计账户是分类连续记录各项经济业务、反映会计要素增减变动情况和结果的一种手段，是依据会计科目开设的，并具有一定格式，用来对会计对象、信息数据进行具体而系统记录的载体。

二、会计科目与账户之间关系

会计科目只是规定了会计对象具体内容的类别名称，还不能进行具体的会计核算。为了连续、系统、全面地记录由于经济业务的发生而引起的会计要素的增减变动，提供各种会计信息，必须根据规定的会计科目在账簿中开设账户。账户就像每个家庭户口簿中的一页页卡片，每个家庭成员有一页卡片，每页卡片按规定的格式记录每个人的基本情况及其变动情况。

会计科目是设置账户的依据，是账户的名称，账户是会计科目的具体运用。共同点在于会计科目和账户都要对经济业务进行分类，都说明一定的经济业务内容。会计科目所要反映的经济内容，就是账户所要登记的内容。会计科目仅仅是账户的名称，不存在结构问题，而账户则具有一定的格式和结构。会计科目只是经济业务分类核算的项目或标志，只是说明一定经济业务的内容，而账户是具体记录经济业务内容，可以提供具体的数据资料，具有登记增减变化的不同结构的一种形式。

三、会计账户的基本结构

会计账户是在分类的基础上汇集经济业务数据的工具和场所，这就决定了它必须具有合理结构。这是账户不同于会计科目之所在。

账户是根据会计科目设置的，具有一定格式和结构，用于反映会计要素的增减变动情况及其结果的载体。会计账户一般应包括的内容有：

（1）账户的名称，即会计科目；
（2）日期和摘要，即记载经济业务的日期和概括说明经济业务的内容；
（3）增加方和减少方的金额及余额；
（4）凭证号数，即说明记载账户记录的依据。

（一）账户的基本结构

账户分为左方、右方两个方向，在借贷记账法下，其左方一律称为"借方"，其右方一律称为"贷方"。资产、成本、费用类账户借方登记增加额，贷方登记减少额；负债、所有者权益、收入类账户借方登记减少额，贷方登记增加额。账户中登记本期增加的金额，称为本期增加发生额；登记本期减少的金额，称为本期减少发生额；增减相抵后的差额，称为余额，余额按照时间不同，分为期初余额和期末余额。

账户的名称加上登记增加额和减少额的两方，就构成了账户的基本架构。反映账户基本结构最简单的形式是"T"形账户，如图2-1所示。

图 2-1 账户的基本结构（T 型账户）

账户左右两方，哪一方登记增加金额，哪一方登记减少金额，其余额在哪一方，取决于所采用的记账方法和账户本身的性质。

（二）账户的具体结构

◆ **1. 资产类及成本类账户**

借方（本期借方发生额）：登记本期增加额。

贷方（本期贷方发生额）：登记本期减少额。

期初期末余额：在借方。

◆ **2. 负债及所有者权益类账户**

借方（本期借方发生额）：登记本期减少额。

贷方（本期贷方发生额）：登记本期增加额。

期初期末余额：在贷方。

◆ **3. 损益类账户**

1）收入类账户

借方（本期借方发生额）：登记本期减少额。

贷方（本期贷方发生额）：登记本期增加额。

期初期末余额：无余额。

2）费用类账户

借方（本期借方发生额）：登记本期增加额。

贷方（本期贷方发生额）：登记本期减少额。

期初期末余额：无余额。

（三）期初余额、本期发生额、期末余额之间的关系

期初余额＋本期增加额－本期减少额＝期末余额

- **1. 资产类及成本类账户**

    期初借方余额＋本期借方发生额－本期贷方发生额＝期末借方余额

- **2. 负债、所有者权益类账户**

    期初贷方余额＋本期贷方发生额－本期借方发生额＝期末贷方余额

第五节 会计核算的基础

一、会计要素的计量属性

会计计量是指将符合确认条件的会计对象登记入账，并列报于财务报表且确定其金额的过程。会计计量是在会计核算过程中必不可少的重要环节，且贯穿会计核算全过程。

计量属性是指计量对象可供计量的某种特性或标准，是指计量对象的特性或外在表现形式，是其予以数量化的特征。按照《企业会计准则——基本准则》，会计计量属性主要包括历史成本、重置成本、可变现净值、现值和公允价值五种。

（一）历史成本

历史成本指取得或制造某项财产物资时所实际支付的现金或者现金等价物。财产、厂房和设备及大部分存货是按其历史成本报告的，历史成本就是取得一项资产时支出的现金数额或其他等值，在取得之后通常要以摊销或其他分配方式调整。包括向顾客提供物资和服务的责任在内的负债，一般也是按其历史收入报告的，也就是在该项责任发生时收到的现金数额或其他等值，随后可能采用摊销或其他分配方式进行调整。长期以来管理当局，由于投资人、债权人和其他利益相关人都热衷于以历史成本信息为依据进行决策，而且历史成本作为一个被人们广泛接受和习惯采纳的会计惯例，交易双方认可其可靠性较其他计量属性更高。因此，历史成本原则成为会计计量中的最重要和最基本属性。当然，在价格明显变动时，除货币性项目外，对非货币性项目都可能因此被高估或低估，甚至会失去它作为决策依据的意义。

（二）重置成本

重置成本指按照当前市场条件，重新取得同样一项资产所需支付的现金或现金等价物金额。实际上，它往往有不同的含义：①重新购置同类新资产的市场价格；②重新购置同类新资产的市场价格扣减持有资产已使用年限的累计折旧；③重新购置具有相同生产能力的资产的市价；④重新购置或制造同类资产的成本；⑤重新生产或制造同类资产的成本扣减持有资产的累计折旧。

（三）可变现净值

可变现净值指生产经营过程中，以预计售价减去进一步加工成本和销售所必需的预计税金、费用后的净值。可变现净值与现行市价一样，都是立足于销售的立场确定某项资产的变现价值。不同之处在于，可变现净值是预期的未来的未贴现的变现价值，因此需要扣除为继续加工所需要的现金支出。另外，可变现净值假设企业处于正常经营状态，符合持续经营假设。

（四）现值

现值指对未来现金流量以恰当的折现率进行折现后的价值，是考虑货币时间价值因素等的一种计量属性。根据要素的定义，资产是某一特定个体由于过去的交易或者事项，所取得或者控制的可能的未来经济利益；负债是某一特定个体由于过去的交易或者事项现时所承担的义务，需要向其他个体转移资产或提供劳务的可能的未来经济利益的牺牲。在所有可能的计量属性当中，只有现值考虑了现金流量的数额、时间分布和不确定性，真正体现了资产、负债作为"未来经济利益的获得或者牺牲"的本质属性。因此，现值提供的财务信息对于使用者也是最为相关的。

（五）公允价值

公允价值指市场参与者在计量日发生的有序交易中，出售一项资产所能收到或者转移一项负债所需支付的价格。长期以来，我国都是以历史成本为基本计量原则，历史成本是传统会计计量的核心。历史成本是指据以入账的原始交易价，其账面价值是历史成本最确切的表述，历史成本的运用体现了会计原则的可靠性及谨慎性。但是随着经济活动的日趋复杂，大量的兼并、重组、联营行为使资产价值频繁变动；通货膨胀时期货币币值剧烈变动，使各个时期以历史成本计量失去了可比性；金融工具不断创新期权、期货等衍生金融工具给传统的会计计量提出了新的挑战；商誉、人力资源等隐性资产在一些企业中变得越来越重要。这些对历史成本均形成了较大的冲击，其自身缺陷也暴露无遗。公允价值正是由于历史成本满足不了新经济形式的需求被提出的，其运用体现了会计的实质重于形式原则。不难发现，公允价值会计实践代表了会计发展的国际趋势。

二、会计核算的基础

会计核算基础是企业在记录和汇总经济交易和财务状况时所依据的一系列规则和标准。它是财务会计的重要组成部分，因为它为财务报告提供了基础框架。首先，会计核算基础主要涉及两个方面：确认和计量。确认是指交易或经济事件是否应该被记录在账簿中。计量则是指交易或经济事件的货币价值应该被记录为多少。会计核算基础决定了企业在记录交易和财务状况时应该遵循哪些规则和标准。

会计核算的基础有两种，一种叫收付实现制或实收实付制，或叫现收现付制，或叫现金制；一种叫权责发生制或叫应收应付制，或叫应计制。

（一）收付实现制

收付实现制是以本期款项的实际收付作为确定本期收入、费用的标准。凡是本期实际收到款项的收入和付出款项的费用，不论款项是否属于本期，只要在本期实际发生，即作本期的收入和费用。

（二）权责发生制

权责发生制是指企业按收入的权利和支出的义务是否归属于本期来确认收入、费用的标准，而不是按款项的实际收支是否在本期发生，也就是以应收应付为标准。在权责发生制下，凡属本期的收入和费用，不论其是否发生，均要计入本期；凡不属本期的收入、费用、尽管发生了，也不计入本期。

现金收付基础和应计基础是对收入和费用而言的，都是会计核算中确定本期收入和费用的会计处理方法。但是现金收付基础强调款项的收付，应计基础强调应计的收入和为取得收入而发生的费用相配合。采用现金收付基础处理经济业务对反映财务成果欠缺真实性、准确性，一般只被非经营性质事业单位采用；采用应计基础比较科学、合理，被大多数企业普遍采用，成为成本计算的会计处理基础。

本章小结

本章主要讲述会计要素的概念及内容，依据《企业会计准则》，企业的会计核算对象划分为资产、负债、所有者权益、收入、费用和利润六大会计要素；资产、负债和所有者权益三项会计要素，是资金运动的静态表现（时点数），反映企业的财务状况，是资产负债表的基本要素；收入、费用和利润三项会计要素，是资金运动的动态表现（时期数），反映企业的经营成果，是利润表的基本要素。会计等式又称为会计方程式或平衡公式，是指利用数学等式，对会计要素之间的内在经济联系所做出的科学概括和描述。其基本表现形式为：资产＝负债＋所有者权益。它是设置账户、复式记账和编制有关会计报表的理论依据。

会计科目是对会计要素进行分类所形成的具体项目，每一个会计科目都明确地反映一定的经济内容。会计科目是设置账户的依据。会计科目是由会计制度规定的。账户是根据会计科目开设的，具有一定格式和结构，用来分类连续地记录和反映会计要素增减变动情况及其结果的载体。设置账户是会计的又一核算方法。会计科目和账户是两个不同的概念，二者既有联系又有区别。

会计核算的基础包括权责发生制和收付实现制。权责发生制是指以取得款项的权利或支付款项的义务为标志来确定本期收入和费用的会计核算基础。收付实现制，是指以现金的实际收支为标志来确定本期收入和支出的会计核算标准。

思考题

1. 什么是会计要素？会计要素包括哪些？
2. 会计等式具体内容包括哪些？
3. 什么是会计科目？

4. 会计科目分为哪几类？

5. 什么是会计账户？

6. 会计账户基本结构如何？

7. 会计核算基础包括哪些？

练习题

一、单项选择题

1. 所有者权益金额是（　　）后的余额。
   A. 资产－负债　　　　　　　　B. 收入－支出
   C. 资产＋收入　　　　　　　　D. 利润－负债

2. 资产是企业（　　）的资源。
   A. 借入或投入　　　　　　　　B. 拥有或控制
   C. 拥有或租入　　　　　　　　D. 控制或使用

3. 下列各项中属于流动资产的是（　　）。
   A. 应付账款　　　　　　　　　B. 长期借款
   C. 资本公积　　　　　　　　　D. 应收账款

4. 下列各项负债项目中属于长期负债的是（　　）。
   A. 应付债券　　　　　　　　　B. 应付利润
   C. 应付账款　　　　　　　　　D. 应付票据

5. 收入是企业在销售商品、提供劳务及让渡资产使用权日常活动中形成的（　　）。
   A. 现金流入　　　　　　　　　B. 经济利益的总流入
   C. 主营业务收入　　　　　　　D. 其他业务收入

6. 费用是指企业为销售商品、提供劳务等日常活动所发生的（　　）。
   A. 经济利益的总流出　　　　　B. 生产费用
   C. 人力物力耗费　　　　　　　D. 经济损失

7. 利润是企业在一定会计期间的（　　）。
   A. 经营收入　　　　　　　　　B. 经营毛利
   C. 经营成果　　　　　　　　　D. 经济效益

8. 用银行存款归还应付账款的经济业务属于（　　）。
   A. 资产和负债同增　　　　　　B. 资产减少负债增加
   C. 资产增加负债减少　　　　　D. 资产负债同减

9. 企业于4月初用银行存款1 200元支付第二季度房租，4月末仅将其中的400元计入本月费用，这符合（　　）。
   A. 配比原则　　　　　　　　　B. 权责发生制原则
   C. 收付实现制原则　　　　　　D. 历史成本计价原则

10. 按照权责发生制的要求，下列收入或费用应归属于本期的是（　　）。
    A. 本期销售产品的收入款项，对方尚未付款
    B. 预付明年的保险费

C. 本月收回上月销售产品的货款
D. 尚未实际支付的本月借款利息

二、多项选择题

1. 下列各项目中属于会计要素的是（　　）。
A. 资产　　　　　　　　　　B. 利润
C. 费用　　　　　　　　　　D. 成本
E. 负债

2. 下列项目中属于所有者权益类的有（　　）。
A. 实收资本　　　　　　　　B. 应付福利费
C. 资本公积　　　　　　　　D. 未分配利润
E. 盈余公积

3. 下列项目中属于资产类的会计科目有（　　）。
A. 流动资产　　　　　　　　B. 利润分配
C. 固定资产　　　　　　　　D. 无形资产
E. 其他应收款

4. 下列项目中属于期间费用的有（　　）。
A. 管理费用　　　　　　　　B. 直接人工
C. 财务费用　　　　　　　　D. 间接费用
E. 销售费用

5. 下列会计事项中属于资产和负债及所有者权益双方金额等额减少的是（　　）。
A. 用银行存款归还应付账款　　B. 用银行借款归还应付账款
C. 用银行存款支付预付账款　　D. 用库存商品抵偿银行借款
E. 用现金支付职工福利费

6. 反映资金运动动态表现的会计要素是（　　）。
A. 资产　　　　　　　　　　B. 利润
C. 所有者权益　　　　　　　D. 收入
E. 费用

7. 在下列项目中形成企业资产的资金来源的有（　　）。
A. 所有者投入　　　　　　　B. 盈余公积
C. 营业收入　　　　　　　　D. 借入款项
E. 营业外收入

8. 权责发生制要求（　　）。
A. 凡是当期已经实现的收入和已经发生或应当负担的费用，无论款项是否收付，都应当作为当期的收入和费用，计入利润表
B. 凡是不属于当期的收入和费用，即使款项已在当期收付，也不应当作为当期的收入和费用
C. 凡是当期收到和支付的现金，都作为当期的收入和费用，计入利润表
D. 凡是当期没有实际收到和付出现金，都不记录本期收入和费用
E. 凡是已经签了合同的销售业务和采购业务，都应记入本期收入和费用。

9. 下列选项中，符合权责发生制要求的有（　　　）。
A. 某公司年末支付以后年度租金，并确认了相关费用
B. 某公司4月份支付了3月份员工工资，并确认了相关费用
C. 某公司销售一批货物，但货款未收，确认了收入
D. 某公司对其固定资产计提折旧
10. 根据权责发生制原则，应计入本期收入和费用的有（　　　）。
A. 本期销售商品一批，并已收款
B. 本期预收购货款
C. 本期预付购货款
D. 本期计提短期借款利息

三、判断题

1. 会计主体和法律主体是对等的。　　　　　　　　　　　　　　（　）
2. 收付实现制判断更方便，因此适用于制造类企业。　　　　　　（　）
3. 静态会计等式：收入－费用＝利润。　　　　　　　　　　　　（　）
4. 预收账款属于资产类。　　　　　　　　　　　　　　　　　　（　）
5. 期间费用包括销售费用、管理费用和制造费用。　　　　　　　（　）

四、会计实训题

实训一

【目的】练习会计基本等式。

【资料】某企业月末各项目资料如下。

1. 银行里的存款12万元。
2. 向银行借入半年期的贷款50万元。
3. 出纳处存放的现金1 500元。
4. 仓库里存放的原材料51.9万元。
5. 仓库里存放的产成品19.4万元。
6. 正在加工中的产品75 500元。
7. 应付外单位货款6万元。
8. 向银行借入二年期的贷款60万元。
9. 房屋及建筑物40万元。
10. 所有者投入资本700万元。
11. 机器设备250万元。
12. 应收外单位货款10万元。
13. 以前年度尚未分配的利润75万元。
14. 对外单位长期投资500万元。

【要求】

（1）判断上述资料中各项目的类别并将各项目金额一并填入题表2-1。

题表 2-1　　　　　　　　　　　　　　　　　　　　　金额单位：元

	项目	金额		
		资产	负债	所有者权益
1	银行里的存款			
2	向银行借入半年期的借款			
3	出纳处存放的现金			
4	仓库里存放的原材料			
5	仓库里存放的产成品			
6	正在加工中的产品			
7	应付外单位货款			
8	向银行借入二年期的借款			
9	房屋及建筑物			
10	所有者投入资本			
11	机器设备			
12	应收外单位货款			
13	以前年度尚未分配的利润			
14	对外单位长期投资			
	合计			

（2）计算表内资产总额、负债总额、所有者权益总额是否符合会计基本等式。

实训二

【目的】练习收入、费用和利润的数量关系。

【资料】某公司月内收支情况如下。

1. 本月销货收入 79 万元，销货进价成本 70 万元。

2. 支付房租 3 000 元，办公用品 500 元，煤气、电、水费 1 500 元，工资 28 000 元。

3. 支付运杂费 600 元、包装费 500 元。

4. 支付职工医药费 6 000 元、差旅费 2 000 元。

【要求】计算该公司本月利润额。

实训三

【目的】练习资金变化类型。

【资料】某企业发生经济业务如下。

1. 用银行存款购买材料。

2. 用银行存款支付前欠 A 单位货款。

3. 向投资者分配股利。

4. 向银行借入长期借款，存入银行。

5. 收到所有者投入的设备。

6. 购入设备一台，款未付。

7. 用银行存款归还长期借款。

8. 企业以固定资产向外单位投资。

9. 用银行存款归还前欠甲单位货款。

10. 经批准用银行存款归还投资者王芳的投资款。

11. 经协商同意，将应归还乙单位的应付货款转为投入资本。

12. 将盈余公积金转作资本。

【要求】分析上述各项经济业务的类型，填入题表2-2。

题表2-2

类别	经济业务序号
1. 一项资产增加，另一项资产减少	
2. 一项负债增加，另一项负债减少	
3. 一项所有者权益增加，另一项所有者权益减少	
4. 一项资产增加，一项负债增加	
5. 一项资产增加，一项所有者权益增加	
6. 一项资产减少，一项负债减少	
7. 一项资产减少，一项所有者权益减少	
8. 一项负债减少，一项所有者权益增加	
9. 一项负债增加，一项所有者权益减少	

实训四

【目的】练习收付实现制、权责发生制。

【资料】某企业某月份发生以下经济业务。

1. 支付上月份电费5 000元。

2. 收回上月的应收账款10 000元。

3. 收到本月的营业收入款8 000元。

4. 支付本月应负担的办公费900元。

5. 支付下季度保险费1 800元。

6. 应收营业收入25 000元，款项尚未收到。

7. 预收客户下月的购货款5 000元。

8. 负担上季度已经预付的保险费600元。

【要求】

(1) 比较权责发生制与收付实现制的异同。

(2) 通过计算说明它们对收入、费用和盈亏的影响。

五、案例分析题

小明学习会计学以后，对他爸爸的创业历程产生了兴趣，经常要他爸爸分享创业过程中的一些经历。有一次，他爸爸和小明在讨论创业合伙人的选择时，谈到了公司成立初期他与公司另一股东李叔叔的一些分歧。有一次,李叔叔家里来了客人,主要是老家的亲戚过来探望李叔叔,李叔叔请客人吃了午饭,花费2 000元,李叔叔认为自己是公司的股东,于是开了发票到公司要求报销,但小明爸爸不同意。同学们怎么看待小明爸爸与李叔叔之间的分歧,这笔开支是否可以拿到公司报销呢?

练习题答案请见 【数字资源2-10】

第三章 复式记账

学习目的与要求

通过本章学习，掌握复式记账的概念及基本原理；掌握借贷记账法的基本内容；能运用借贷记账法编制简单的会计分录；熟练掌握借贷记账法的原理及运用，尤其是"有借必有贷，借贷必相等"记账规则的理解，通过实例激发学生学习的兴趣，达到学以致用的效果。

学习内容

1. 单式记账法、复式记账法。
2. 借贷记账法的记账符号、记账规则及其应用。
3. 试算平衡表。
4. 总分类账户与明细分类账户的平行登记。

学习重点

1. 复式记账法。
2. 借贷记账法的记账符号、记账规则及其应用。

学习难点

1. 复式记账法。
2. 借贷记账法的记账符号、记账规则及其应用。

> **案例导入**
>
> 1. 收到师徒四人的投资250万元（其中唐僧80万元，悟空100万元，八戒50万元，沙僧20万元）。
> 2. 向铁扇公主借款100万元（半年期借款）。
> 3. 向太上老君购买原材料60万元，其中20万元用银行存款支付，40万元货款暂欠，材料已入库（假定不考虑增值税因素）。
> 4. 支付原材料生产过程中产生费用20万元（其中管理费用5万元，制造费用15万元）。
> 5. 卖出产品给土地公公40万元、东海龙王60万元，土地公公的款项暂未收到（假定不考虑增值税因素）。
> 6. 借款给白龙马30万元（预计2年后归还）。
>
> 问：如何入账。

第一节　复式记账原理

一、会计记账方法概述及种类

会计记账方法是指在会计科目中记录经济交易与事项的具体手段及方法。

按记账方式不同分为单式记账法和复式记账法。

二、单式、复式记账法的概念及内容

（一）单式记账法

单式记账法是将企业发生的经济业务登记在一个账户的方法。它是一种不完整的简易记账方法，一般主要登记银钱收付和债权债务结算业务，有时也登记实物。在单式记账法下，账户之间没有必然的内在联系，也没有相互对应平衡的概念。单式记账法只能反映企业经济发展业务的一个侧面，所记录的会计信息之间不存在相互勾稽关系，因此其弊端是不能全面、系统地反映经济业务的来龙去脉，也不便于检查账簿记录的正确性。

（二）复式记账法

复式记账法是以资产与权益平衡关系作为记账基础，对于每一笔经济业务，都要在两个或两个以上相互联系的账户中进行登记，系统地反映资金运动变化及其结果的一种记账方法。复式记账法是一种科学的记账方法，在复式记账法下账户体系设置完整，可

以将经济业务引起的会计要素的增减变动,在两个或两个以上账户中相互联系地、全面地、系统地进行记录,可以反映经济业务的来龙去脉,但记账手续相对单式记账法复杂。

在世界的会计发展史上曾经采用过和正在采用的复式记账法有"增减记账法""收付记账法"和"借贷记账法"等。各种复式记账法在其基本原理相同的条件下,主要表现为记账符号、记账规则和试算平衡公式的不同。

我国在1993年颁布的《企业会计准则》中规定,从1994年起统一全国企事业单位的记账方法为"借贷记账法",从而确立了借贷记账法的地位。我国所有企业统一采用了借贷记账法,行政事业单位采用收付记账法。

复式记账法与单式记账法相比,具有以下特点:

(1) 对于发生的每一项经济业务,都要在两个或两个以上相互联系的账户中同时登记;

(2) 由于每项经济业务发生后,都要以相等的金额在有关账户中进行登记,因此,可以对账户记录的结果进行试算平衡,以检查账户记录是否正确。

第二节 借贷记账法

一、理论基础

借贷记账法是以"借""贷"为记账符号,以"有借必有贷,借贷必相等"为记账规则,反映会计要素增减变动情况的一种复式记账法。该记账方法以"资产=负债+所有者权益"这一会计恒等式作为其理论依据。

二、借贷记账法原理的概念

借贷记账法是按照复式记账法的原理,以资产与权益的平衡关系为基础,以"借""贷"二字为记账符号,以"有借必有贷,借贷必相等"为记账规则来登记经济业务的一种记账方法。借贷记账法包括记账符号、账户结构、记账规则和试算平衡四项。

三、借贷记账法记账规则

(一)借贷记账法的记账符号

所谓记账符号,是指会计核算中采用的一种抽象标记,用以表示经济业务的增减变动和记账方向。借贷记账法是以"借"和"贷"作为记账符号,"借""贷"两个字用来标明不同的记账方向。

（二）借贷记账法下账户的结构

◆ 1. 借贷记账法下账户的基本结构

借贷记账法下，账户的左方称为借方，右方称为贷方。所有账户的借方和贷方按相反方向记录增加数和减少数，即一方登记增加额，另一方就登记减少额。至于"借"表示增加，还是"贷"表示增加，则取决于账户的性质与所记录经济内容的性质。

通常而言，资产、成本和费用类账户的增加用"借"表示，减少用"贷"表示；负债、所有者权益和收入类账户的增加用"贷"表示，减少用"借"表示。备抵账户的结构与所调整账户的结构正好相反。

◆ 2. 资产和成本类账户的结构

在借贷记账法下，资产类、成本类账户的借方登记增加额；贷方登记减少额；期末余额一般在借方，有时可能无余额。其余额计算公式为

期末借方余额＝期初借方余额＋本期借方发生额－本期贷方发生额

◆ 3. 负债和所有者权益类账户的结构

在借贷记账法下，负债、所有者权益类账户的借方登记减少额；贷方登记增加额；期末余额一般在贷方，有时可能无余额。其余额计算公式为

期末贷方余额＝期初贷方余额＋本期贷方发生额－本期借方发生额

◆ 4. 损益类账户的结构

损益类账户主要包括收入类账户和费用类账户。

1）收入类账户的结构

在借贷记账法下，收入类账户的借方登记减少额，贷方登记增加额。本期收入净额在期末转入"本年利润"账户，用以计算当期损益，结转后无余额。

2）费用类账户的结构

在借贷记账法下，费用类账户的借方登记增加额，贷方登记减少额。本期费用净额在期末转入"本年利润"账户，用以计算当期损益，结转后无余额。

（三）借贷记账法的记账规则

记账规则是指采用某种记账方法登记具体经济业务时应当遵循的规律。借贷记账法的记账规则概括地表述为"有借必有贷，借贷必相等"。

在理解借贷记账法的记账规则时，还要注意以下两点：

（1）"有借必有贷"是指记账方向相反，而且它是针对某一项经济交易或事项所涉及的不同账户而言的，即某一账户登记借方（或贷方），则其他账户必须登记贷方（或借方），而不是针对同一个账户；

（2）"借贷必相等"是指记入不同账户的借方金额合计与贷方金额合计相等。

（四）借贷记账法下的账户对应关系与会计分录

◆ 1. 账户的对应关系

账户对应关系是指借贷记账法对发生的每项经济业务都要在相关联的两个或两个以上账户上登记，从而在这些账户之间就形成一种相互对应的关系。发生对应关系的账户叫作

对应账户。通过账户的对应关系，可以了解经济业务的内容，检查经济业务的合理性、合法性。

例如，企业从银行提备用金 2 000 元的业务，使会计单位的现金增加 2 000 元，同时使银行存款减少 2 000 元。按账户结构规定，现金增加记账户的借方，银行存款减少记账户的贷方。可见，现金账户与银行存款账户在这里存在对应关系，它们是对应账户。

通过账户对应关系，可以了解经济业务内容及其所引起的资金增减变动情况；可以检查账务处理是否合理合法，可以发现对经济业务的处理是否符合有关经济法规和财务会计制度。

◆ **2. 会计分录**

1) 会计分录的含义

会计分录，简称分录，是对每项经济业务列示出应借、应贷的账户名称及其金额的一种记录。会计分录包括三个要素，即账户名称（会计科目）、记账方向（借方或贷方）和金额。账户名称用来反映经济业务事项的内容，记账方向用以反映经济业务事项引起资金增减变动的方向，金额则反映资金变动的数额。

会计分录在书写上应该左借右贷，上借下贷，前借后贷，借贷平衡。

2) 会计分录的要素

会计分录是由应借应贷方向、对应账户（科目）名称及应记金额三要素构成。

（1）记账方向：用借和贷来表示各项会计要素增减变动的情况。

（2）会计账户和会计科目：会计账户是根据会计科目开设，具有一定的结构，用来系统、连续地记载各项经济业务的一种手段；会计科目是对会计要素对象的具体内容进行分类核算的类目。

（3）分录金额：会计工作人员根据凭证信息对所发生业务金额进行记录。

3) 会计分录书写格式要求

经济业务事项发生后，不能根据原始凭证直接记账，而必须以原始凭证为依据，对此经济业务事项进行分析、判断，断定此经济业务事项的性质、引起资金增减变动的方向及其数额，进而在记账凭证上做出指明其应记入的账户、方向和金额，即编制会计分录。

会计分录书写格式要求如下：

（1）每一笔分录要先借后贷，即借方账户排列在上，贷方账户排列在下；

（2）每个会计科目应独占一行排列；

（3）借方与贷方应错位表示，即贷方的文字和数字都应比借方退后（右移）两格书写，以使其醒目、清晰；

（4）金额数字应逐个书写，不得写连笔字；

（5）在编制一借多贷、一贷多借和多借多贷的会计分录情况下，借方或贷方的会计科目应分别上下对齐排列，借方或贷方的金额数字也应分别上下对齐排列。

4) 会计分录的编制步骤

第一，分析经济业务涉及的是资产（费用、成本）还是权益（收入）。

第二，确定涉及哪些账户，是增加还是减少。

第三，确定记入哪个（或哪些）账户的借方、哪个（或哪些）账户的贷方。

第四，确定应借应贷账户是否正确，借贷方金额是否相等。

5) 会计分录的分类

按照所涉及账户的多少,会计分录分为简单会计分录和复合会计分录。简单会计分录指只涉及一个账户借方和另一个账户贷方的会计分录,即一借一贷的会计分录。复合会计分录指由两个以上(不含两个)对应账户组成的会计分录,即一借多贷、多借一贷或多借多贷的会计分录。

6) 会计分录的编写

下面将通过一些经济业务来学习实务中如何编写会计分录。

(1) 简单会计分录。

【例3-1】 从银行提取现金3 000元,以备零用。

借:库存现金　　　　　　　　　　　　　　　　　　　　　　3 000
　　贷:银行存款　　　　　　　　　　　　　　　　　　　　　　3 000

【数字资源3-1】

【例3-2】 以银行存款偿还前欠材料款12 000元。

借:应付账款　　　　　　　　　　　　　　　　　　　　　　12 000
　　贷:银行存款　　　　　　　　　　　　　　　　　　　　　　12 000

【数字资源3-2】

(2) 复合会计分录。

【例3-3】 A公司购进材料90 000元,其中已用银行存款支付70 000元,尚有20 000元未支付。其会计分录为:

借:原材料　　　　　　　　　　　　　　　　　　　　　　　90 000
　　贷:银行存款　　　　　　　　　　　　　　　　　　　　　　70 000
　　　　应付账款　　　　　　　　　　　　　　　　　　　　　　20 000

【数字资源3-3】

在上述分录中,借方"原材料"账户和贷方的"银行存款"账户及"应付账款"账户相对应,组成了一笔包括三个账户的复合会计分录。复合分录实际上是由几个简单分录组合而成的。例如,上述A公司购进材料的复合分录就是由下面两个简单分录组成的。

分录一

借:原材料　　　　　　　　　　　　　　　　　　　　　　　70 000
　　贷:银行存款　　　　　　　　　　　　　　　　　　　　　　70 000

【数字资源3-4】

分录二

借：原材料　　　　　　　　　　　　　　　　　　　　　　　20 000

　　贷：应付账款　　　　　　　　　　　　　　　　　　　　　　20 000

【数字资源3-5】

编制复合分录，可以集中、全面地反映某项经济业务的全面情况，同时可以简化记账手续。在实际工作中，对于复杂的经济业务，也可以编制多"借"多"贷"的复合分录，但不允许将几项经济业务合并编制复杂分录。

四　试算平衡

（一）试算平衡的含义

试算平衡是指根据借贷记账法的记账规则和资产与权益的恒等关系，通过对所有账户的发生额和余额的汇总计算和比较，来检查记录是否正确的一种方法。

（二）试算平衡的分类

◆ **1. 发生额试算平衡**

发生额试算平衡是指全部账户本期借方发生额合计与全部账户本期贷方发生额合计保持平衡，即

全部账户本期借方发生额合计＝全部账户本期贷方发生额合计

◆ **2. 余额试算平衡**

余额试算平衡是指全部账户借方期末（初）余额合计与全部账户贷方期末（初）余额合计保持平衡，即

全部账户借方期末（初）余额合计＝全部账户贷方期末（初）余额合计

（三）试算平衡表的编制

试算平衡是通过编制试算平衡表进行的。试算平衡表通常是在期末结出各账户的本期发生额合计和期末余额后编制的。试算平衡表中一般应设置"期初余额""本期发生额"和"期末余额"三大栏目，其下分设"借方"和"贷方"两个小栏。

（四）借贷记账法举例

假设华南服装公司账户余额表见表3-1。

表 3-1　华南服装公司账户余额表

2018 年 12 月 31 日　　　　　　　　　　　　　　　　　　　　　　　单位：元

账户	期末余额	
	借方	贷方
库存现金	20 000	
银行存款	400 000	
应收账款	380 000	
固定资产	1 200 000	
短期借款		500 000
应付账款		400 000
实收资本		700 000
资本公积		220 000
利润分配		180 000
合计	2 000 000	2 000 000

注：利润分配贷方余额表明的是未分配利润。

第一步，为企业开设各相关账户，并填入其期初余额（见图 3-1～图 3-12）。
第二步，根据该企业本期发生的经济业务编制会计分录。
假设该企业 2019 年 1 月份发生如下经济业务。

【例 3-4】　从银行借入 3 个月期限借款 100 000 元，款项收到并存入银行。
　借：银行存款　　　　　　　　　　　　　　　　　　　　　100 000
　　　贷：短期借款　　　　　　　　　　　　　　　　　　　　　　100 000

【例 3-5】　收到投资者投入资金 400 000 元，已存入银行。
　借：银行存款　　　　　　　　　　　　　　　　　　　　　400 000
　　　贷：实收资本　　　　　　　　　　　　　　　　　　　　　　400 000

【例 3-6】　以银行存款支付前欠货款 80 000 元。
　借：应付账款　　　　　　　　　　　　　　　　　　　　　80 000
　　　贷：银行存款　　　　　　　　　　　　　　　　　　　　　　80 000

【例 3-7】　某投资者收回投资 200 000 元，企业用银行存款支付。
　借：实收资本　　　　　　　　　　　　　　　　　　　　　200 000
　　　贷：银行存款　　　　　　　　　　　　　　　　　　　　　　200 000

【例 3-8】　将现金 5 000 元存入银行。
　借：银行存款　　　　　　　　　　　　　　　　　　　　　5 000
　　　贷：库存现金　　　　　　　　　　　　　　　　　　　　　　5 000

【例 3-9】　向银行借入短期借款 40 000 元，用来偿还前欠供应商的货款。
　借：应付账款　　　　　　　　　　　　　　　　　　　　　40 000
　　　贷：短期借款　　　　　　　　　　　　　　　　　　　　　　40 000

【例 3-10】 按法定程序，将资本公积 160 000 元转增资本。
  借：资本公积   160 000
    贷：实收资本   160 000

【例 3-11】 通过分配决议，向投资者分配利润 120 000 元，尚未支付。
  借：利润分配   120 000
    贷：应付利润   120 000

【例 3-12】 因财务困难无力支付乙公司货款 200 000 元，经协商乙公司同意本公司以资本抵债 200 000 元。
  借：应付账款   200 000
    贷：实收资本   200 000

【例 3-13】 该企业 2019 年 1 月销售服装获得收入 300 000 元，并存入银行（不考虑增值税）。
  借：银行存款   300 000
    贷：主营业务收入   300 000

【例 3-14】 本月以银行存款支付办公费用 32 000 元。
  借：管理费用   32 000
    贷：银行存款   32 000

第三步，根据会计分录登录各有关账户（见图 3-1 至图 3-12）。

第四步，结算各有关账户的本期发生额和期末余额（见图 3-1 至图 3-12）。

借	库存现金	贷
期初余额 20 000	(5) 5 000	
本期发生额 0	本期发生额 5 000	
期末余额 15 000		

图 3-1 "库存现金" T 型账户

借	应收账款	贷
期初余额 380 000		
本期发生额 0	本期发生额 0	
期末余额 380 000		

图 3-2 "应收账款" T 型账户

借	银行存款	贷
期初余额 400 000	(3) 80 000	
(1) 100 000	(4) 200 000	
(2) 400 000	(11) 32 000	
(5) 5 000		
(10) 300 000		
本期发生额 805 000	本期发生额 312 000	
期末余额 893 000		

图 3-3 "银行存款" T 型账户

借	固定资产	贷
期初余额 1 200 000		
本期发生额 0	本期发生额 0	
期末余额 1 200 000		

图 3-4 "固定资产" T 型账户

借	实收资本	贷
(4) 200 000	期初余额700 000	
	(2) 400 000	
	(7) 160 000	
	(9) 200 000	
本期发生额200 000	本期发生额760 000	
	期末余额1260 000	

图 3-5 "实收资本" T 型账户

借	应付利润	贷
	期初余额0	
	(8) 120 000	
本期发生额0	本期发生额120 000	
	期末余额120 000	

图 3-6 "应付利润" T 型账户

借	短期借款	贷
	期初余额500 000	
	(1) 100 000	
	(6) 40 000	
本期发生额0	本期发生额140 000	
	期末余额640 000	

图 3-7 "短期借款" T 型账户

借	应付账款	贷
(3) 80 000	期初余额400 000	
(6) 40 000	(1) 100 000	
(9) 200 000	(6) 40 000	
本期发生额320 000	本期发生额0	
	期末余额80 000	

图 3-8 "应付账款" T 型账户

借	利润分配	贷
(8) 120 000	期初余额180 000	
本期发生额120 000	本期发生额0	
	期末余额60 000	

图 3-9 "利润分配" T 型账户

借	资本公积	贷
(7) 160 000	期初余额220 000	
本期发生额160 000	本期发生额0	
	期末余额60 000	

图 3-10 "资本公积" T 型账户

借	主营业务收入	贷
	(10) 300 000	
本期发生额0	本期发生额300 000	

图 3-11 "主营业务收入" T 型账户

借	管理费用	贷
(11) 32 000		
本期发生额32 000	本期发生额0	

图 3-12 "管理费用" T 型账户

第五步，根据上述经济业务，期末结算出各账户的本期发生额进行试算平衡，各总账的本期发生额及余额的试算平衡如表 3-2 所示。

表 3-2　总分类账户本期发生额及余额试算平衡表

2019 年 1 月 31 日　　　　　　　　　　　　　　　　　　　　　　单位：元

账户	期初余额 借方	期初余额 贷方	本期发生额 借方	本期发生额 贷方	期末余额 借方	期末余额 贷方
库存现金	20 000		0	5 000	15 000	
银行存款	400 000		805 000	312 000	893 000	
应收账款	380 000		0	0	380 000	
固定资产	1 200 000		0	0	1 200 000	
短期借款		500 000	0	140 000		640 000
应付账款		400 000	320 000	0		80 000
应付利润			0	120 000		120 000
实收资本		700 000	200 000	760 000		1 260 000
资本公积		220 000	160 000	0		60 000
利润分配		180 000	120 000	0		60 000
主营业务收入				300 000		300 000
管理费用			32 000	0		
合计	2 000 000	2 000 000	1 637 000	1 637 000	2 520 000	2 520 000

需要注意的是：试算平衡表可以反映账户记录的平衡关系。如果试算不平衡，则说明账户记录肯定有错误；若试算平衡，也不能说明账户记录绝对正确。

第三节　总分类账户与明细分类账户

一、总分类账户与明细分类账户的设置

总分类账户是所属明细分类账户的统驭账户，对所属明细分类账户起着控制作用；明细分类账户则是总分类账户的从属账户，对其所隶属的总分类账户起着辅助作用。总分类账户及其所属明细分类账户的核算对象是相同的，它们所提供的核算资料互相补充，只有把二者结合起来，才能既总括又详细地反映同一核算内容。

总分类账户是指对会计要素的具体内容进行总括反映的账户。总分类账户是根据总分类科目开设的账户，又称"总账账户"或"一级账户"。总分类账户所提供的是综合资料，如"材料"总分类账户提供的是企业全部材料的增减变化及结存情况。按照总分类账户进行的总括性的会计核算称总分类核算。各企业、机关和事业单位等，均应按一级会计科目开设总分类账户，进行总分类核算。总分类核算是明细分类核算和序时核算

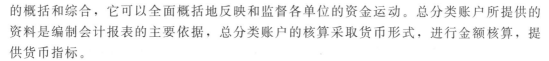

的概括和综合，它可以全面概括地反映和监督各单位的资金运动。总分类账户所提供的资料是编制会计报表的主要依据，总分类账户的核算采取货币形式，进行金额核算，提供货币指标。

明细分类账户是指用来提供某一总分类账户所属较为详细经济信息的账户，对会计要素的具体内容进行明细分类核算，简称明细账。在通常情况下，企业会计业务发生后，如果我们只是对它按会计要素和涉及的科目记入总账账户，仍然不能详细反映企业要了解的具体内容，或记录后不能满足业务分析需要。此时，我们就要对该项业务进行再一次的具体细分，即将它通过明细分类账户记录该业务的详细情况。如应收账款，如果我们只记录"应收账款"总账科目，仍不能得知是应收甲企业，还是应收乙企业的，那么我们在建立应收账款总分类账户的基础上，还要按客户的名称建立明细分类账户，以便于对应收账款进行管理。可见明细分类账是根据企业内部管理需要设置的详细说明其业务情况的分类账户。随着具体会计准则的颁布，有些明细账户设置也在具体准则中有详细规定，可参照执行。如"长期债权投资"总账账户，需设置"债券投资"二级明细账户。在"债券投资"下还需设置"债券面值""债券溢价""债券折价""应计利息""相关费用"三级明细账。

（二）总分类账户与明细分类账户的关系

总分类账户与明细分类账户是对同一经济业务内容进行分层次核算而设置的账户，二者之间存在相互联系、相互制约的关系。总分类账户是对所属明细分类账户的总括，对其所属明细分类账户起着统驭和控制的作用；明细分类账户是对其总分类账户的细分，对总分类账户起着补充和说明的作用。

（一）总分类账户与明细分类账户的内在联系

总分类账户与明细分类账户的内在联系主要表现在：
(1) 二者所反映的经济业务内容相同；
(2) 登记账簿的原始依据相同。

（二）总分类账户与明细分类账户的区别

◆ 1. 二者反映经济内容的详细程度不一样

总账反映资金增减变化的总括情况，提供总括资料；明细账反映资金运动的详细情况，提供某一方面的详细资料；有些明细账还可以提供实物量指标和劳动量指标。

◆ 2. 二者的作用不同

总账提供的经济指标，是明细账资料的综合，对所属明细账起着统驭作用；明细账是对有关总账的补充，起着详细说明的作用。

（三）总分类账户与明细分类账户的平行登记

平行登记，是指对所发生的每项经济业务都要以会计凭证为依据，一方面记入有关总分类账户,另一方面记入所辖明细分类账户的方法。总分类账户与明细分类账户平行登记的要点如下。

(1) 依据相同。发生经济业务后,都要以相关的会计凭证为依据,既登记有关总分类账户,又登记其所属明细分类账户。

(2) 方向相同。总分类账户记入借方,明细分类账户也记入借方;总分类账户记入贷方,明细分类账户也记入贷方。

(3) 期间相同。必须在同一会计期间(如同一个月、同一个季度、同一年度)全部登记入账。

(4) 金额相等。总分类账户借方(贷方)发生额等于所属明细分类账户借方(贷方)发生额之和;总分类账户借方(贷方)余额等于所属明细分类账户借方(贷方)余额之和。

本章小结

本章主要讲述复式记账法和借贷记账法的相关内容。复式记账法是对每笔经济业务,都必须以相等的金额,同时在两个或两个以上的账户中相互联系地进行登记,借以反映资金运动的来龙去脉的一种记账方法。复式记账法不仅可以了解每项经济业务的来龙去脉,而且可以通过会计要素的增减变动全面、系统地了解经济活动的过程和结果。

借贷记账法是复式记账法的一种。它是以"借""贷"为记账符号,以"资产=负债+所有者权益"的会计等式为理论依据,以"有借必有贷,借贷必相等"为记账规则的一种科学复式记账法。

会计分录亦称"记账公式",简称"分录"。它是根据复式记账原理的要求,对每笔经济业务列出相对应的双方账户及其金额的一种记录。会计分录按照所涉及账户的多少,分为简单会计分录和复合会计分录。

总分类账户与明细分类账户是对同一经济业务内容进行分层次核算而设置的账户,二者之间存在相互联系、相互制约的关系。总分类账户是对所属明细分类账户的总括,对其所属明细分类账户起着统驭和控制的作用;明细分类账户是对其总分类账户的细分,对总分类账户起着补充和说明的作用。二者登记的依据相同、方向相同、期间相同、金额相等。

思考题

1. 什么是复式记账法?它相对于单式记账法而言具有什么优势?
2. 什么是借贷记账法?借贷记账法有哪些记账规则?
3. 会计分录的含义及编写要点是什么?
4. 会计分录的种类包括哪些?
5. 总分类账户与明细分类账户平行登记的要点是什么?

练习题

一、单项选择题

1. 复式记账法，是对每一笔经济业务都要在（ ）相互联系的账户中进行登记。
   A. 两个 B. 三个
   C. 一个 D. 两个或两个以上

2. 某企业应收账款总分类账户期初余额为 8 000 元。明细分类账分别为，甲厂借方 4 000 元，乙厂借方 2 500 元，则丙厂为（ ）。
   A. 借方 1 500 元 B. 贷方 1 500 元
   C. 借方 6 500 元 D. 借方 6 500 元

3. 所有者权益类账户借方记录（ ）。
   A. 增加发生额 B. 减少发生额
   C. 增加或减少发生额 D. 以上都不对

4. 费用成本类账户借方登记（ ）。
   A. 增加发生额 B. 减少发生额
   C. 增加或减少发生额 D. 以上都不对

5. 负债类账户的期末余额一般在（ ）。
   A. 借方 B. 贷方
   C. 借方或贷方 D. 一般无期末余额

6. "应收账款"账户的期末余额等于（ ）。
   A. 期初余额＋本期借方发生额－本期贷方发生额
   B. 期初余额－本期借方发生额－本期贷方发生额
   C. 期初余额＋本期借方发生额＋本期贷方发生额
   D. 期初余额－本期借方发生额＋本期贷方发生额

7. 某企业月初有短期借款 40 万元，本月向银行借入短期借款 45 万元，以银行存款偿还短期借款 20 万元，则月末"短期借款"账户的余额为（ ）。
   A. 借方 65 万元 B. 贷方 65 万元
   C. 借方 15 万元 D. 贷方 15 万元

8. 某企业本月发生管理费用开支计 58 万元，月末应结平"管理费用"账户，则"管理费用"账户（ ）。
   A. 月末借方余额 58 万元 B. 本期贷方发生额 58 万元
   C. 月末贷方余额 58 万元 D. 以上都不对

9. 某企业资产总额为 100 万元，发生以下三笔经济业务，即向银行借款 20 万元存入银行、用银行存款偿还应付账款 5 万元、收回应收账款 4 万元存入银行，则其资产总额为（ ）。
   A. 115 万元 B. 119 万元
   C. 111 万元 D. 71 万元

10. 借贷记账法的理论依据是（　　）

A. 复式记账法　　　　　　　　　B. 资产＝负债＋所有者权益

C. 有借必有贷，借贷必相等　　　D. 借贷平衡

二、多项选择题

1. 有关借贷记账法说法正确的是（　　）。

A. 采用"借""贷"为记账符号

B. 以"资产＝负债＋所有者权益"这一会计等式作为理论依据

C. 记账规则是"有借必有贷，借贷必相等"

D. 是我国会计核算的法定记账方法

2. 从银行借入长期借款5 000元，用于归还前欠货款，正确的说法有（　　）。

A. 借记"银行存款"5 000元　　　B. 贷记"长期借款"5 000元

C. 借记"应付账款"5 000元　　　D. 贷记"应付账款"5 000元

3. 某项经济业务发生后，一个资产账户记借方，则可能（　　）

A. 另一个资产账户记贷方　　　　B. 另一个负债账户记贷方

C. 另一个所有者权益账户记贷方　D. 另一个资产账户记借方

4. 下列经济业务中，（　　）会引起基本会计等式两边同时发生增减变动。

A. 购进材料尚未付款　　　　　　B. 从银行提取现金

C. 向银行借款并存入银行　　　　D. 投资者追加投资

5. 引起资产一增一减的经济业务有（　　）。

A. 用银行存款支付购买汽车款　　B. 从银行提取现金

C. 用银行存款购买材料　　　　　D. 用银行存款偿还前欠材料款

6. 下列各项中，属于借贷记账法中"贷"字表示的内容有（　　）。

A. 资产的增加额　　　　　　　　B. 负债的减少额

C. 所有者权益的增加额　　　　　D. 收入的增加额

7. 下列各项中，属于借贷记账法中"借"字表示的内容有（　　）。

A. 资产的增加　　　　　　　　　B. 负债的减少

C. 成本的增加　　　　　　　　　D. 所有者权益的减少

8. 下列账户中期末余额在贷方的有（　　）。

A. 预收账款　　　　　　　　　　B. 应收账款

C. 应付账款　　　　　　　　　　D. 实收资本

9. 下列说法正确的是（　　）。

A. 资产类账户增加记贷方，减少记借方

B. 负债类账户增加记贷方，减少记借方

C. 收入类账户增加记贷方，减少记借方

D. 费用类账户增加记贷方，减少记借方

10. 与单式记账法相比，复式记账法的优点是（　　）。

A. 有一套完整的账户体系

B. 可以清楚地反映经济业务的来龙去脉

C. 可以对记录的结果进行试算平衡，以检查账户记录是否正确

D. 记账手续简单

三、判断题

1. 借贷记账法中的"借"和"贷"分别表示债权和债务。 （ ）
2. 只要满足试算平衡关系，则说明账户记录肯定正确。 （ ）
3. 收入类账户期末一般有余额。 （ ）
4. 资产类账户期末余额在贷方。 （ ）
5. 所有者权益类账户借方记增加，贷方记减少。 （ ）

四、会计实训题

实训一

【目的】掌握会计分录的书写内容。

【资料】某公司本期发生如下经济业务。

1. 投资者追加投资 150 000 元，存入银行。
2. 以银行存款 50 000 元偿还银行借款。
3. 以银行存款购进设备 30 000 元。
4. 向银行借款 100 000 元，偿还前欠货款。
5. 收回前欠的货款 30 000 元，存入银行。
6. 从银行提取现金 1 000 元。
7. 用库存现金预付某职工 800 元差旅费。
8. 销售产品 70 000 元，货款存入银行。
9. 以银行存款 8 000 元支付水电费。
10. 以银行存款 30 000 元购买材料，材料已验收入库。

【要求】根据上述经济业务编写对应的会计分录。

实训二

【目的】掌握试算平衡表的编制。

【资料】某企业 2022 年 1 月份资产、负债和所有者权益账户期初余额如题表 3-1 所示。

题表 3-1 (单位：元)

账户名称	期初余额	账户名称	期初余额
现金	1 000	短期借款	20 000
银行存款	150 000	应付账款	10 000
应收账款	20 000	应交税金	35 000
原材料	20 000	实收资本	100 000
固定资产	125 000	本年利润	166 000
生产成本	15 000		
合计	331 000	合计	331 000

该企业 2022 年 1 月份发生了以下的经济业务。

1. 从银行取得短期借款 10 000 元，存入银行。

2. 采购员王强出差，预借差旅费 800 元，以现金支付。

3. 从银行提取现金 2 000 元备用。

4. 管理部门购买办公用品 500 元，以现金支付。

5. 收回应收账款 20 000 元存入银行。

6. 购入材料一批，价款 40 000 元，增值税 6 800 元，材料已验收入库，款项尚未支付。

7. 生产车间制造产品领用材料 10 000 元。

8. 以银行存款偿还应付账款 40 000 元。

9. 开出转账支票，上交税金 28 000 元。

10. 收到投资者投入货币资金 10 000 元，存入银行。

11. 购入生产设备一台，价值 65 000 元，款项已用银行存款支付。

12. 采购员王强报销差旅费 850 元，以现金支付其垫付款。

【要求】

(1) 编制上述业务的会计分录。

(2) 做各账户的 T 型账户。

(3) 编制该企业 2022 年 1 月份的试算平衡表。

实训三

【目的】掌握从建账到试算平衡表编制的完整流程。

【资料一】某企业 2021 年 1 月份有关账户的期初余额如下：库存现金 1 400 元，银行存款 24 000 元，应收账款 5 000 元，原材料 12 000 元，固定资产 48 600 元，应付账款 10 000 元，短期借款 14 000 元，实收资本 60 000 元，盈余公积 7 000 元。

【资料二】2021 年 1 月份发生下列经济业务。

1. 从银行提取现金 500 元，以备零用。

2. 用银行存款购买材料一批，货款 5 500 元。

3. 用银行存款归还前欠货款 3 000 元。

4. 国家投入新机器一台，价值 25 000 元。

5. 收到购货单位还款 4 400 元，存入银行。

6. 按规定将多余现金 500 元存入银行。

7. 生产车间生产产品领用材料，价值 14 500 元。

8. 向银行借入 6 个月的借款 70 000 元，存入银行。

【要求】

(1) 根据资料一开设账户，并登记期初余额。

(2) 根据资料二编制会计分录。

(3) 结算各账户的本期发生额和期末余额。

(4) 根据期初余额、本期发生额和期末余额编制试算平衡表，并进行试算平衡。

五、案例分析题

刘莉莉为积累工作经验，利用周末到超市兼职会计。刘莉莉了解超市情况后，发现超市需要记录的内容主要有采购商品应付供应商货款、赊销商品应收供应商货款、现款销售商品收取货款、用现金或银行存款支付水电费和房租等，于是分设"库存现金""银行存款""应收账款""应付账款"四个项目进行记录。月底，刘莉莉将数据进行汇总，该月四个项目的具体情况为："库存现金"收到 20 000 元，支出 18 000 元，净增加 2 000 元；"银行存款"收到 30 000 元，支出 20 000 元，净增加 10 000 元；"应收账款"增加 10 000 元，减少 7 000 元，净增加 3 000 元；"应付账款"增加 16 000 元，减少 9 000 元，净增加 7 000 元。刘莉莉由此计算出该超市当月利润为 8 000 元（2 000＋10 000＋3 000－7 000），但是超市老板认为刘莉莉这样计算的利润并不准确。同学们，你们知道问题出在哪里？

练习题答案请见【数字资源3-6】

第四章 借贷记账法在工业企业中的应用

学习目的与要求

通过本章学习,学生应该了解和掌握工业企业(也称制造业)经营过程的主要业务内容;熟悉工业企业供应过程、生产过程、销售过程的核算,掌握固定资产成本构成、材料采购成本、产品制造成本的计算,以及财务成果的形成与分配。

学习内容

1. 筹集业务的账户设置及其核算。
2. 采购业务的账户设置及其核算。
3. 生产业务的账户设置及其核算。
4. 销售业务的账户设置及其核算。
5. 利润形成及分配的账户设置及其核算。

学习重点

1. 工业企业生产经营过程中各阶段的账户设置及其内容的核算。
2. 工业企业生产经营过程中各阶段主要经济业务的核算。

学习难点

1. 生产过程中的生产成本的计算。
2. 销售过程中营业成本的计算。
3. 利润形成及分配的核算。

案例导入

阳光公司为制造业企业，由3个投资人共同投资设立有限责任公司，收到淮海公司投入30万元货币资金；接收强力公司投入设备一台，评估价12万元，按协议计入股权资金为10万元；收到大河公司投入专利技术一项，评估价20万元，按协议计入股权资金为10万元。成立后企业从银行取得为期1年的银行借款30万元，年利率为6%，所借款项存入银行，同时向光明公司购买甲材料8 000千克用于产品生产，单价6元，价款48 000元，增值税进项税额6 240元，价税合计54 240元，代垫运费300元，所有款项以银行存款支付。该企业用甲材料生产A产品，当月领用材料5 000千克，发生人工费用5 000元，生产用水电费1 000元，月末A产品完工200件。阳光公司对外出售了150件，单价250元。

请思考：如果将该企业的经济业务按阶段划分，应当怎样对阳光公司当月的经济业务进行账务处理？

第一节 工业企业主要经济业务概述

一、工业企业主要生产过程核算的意义

工业企业是指那些专门从事产品的制造加工生产的企业，所以也有人称工业企业为制造企业。由于工业企业会计核算涉及内容多，又有成本归集与计算问题，所以工业企业的会计核算是最复杂的，也是最具有代表性的。工业企业为了提高经济效益，必须加强各方面的管理，包括努力增加产品产量，提高产品质量，扩大销量，满足市场需求，降低成本，增加盈利，也包括正确组织生产经营过程的核算工作，规范企业生产经营行为，这是企业加强管理的一个重要方面。正确的核算资料可以为各方面会计信息使用者提供所需要的会计信息。

二、工业企业主要经济业务

工业企业为了进行生产经营活动，必须拥有一定的财产物资。这些财产物资价值的货币表现就是资金。随着生产活动的进行，资金投入企业以后，依次经过供应、生产、销售三个过程，资金以货币资金—储备资金—生产资金—成品资金—货币资金这几种形式不断循环运动（见图4-1）。在采购过程中，企业用货币资金采购生产所需的固定资产和原材料，资金形态从货币资金形态转化成储备资金形态。在生产过程中，企业通过劳动者制造产品，发生固定资产和材料等物化劳动和劳动者活劳动的耗费，这些生产费用要归集和分

配到各种产品上去，结转产品生产成本，资金形态从储备资金形态转化为生产资金形态。产品完工入库以后，资金形态又从生产资金形态转化为成品资金形态。在销售过程中，企业销售产品时，资金形态又从成品资金形态转化为货币资金形态。这三个过程循环往复，再加上资金的投入、调整、退出，这其中还会发生因管理企业产生的费用，因销售产品产生的费用，因融通资金产生的费用以及上交城市维护建设税和教育费附加等相关费用。

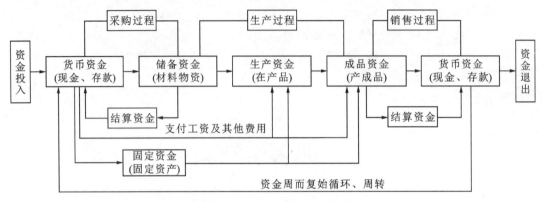

图 4-1　工业企业资金循环图

从上述工业企业的资金循环过程可以看出，工业企业的主要经济业务核算内容包括资金筹集业务的核算、采购过程的核算、生产过程的核算、销售过程的核算、利润形成及分配的核算和资金退出业务的核算。

第二节　资金筹集业务的核算

一、筹资业务核算概述

资金是企业生存和发展的基本前提。任何一个企业的设立、运营和发展都离不开资金，它是企业生产经营活动的基本保证。企业在正式开展生产经营之前必须拥有足够的资金用于购建生产经营场所和生产所需的各种设备。在生产经营过程中，企业必须有相应的流动资金购买原材料，支付职工工资和其他各种费用的开支。企业要更新设备、扩大生产经营规模等都需要相应的资金作为财力保证。因此，筹集资金是企业正常进行生产经营的前提，又是企业进一步发展的基础。

工业企业作为独立核算、自负盈亏的生产经营性实体，筹集资金的渠道主要有两个：一是吸收投资者的投资，二是向债权人借款。投资者投入的资金形成投入资本，向债权人借入的资金形成负债。

二、投资者投入资金的核算

企业从投资者处筹集到的资金形成企业所有者权益的重要组成部分。所有者权益的来源包括所有者投入资本、直接计入所有者权益的利得和损失、盈余公积和未分配利润等。这里主要介绍实收资本和资本公积。本章后续会介绍盈余公积和未分配利润。

实收资本是指企业的投资者按照合同、章程或协议的规定，实际投入企业的资本金以及按照有关规定由资本公积、盈余公积转入资本的资金。投资者投入的资本金可以按照不同的方式分类。投资者投入的资本金按投资主体的不同可分为国家资本金、法人资本金、外商资本金和个人资本金。投资者投入的资本金按照投入资本的物资形态不同可分为货币资金投资、有形资产投资（如固定资产、原材料等）和无形资产投资（如专利权、商标权、土地所有权等）。投资人投入的资本金在企业经营期内，除法律、法规另有规定的以外，投资人一般不能要求收回投资。

资本公积是指投资者或者他人投入企业，所有权归属于投资者，并且金额上超过法定资本部门的资本，它是所有者权益的重要组成部分。资本公积主要来源于所有者投入资本中的超过法定资本份额的部分和直接计入资本公积的各种利得或损失等。资本公积的主要用途是转增资本，即在办理增资手续后用资本公积转增实收资本，按所有者原来的投资比例增加投资者的实收资本。因此，从实质上讲，它是一种准资本，是资本的一种储备形式。

（一）账户设置

为了核算和监督投资人的投资，应分别设置"实收资本""资本公积""银行存款"等账户。

◆ **1."实收资本"账户**

1）性质

"实收资本"账户属于所有者权益类账户。

2）用途

"实收资本"账户核算企业实际收到投资人投入的资本。投资者投入的货币资金，以实际收到的货币资金入账，如果是发行的股票，按股票面值入账；投资投入的实物资产按其评估确认价值入账；投资者投入的无形资产按双方同意接受的数额确定无形资产的价值，并以一些必要的文件作为处理的依据，如专利证书等。投资人投入的超过其所认缴的资本金的数额，不能记入实收资本，而只能作为资本溢价记入资本公积账户。

3）登记结构

贷方登记企业实际收到投资者投入的资本数额；借方登记按法定程序减少的资本数额；余额在贷方，表示企业实有的资本数额。"实收资本"账户的结构如图4-2所示。

借方	实收资本	贷方
按法定程序批准减少资本金	收到投资者投入的资本金	
	期末余额：实有资本金	

图4-2 "实收资本"账户结构

4）明细账户设置

根据投资人设置相关明细账核算。

◆ 2. "资本公积"账户

1）性质

"资本公积"账户属于所有者权益类账户。

2）用途

"资本公积"账户用以核算企业收到投资者超出法定资本或股本中所占份额的投资以及直接计入资本公积的各种利得和损失等。

3）登记结构

贷方登记企业资本（股本）溢价等增加的资本公积，借方登记资本公积转增资本等所发生的资本公积的减少额；余额在贷方，反映资本公积的实有数额。"资本公积"账户的结构如图 4-3 所示。

借方	资本公积	贷方
资本公积的减少额	资本公积的增加额	
	期末余额：资本公积的实际结存数额	

图 4-3 "资本公积"账户结构

4）明细账户设置

明细账户分别设置资本（股本）溢价和其他资本公积。

◆ 3. "银行存款"账户

1）性质

"银行存款"账户属于资产类账户。

2）用途

"银行存款"账户核算和监督企业存入银行和其他金融机构的各种存款的增减变动及结余情况。

3）登记结构

借方登记银行存款的增加额；贷方登记银行存款的减少额；余额在借方，反映银行存款的实有金额。"银行存款"账户的结构如图 4-4 所示。

借方	银行存款	贷方
银行存款增加额	银行存款减少额	
期末余额：银行存款结存额		

图 4-4 "银行存款"账户结构

4）明细账户设置

应按开户银行或其他金融机构、存款币种等，分别设置明细账核算，同时设置银行存款日记账进行序时核算。

（二）投入资金的会计处理

现以长江公司 2021 年 12 月发生的经济业务为例，说明实收资本和资本公积的会计核算。

【例 4-1】 根据公司章程和协议规定,长江公司收到国家投资 5 000 000 元,W 公司投资 2 000 000 元,款项全部存入银行。

分析:该项经济业务的发生,一方面反映银行存款增加,以实际收到的金额计入"银行存款"账户的借方;另一方面反映投入资本增加,应记入"实收资本"账户的贷方。其会计分录如下:

借:银行存款　　　　　　　　　　　　　　　　　　7 000 000
　　贷:实收资本——国家资本金　　　　　　　　　5 000 000
　　　　　　——W 公司　　　　　　　　　　　　2 000 000

【例 4-2】 长江公司收到华达公司作为投资投入的全新设备一套,价值 2 000 000 元,与公允价值相同,收到增值税专用发票,增值税额(进项税额)260 000 元。

分析:该项经济业务的发生,引起资产、负债和所有者权益三个要素发生变化。一方面使固定资产增加,以公允价值计入"固定资产"账户的借方;另一方面使实收资本增加,以投资人所占的注册资本的份额计入"实收资本"账户的贷方;增值税额(进项税额)属于负债的减少,应记入"应交税费——应交增值税(进项税额)"账户的借方。其会计分录如下:

借:固定资产　　　　　　　　　　　　　　　　　　2 000 000
　　应交税费——应交增值税(进项税额)　　　　　　260 000
　　贷:实收资本——华达公司　　　　　　　　　　2 260 000

【例 4-3】 长江公司收到外商投资企业投入的一批原材料(甲材料),投资作价 600 000 元,原材料已验收入库,另收到投入一项商标权,公允价值 400 000 元,已办妥相关手续。

分析:该项经济业务的发生,引起所有者权益两个要素发生变化。一方面原材料和无形资产属于资产,增加应记入"原材料"账户和"无形资产"账户的借方;另一方面使实收资本增加,按照投资资产的协议价格和公允价值记入"实收资本"账户的贷方。其会计分录如下:

借:原材料——甲材料　　　　　　　　　　　　　　600 000
　　无形资产　　　　　　　　　　　　　　　　　　400 000
　　贷:实收资本——外商投资企业　　　　　　　　1 000 000

【数字资源 4-1】

三 企业借入资金的核算

企业为进行生产经营活动,除了要吸收投资人的投资外,还经常需要向银行或非银行金融机构借款,或发行债券来筹集资金。企业借入的资金形成企业的负债。公司的借款按偿还时间的长短,分为短期借款、长期借款和应付债券。短期借款筹集资金形成负债,在企业一般称作流动资金借款,补充企业流动资金的不足,偿还期在 1 年(含 1 年)以内;

长期借款、应付债券筹集资金形成的长期负债,一般用于特定的项目,如购置大型设备、技术改造等,偿还期在1年以上。

(一)账户设置

为了核算和监督向债权人借入资金,应分别设置"短期借款""长期借款""应付利息""财务费用"等账户。

◆ **1."短期借款"账户**

1)性质

"短期借款"账户属于负债类账户。

2)用途

"短期借款"账户核算和监督企业向银行和其他金融机构借入的偿还期限在1年以下(含1年)的各种借款;该账户只核算借款本金,不核算利息,短期借款的利息核算,一般采用预提方式,通过"应付利息"账户预提。

3)登记结构

贷方登记取得的各种短期借款本金;借方登记到期偿还的各种短期借款本金;余额在贷方,表示尚未偿还的各种短期借款的本金。"短期借款"账户的结构如图4-5所示。

借方	短期借款	贷方
偿还的短期借款金额		取得的短期借款金额
		期末余额:尚未偿还的短期借款金额

图4-5 "短期借款"账户结构

4)明细账户设置

按债权人设置明细账核算。

◆ **2."长期借款"账户**

1)性质

"长期借款"账户属于负债类账户。

2)用途

"长期借款"账户核算和监督企业向银行和其他金融机构借入的偿还期限在1年以上(不含1年)的各种借款。长期借款按偿还方式一般可分为分期付息、到期还本或到期一次性还本付息。长期借款的利息根据偿还方式不同,运用的账户也不同。利息费用符合资本化条件,计入相关的成本之中;若不符合资本化条件,则费用化。

3)登记结构

贷方登记借入的长期借款本金或应付利息;借方登记偿还的长期借款本金或利息;余额在贷方,表示尚未偿还的长期借款的本金或利息。"长期借款"账户的结构如图4-6所示。

4)明细账户设置

该账户按债权人设置明细账核算。

借方	长期借款	贷方
偿还的长期借款本金和到期还本付息的利息	未偿还的长期借款本金和到期还本付息的应付利息	
	期末余额：尚未偿还的长期借款本金或利息	

图 4-6　"长期借款"账户结构

◆ **3. "应付利息"账户**

1）性质

"应付利息"账户属于负债类账户。

2）用途

"应付利息"账户核算企业按照合同约定应支付的利息，包括短期借款、长期借款等应支付的利息。在期末，不论是否支付利息，企业都应按权责发生制的原则计算当期应付的利息。

3）登记结构

贷方登记应付未付的利息；借方登记实际支付利息；余额在贷方表示企业应付未付的利息。"应付利息"账户的结构如图 4-7 所示。

借方	应付利息	贷方
偿还的实际利息	未偿还的应付未付的利息	
	期末余额：尚未偿还的应付未付的利息	

图 4-7　"应付利息"账户结构

4）明细账户设置

应按利息的种类设置明细账核算。

◆ **4. "财务费用"账户**

1）性质

"财务费用"账户属于损益类账户。

2）用途

"财务费用"账户核算企业为筹集生产经营活动所需资金而发生的费用，包括利息支出（减利息收入）、汇兑损失（减汇兑收益）以及相关手续费等。为购建固定资产而筹集资金所发生的借款利息，在固定资产达到预定可使用状态前发生的，符合资本化条件的，按规定计入固定资产的购建成本，在此后发生的，记入本账户。

3）登记结构

借方登记发生的利息支出、汇兑损失等；贷方登记利息收入、汇兑收益及期末结转数；期末，本账户余额应转入"本年利润"账户，结转后本账户无余额。"财务费用"账户的结构如图 4-8 所示。

4）明细账户设置

按费用项目设置明细账核算。

借方	财务费用	贷方
财务费用的增加额	财务费用的减少额 或期末结转到"本年利润"	
结转后无余额		

图 4-8 "财务费用"账户结构

（二）借入资金会计处理

借款利息费用处理是不同的，短期借款的利息费用一般记入当期的"财务费用"账户。长期借款利息费用要进行区分：如果借入的长期借款与购建符合资本化条件的资产有关，在购建期间满足资本化条件的利息费用，计入购建资产的成本中；停止资本化后续所产生的利息费用，直接记入当期损益，记入"财务费用"账户。

现以长江公司 2021 年 12 月发生的业务为例，说明借款业务的会计核算。

【例 4-4】 长江公司因季节性储备材料的需要，特向工商银行借入期限为 2 个月，月利率为 0.5% 的短期借款本金 100 000 元，当即存入工商银行。

分析：该项经济业务的发生，表明企业取得短期借款并当即存入银行，使得企业的资产与负债同时增加。应按实际金额借记"银行存款"账户，贷记"短期借款"账户。其会计会计分录为：

借：银行存款　　　　　　　　　　　　　　　　　　100 000
　　贷：短期借款——工商银行　　　　　　　　　　　100 000

承【例 4-4】，2021 年 12 月 31 日，按照权责发生制应计提 12 月承担的利息 500 元（100 000 元×0.5%），计入当期损益类账户"财务费用"账户，其会计分录为：

借：财务费用　　　　　　　　　　　　　　　　　　500
　　贷：应付利息　　　　　　　　　　　　　　　　　500

承【例 4-4】，2022 年 1 月 31 日，短期借款到期，按照要求偿还本金和两个月利息 101 000 元（100 000 元＋500×2 元），其会计分录为：

借：短期借款　　　　　　　　　　　　　　　　　　100 000
　　财务费用——利息费用　　　　　　　　　　　　500
　　应付利息　　　　　　　　　　　　　　　　　　500
　　贷：银行存款——工商银行　　　　　　　　　　101 000

注意：最后一个月的利息费用不需要计提，偿还时直接计入当期的"财务费用"账户。

【数字资源 4-2】

第三节 固定资产取得业务的核算

一、固定资产概述

（一）固定资产含义

固定资产是企业赖以生存的物质基础，是企业产生效益的源泉，关系到企业运营与发展，一般包括房屋建筑物、机器设备、运输车辆以及工具、器具等。固定资产是指同时具有下列两个特征的有形资产：① 为生产商品、提供劳务、出租或经营管理而持有的；② 使用寿命超过一个会计年度。这里的使用寿命是指企业使用固定资产的预计期间，或者该固定资产所能生产商品或提供的劳务数量。

（二）固定资产的分类

企业的固定资产种类繁多，规格不一，为了加强管理，便于核算，企业对固定资产应进行分类。固定资产可以按照不同的标准进行分类。固定资产按经济用途和使用情况分类，分为以下几类。

◆ **1. 生产经营用固定资产**

生产经营用固定资产是指直接服务于企业生产经营过程的各种固定资产，如生产经营用的房屋、建筑物、机器设备、器具、工具等。

◆ **2. 非生产经营用固定资产**

非生产经营用固定资产是指不直接服务于企业生产经营过程的各种固定资产，如职工宿舍、浴室、食堂等的房屋、设备以及其他固定资产等。

◆ **3. 租出固定资产**

租出固定资产是指在经营租赁方式下出租给外单位使用的固定资产。

◆ **4. 不需用固定资产**

不需用固定资产是指本企业多余或不适用，需要调配处理的固定资产。

◆ **5. 未使用固定资产**

未使用固定资产是指已完工或已购建的尚未使用的新增固定资产，以及因改建、扩建等原因暂停使用的固定资产。

◆ **6. 融资租入固定资产**

融资租入固定资产是指企业以融资租赁方式租入的固定资产。在租赁期间应视同自有固定资产进行管理使用。

固定资产按照经济用途分类，可以分为生产经营用固定资产和非生产经营用固定资产；按使用情况分类，可以分为使用中固定资产、未使用固定资产和不需用固定资产；按所有权分类，可以分为自有固定资产和租入固定资产。

（三）固定资产的计价

固定资产计价基础有两种：一是实际成本（原始价值）计价，二是净值（折余价值）计价。

◆ 1. 实际成本（原始价值）计价

实际成本是购建固定资产达到预定使用状态前所发生的一切合理、必要的支出，它反映的是固定资产处于预定可使用状态时的实际成本。分析各项支出是否应当作为固定资产原始价值的内容时，要着重研究每项支出是否必须、是否合理。在会计实务中，会计准则和会计制度具体规定了企业以不同方式（如购入、建造、投资者投入、融资租入、接受捐赠、改建和扩建等）取得固定资产的原始价值的具体内容。例如，购入固定资产的原始价值包括买价、运输费、保险费、包装费、安装调试费以及缴纳的税金（不包括支付的增值税）等。至于其他途径取得的固定资产，如自行购建固定资产、接受投资取得的固定资产、接受抵债取得的固定资产等将在其他有关专业课程中介绍，本书只介绍外购取得的需要安装和不需要安装的固定资产的核算。

固定资产取得以后，在其持续的使用期内还会发生一些其他的后续支出，如增添、更换、改建和扩建、改良、修理等支出。企业对于这些支出应当依据"划分资本性支出和收益性支出"会计原则进行分析和处理。对于资本性支出应当资本化，而对于收益性支出则应费用化。这部分内容也不在本书中介绍。

◆ 2. 净值（折余价值）计价

固定资产净值是指固定资产原始价值减去已提折旧后的净额。固定资产净值可以反映企业实际占用在固定资产上的资金数额和固定资产的新旧程度。这种计价方法主要用于计算盘盈、盘亏、毁损固定资产的溢余或损失等方面。

二、固定资产取得业务的核算

这里取得的固定资产指的是以购入方式取得的固定资产。购入固定资产又分为购入不需要安装的固定资产和购入需要安装的固定资产。

（一）账户设置

固定资产采购业务中主要设置的账户有"固定资产""累计折旧""在建工程""银行存款"等账户。

◆ 1. "固定资产"账户

1）性质

"固定资产"账户属于资产类账户。

2）用途

"固定资产"账户核算、监督企业拥有或控制的固定资产原始价值的增减变动及结余情况。固定资产的原始价值是指取得固定资产所发生的全部支出。

3）登记结构

借方登记企业固定资产原价的增加数；贷方登记固定资产原价的减少数；余额在借方，反映企业固定资产原价的结存数。"固定资产"账户的结构如图 4-9 所示。

借方	固定资产	贷方
固定资产原始价值增加额		固定资产原始价值减少额
期末余额：结存固定资产的原始价值		

图 4-9 "固定资产"账户结构

4）明细账户设置

按照固定资产的类别、使用部门和每项固定资产等设置明细账，并建立"固定资产卡片"进行辅助核算。

◆ 2. "累计折旧"账户

1）性质

"累计折旧"账户属于资产类账户。

2）用途

"累计折旧"账户核算一定时期内按照规定的固定资产折旧率提取的固定资产折旧，它反映了固定资产在当期生产中的转移价值，是固定资产抵减调整账户，其结构与固定资产账户的登记结构刚好相反。

3）登记结构

贷方登记固定资产折旧额的增加；借方登记固定资产因投资转出、捐赠转出、盘亏、出售、报废、毁损等减少而注销的累计折旧额；余额在贷方，反映企业计提的累计折旧的实有数额。"累计折旧"账户的结构如图 4-10 所示。

借方	累计折旧	贷方
固定资产因投资转出、捐赠转出、报废毁损等减少而注销的累计折旧额		固定资产计提折旧额的增加
		期末余额：计提的累计折旧的实有数额

图 4-10 "累计折旧"账户结构

4）明细账户设置

该账户只进行总分类账核算，不进行明细分类核算。

◆ 3. "在建工程"账户

1）性质

"在建工程"账户属于资产类账户。

2）用途

"在建工程"账户核算企业为进行固定资产建设、安装、技术改造以及大修理等工程而发生的全部支出情况。

3）登记结构

借方登记工程支出的增加；贷方登记结转完工工程的成本；期末余额在借方，表示未完工的工程成本。"在建工程"账户的结构如图 4-11 所示。

4）明细账户设置

按工程内容，如建筑工程、安装工程等设置明细账户，进行明细分类核算。

借方	在建工程	贷方
工程支出的增加	结转完工工程的成本	
期末余额：未完工的工程成本		

图 4-11 "在建工程"账户结构

（二）外购固定资产的会计处理

◆ 1. 购入不需要安装的固定资产

购入不需要安装的固定资产是指购入后可以直接交付使用的固定资产。这类固定资产购入时按实际支付的买价、包装费、运输费以及缴纳的有关税金作为入账价值（不包括支付的增值税）。

【例 4-5】 长江公司经批准于 2021 年 12 月 1 日购入一台不需要安装的新设备，增值税专用发票上注明的价款为 200 000 元，增值税进项税额为 26 000 元，发生运杂费 12 500 元（不考虑增值税），税和款项全部以工商银行转账支付。

分析：购入不需要安装的固定资产意味着在购买过程中买价、发生的货款和包装运杂费支出，形成固定资产的取得成本 212 500 元（200 000 元＋12 500 元），支付增值税作为进项税额记入"应交税费"账户的借方。这项经济业务的发生，一方面使得公司固定资产增加，另一方面使得公司银行存款减少。因此，该项经济业务涉及"固定资产""应交税费"和"银行存款"三个账户。其会计分录如下：

借：固定资产　　　　　　　　　　　　　　　　　　　　212 500
　　应交税费——应交增值税（进项税额）　　　　　　　 26 000
　　贷：银行存款——工商银行　　　　　　　　　　　　238 500

◆ 2. 购入需要安装的固定资产

需要安装的固定资产是指购入后需要经过安装才能交付使用的固定资产。这类固定资产的入账价值除了包括实际支付的买价、包装费、运输费以及缴纳的有关税金外，还包括安装调试费。

企业购入需要安装的固定资产，对于在未交付使用前所发生的全部成本，应先在"在建工程"账户中进行核算，达到预定可使用状态后再由"在建工程"账户转入"固定资产"账户。

【例 4-6】 长江公司 2021 年 12 月 5 日购入一台需要安装的新机器设备，增值税专用发票上注明的价款为 500 000 元，增值税进项税额为 65 000 元。发生包装费 5 000 元和运费 2 000 元（不考虑增值税），款项全部通过工商银行转账支付。设备投入安装。

分析：由于这是一台需要安装的设备，因而购买过程中发生的货款和包装费、运费支出构成了待安装的固定资产的安装工程成本 507 000 元（500 000 元＋5 000 元＋2 000 元），在设备达到预定可使用状态前，这些支出应先在"在建工程"账户进行核算。这项经济业务的发生，一方面使得公司在建工程增加，增值税进项税额的增加属于负债的减少，记入"应交税费"账户的借方，另一方面使得公司银行存款减少。因此，该项经济业务涉及"在建工程""应交税费"和"银行存款"三个账户。其会计分录如下：

借：在建工程——设备安装工程　　　　　　　　　　　　507 000
　　应交税费——应交增值税（进项税额）　　　　　　　 65 000
　　贷：银行存款——工商银行　　　　　　　　　　　　　　　572 000

承【例 4-6】，长江公司在上述设备安装工程中发生以下安装费用：安装设备时领用原材料（甲材料）一批，价值 20 000 元，应付安装工人工资 4 000 元。

分析：设备在安装工程中发生的安装费也构成固定资产安装工程成本。这项经济业务的发生，一方面使得公司固定资产安装工程支出（安装费）增加 24 000 元（20 000 元 + 4 000 元），另一方面使得公司的原材料减少 20 000 元，应付职工薪酬增加 4 000 元。因此，该项经济业务涉及"在建工程""原材料"和"应付职工薪酬"三个账户。其会计分录如下：

借：在建工程—设备安装工程　　　　　　　　　　　　 24 000
　　贷：原材料——甲材料　　　　　　　　　　　　　　　　　 20 000
　　　　应付职工薪酬——工资　　　　　　　　　　　　　　　　4 000

承【例 4-6】，长江公司上述设备安装完毕，达到预定可使用状态，并经验收合格办理竣工决算手续，现已交付使用，结转工程成本。

分析：工程安装完毕交付使用，意味着固定资产的取得成本已经形成，这时公司可以将该工程全部支出转入"固定资产"账户，设备安装工程的全部成本为 531 000 元（507 000 元 + 24 000 元）。这项经济业务的发生，一方面使得公司的固定资产的取得成本增加 531 000 元，另一方面使得公司在建工程成本减少 531 000 元。因此，这项经济业务涉及"固定资产"和"在建工程"两个账户。其会计分录如下：

借：固定资产　　　　　　　　　　　　　　　　　　　531 000
　　贷：在建工程——设备安装工程　　　　　　　　　　　　　531 000

第四节　采购业务的核算

一　采购业务核算概述

采购业务又称供应过程中的业务，是企业生产经营中的一个重要环节，其主要经济业务是以货币资金从其他单位采购生产经营需用的材料物资，形成储备资金的过程。它是工业企业取得劳动对象的阶段，是生产的准备阶段。

采购业务的主要采购对象包括原料及主要材料、辅助材料、外购半成品（外购件）、修理用备件、包装材料、燃料等。企业要进行正常的生产经营，就必须采购和储备一定品种和数量的材料物资，必须根据市场需求和生产计划来组织生产活动，因此要有计划地组织材料物资的采购，既要保证及时、按质按量地满足生产的需要，又要避免材料物资的超储积压，影响资金周转的现象发生。

二 采购业务具体核算

企业购入的生产物资是企业的存货资产,按照会计准则的规定,存货的成本包括采购成本、加工成本和其他成本。其中存货的采购成本是指在采购过程中发生的支出,不同方式取得的原材料,其成本确定方式不同,成本构成的内容也不一样。其中,购入的原材料的实际采购成本由以下内容组成:

(1) 材料买价,是指购货发票所注明的货款金额;

(2) 采购过程中所发生的运杂费(包括运输费、包装费、装卸费、保险费、运输途中的仓储费等,不包括按规定根据运输费的一定比例计算的可抵扣的增值税税额);

(3) 材料在运输途中发生的合理损耗(不包括不合理损耗和意外损耗);

(4) 材料在入库前发生的挑选整理费(包括挑选整理中发生的人工费支出和必要的损耗,并减去回收的下脚料价值);

(5) 按照规定计入材料采购成本的各种相关的税金,如为国外进口材料支付的关税等;

(6) 其他费用,如大宗材料的市内运杂费。

以上第(1)项为直接费用,发生时直接计入材料采购成本。第(2)项~第(6)项,凡能分清是某种材料直接负担的,可以直接计入材料的采购成本;不能分清的,应按材料的重量、体积等标准分配计入材料采购成本。

需要注意以下两点。

(1) 采购人员的差旅费、专设采购机构的经费、室内零星运杂费等,一般不构成材料的采购成本,而作为期间费用于发生时记入企业"管理费用"账户。

(2) "其他相关税金"是指除增值税以外的其他税金;一般纳税人在采购环节中支付的增值税,不计入采购成本,应记入"应交税费——应交增值税(进项税额)"账户的借方。

(一)账户设置

企业存货核算可以采用实际成本核算,也可以采用计划成本核算。在企业的生产规模较小,原材料种类不是很多,而且原材料收发业务又不是很频繁的情况下,企业可以按照实际成本计价方法组织原材料的收、发核算。原材料按实际成本计价方法进行日常收、发核算,其特点是从材料的收、发凭证到材料明细分类账和总分类账全部按实际成本计价。

为了核算原材料在材料采购过程中的增减变动情况,企业需要设置的基本账户有"在途物资""原材料""应交税费""应付账款""应付票据""预付账款"等账户。

◆ **1. "在途物资"账户**

1) 性质

"在途物资"账户属于资产类账户。

2) 用途

"在途物资"账户核算和监督企业采用实际成本进行材料物资的日常核算时外购材料的买价和各种费用,据以计算、确定购入材料的实际采购成本。

3）登记结构

借方登记采购材料的实际采购成本（买价和采购费用）；贷方登记验收入库材料的实际采购成本；余额在借方，表示尚未运达企业或已运达企业但尚未验收入库的在途材料的实际成本。"在途物资"账户的结构如图4-12所示。

借方	在途物资	贷方
购入材料的买价和采购费用的采购成本	已验收入库材料的采购成本	
期末余额：未运达或未入库材料的采购成本		

图4-12 "在途物资"账户结构

4）明细账户设置

应按供应单位和物资品种进行明细核算。

◆ **2．"原材料"账户**

1）性质

"原材料"账户属于资产类账户。

2）用途

"原材料"账户用以核算和监督企业库存材料的增减变动和结存情况。

3）登记结构

借方登记企业验收入库原材料的实际采购成本；贷方登记企业发出原材料的实际成本；余额在借方，表示企业库存原材料的实际成本。"原材料"账户的结构如图4-13所示。

借方	原材料	贷方
验收入库原材料的实际采购成本	发出原材料的实际成本	
期末余额：库存原材料的实际成本		

图4-13 "原材料"账户结构

4）明细账户设置

应按不同的原材料的种类设置明细账核算。

◆ **3．"应交税费"账户**

1）性质

"应交税费"账户属于负债类账户。

2）用途

"应交税费"账户核算企业应缴纳的各种税费，如增值税、消费税、所得税、土地增值税、城市维护建设税、房产税、土地使用税、车船使用税、教育费附加、资源税等。

3）登记结构

贷方登记按规定应交的税费；借方登记实际缴纳的各项税费；余额若在借方反映多交或尚未抵扣的税费，余额若在贷方表示企业尚未缴纳的税费。"应交税费"账户的结构如图4-14所示。

借方	应交税费——应交增值税	贷方
采购物资时已支付的进项税额和交本期缴纳增值税额		销售产品收取的销项税额和进项税额转出等
期末余额：多交增值税税金或尚未抵扣进项税额		期末余额：应交而未缴纳的增值税税额

图 4-14　"应交税费"账户结构

4）明细账户设置

应按税金的种类设置明细账核算。其中，"应交税费——应交增值税"账户，用以核算和监督企业增值税应交和实交的结算情况及其结果的明细账户，其借方登记企业采购物资或接受投资转入材料等所发生的增值税进项税额；其贷方登记企业销售商品、提供应税劳务等所发生的增值税销项税额。

◆ **4."应付账款"账户**

1）性质

"应付账款"账户属于负债类账户。

2）用途

"应付账款"账户核算、监督企业因购买材料、商品和接受劳务供应等经营活动应支付的款项。

3）登记结构

贷方登记应付未付给供应单位的款项；借方登记已偿还供应单位的款项；余额在贷方反映应付未付的款项。"应付账款"账户的结构如图 4-15 所示。

借方	应付账款	贷方
偿还应付供应单位款项		应付未付供应单位款项
		期末余额：尚未偿还的应付款项

图 4-15　"应付账款"账户结构

4）明细账户设置

应按供应单位设置明细账核算。

◆ **5."应付票据"账户**

1）性质

"应付票据"账户属于负债类账户。

2）用途

"应付票据"账户核算企业因购买材料、商品和接受劳务等采用商业汇票结算方式，购买方开出、承兑的商业汇票，包括银行承兑汇票和商业承兑汇票的增减变动情况及结果。企业应设置"应付票据备查簿"进行登记。

3）登记结构

贷方登记企业已开出并承兑的汇票金额；借方登记汇票到期实际支付的金额；期末余额在贷方，表示尚未到期的应付票据的本息。"应付票据"账户的结构如图 4-16 所示。

借方	应付票据	贷方
已承兑的商业汇票到期时实际支付的金额	已开出并承兑的商业汇票的金额	
	期末余额：尚未到期的应付票据的金额	

图 4-16　"应付票据"账户结构

4）明细账户设置

应按供应单位设置明细账核算。

◆ **6．"预付账款"账户**

1）性质

"预付账款"账户属于资产类账户。

2）用途

"预付账款"账户核算企业因购买材料、物资和接受劳务供应等按照合同规定预付给供应单位的款项。企业预付款情况不多的，可以将预付款直接记入"应付账款"账户中核算。

3）登记结构

借方登记企业因订购材料或预订劳务而预付给供应单位的款项，表明企业债权的增加；贷方登记收到供应单位提供的产品或劳务时，冲销应付供应单位的款项，表明企业债权的减少；期末余额在借方，表示企业实际预付而尚未结算的款项，期末余额在贷方，表示企业应向供应单位补付的货款金额。"预付账款"账户的结构如图 4-17 所示。

借方	预付账款	贷方
（1）实际支付预付的货款 （2）预付金额小于实际发生金额而补付的货款	（1）收到已预付货款的材料实际成本 （2）预付金额大于实际发生金额而退回的货款	
期末余额：尚未结算的预付金额	期末余额：尚未补付的货款	

图 4-17　"预付账款"账户结构

4）明细账户设置

按供应单位设置明细账核算。

（二）材料采购业务的会计处理

长江公司为增值税一般纳税人，增值税税率为 13%。现以 2021 年 12 月发生的原材料采购业务为例进行会计核算。

【例 4-7】 长江公司于 2021 年 12 月 5 日自红光工厂购入甲材料 5 吨，每吨 2 000 元，增值税税率 13%，进项税额 1 300 元，共计 11 300 元；从蓝光工厂购进乙材料 7 吨，每吨 10 000 元，进项税额 9 100 元，共计 79 100 元。收到增值税专用发票。材料在途中，货款尚未支付。

分析：此笔业务发生，引起资产和负债两个会计要素发生变化。一方面使本期的原材料增加 80 000 元（10 000 元＋70 000 元），增值税进项税额增加 10 400 元（1 300 元＋9 100 元）；另一方面使银行存款减少 90 400 元。因此，这项交易事项涉及

"原材料""应交税费"和"应付账款"三个账户。原材料是一项资产,增加应记入"原材料"账户借方,增值税进项税额属于负债,减少应借记"应交税费——应交增值税(进项税额)",而应付账款是一项负债,增加应记入"应付账款"账户的贷方。其会计分录如下:

```
借:在途物资——甲材料                     10 000
         ——乙材料                     70 000
    应交税费——应交增值税(进项税额)        10 400
  贷:应付账款——红光工厂                 11 300
           ——蓝光工厂                 79 100
```

【例 4-8】 长江公司于 2021 年 12 月 6 日向紫光工厂购进丙材料 2 吨,每吨 4 000元,增值税进项税额 1 040 元,共计 9 040 元,价税合计以工商银行转账支付,取得增值税专用发票。同时,以库存现金支付丙材料的运费 360 元(不考虑增值税),材料验收入库。

分析:此笔业务的发生,一方面使原材料增加 8 360 元,增值税进项税额 1 360 元;另一方面使银行存款减少了 9 040 元和库存现金减少 360 元。因此,这项交易事项涉及"原材料""应交税费""银行存款"和"库存现金"四个账户。原材料是一项资产,增加应记入"原材料"账户的借方,增值税进项税额应记入"应交税费——应交增值税(进项税额)"账户借方,银行存款和库存现金是资产,减少应记入"银行存款"账户和"库存现金"账户的贷方。其会计分录如下:

```
借:原材料——丙材料                       8 360
    应交税费——应交增值税(进项税额)         1 040
  贷:银行存款——工商银行                  9 040
      库存现金                             360
```

【数字资源 4-3】

企业外购材料时,经常会发生与该项外购材料相关的运输费、装卸费、运杂费等采购费用,这些采购费用应直接计入该项外购材料的采购成本。采购费用计入采购成本有两种情况:一是为采购一种或一类材料而支付的采购费用,发生时直接计入该材料的采购成本;二是采购两种以上材料而发生的共同采购费用,应该选择适当的标准在该批材料的各个品种之间进行分摊,以确定各种材料的实际采购成本。计算采购费用的分配标准一般有重量、体积、买价等,计算步骤如下。

(1) 计算采购费用分配率。

$$\text{采购费用分配率} = \frac{\text{采购费用总额}}{\sum \text{各种材料的分配标准}}$$

(2) 分摊各种材料应负担的采购费用。

$$\text{某材料应负担的采购费用} = \text{采购费用分配率} \times \text{该材料的分配标准}$$

【例 4-9】 长江公司于 2021 年 12 月 10 日,开出转账支票一张,支付通畅运输公司承运甲、乙材料的运费 1 500 元,要求采用重量标准分配采购费用。

分析:本例采购费用需要在甲材料和乙材料之间进行分配,其计算如下:

采购费用分配率＝1 500 元÷(5＋7)吨＝125 元/吨

甲材料应负担的采购费用＝5 吨×125 元/吨＝625 元

乙材料应负担的采购费用＝7 吨×125 元/吨＝875 元

此笔业务的发生,引起资产会计要素内部发生变化。一方面使原材料增加 1 500 元,其中甲材料增加 625 元,乙材料增加 875 元;另一方面使银行存款减少了 1 500 元。因此,这项交易事项涉及"原材料"和"银行存款"两个账户。原材料是一项资产,增加应记入"原材料"账户的借方,银行存款也是一项资产,减少应记入"银行存款"账户的贷方。其会计分录如下:

借:在途物资——甲材料　　　　　　　　　　　625
　　　　　　——乙材料　　　　　　　　　　　875
　贷:银行存款——工商银行　　　　　　　　　1 500

【数字资源 4-4】 　　　【数字资源 4-5】

【例 4-10】 承【例 4-7】和【例 4-9】,长江公司于 2021 年 12 月 18 日,收到 12 月 5 日自红光工厂购入的甲材料和蓝光工厂购进的乙材料,验收入库。

分析:此笔业务的发生,只引起资产会计要素内部发生变化。一方面使原材料增加 81 500 元,其中甲材料采购成本 10 625 元(10 000 元＋625 元)、乙材料采购成本为 70 875 元(70 000 元＋875 元);另一方面使在途物资减少了 81 500 元。因此,这项交易事项涉及"原材料"和"在途物资"两个账户。原材料是一项资产,增加应记入"原材料"账户的借方,在途物资也是一项资产,减少应记入"在途物资"账户的贷方。其会计分录如下:

借:原材料——甲材料　　　　　　　　　　　10 625
　　　　　——乙材料　　　　　　　　　　　70 875
　贷:在途物资——甲材料　　　　　　　　　　10 625
　　　　　　——乙材料　　　　　　　　　　70 875

【数字资源 4-6】 　　　【数字资源 4-7】

第五节 生产业务的核算

一 生产业务核算概述

生产业务是工业企业生产过程中的基本经济业务,是工业企业资金循环的第二个阶段。在工业企业的生产过程中,工人借助劳动资料对劳动对象进行加工,制成劳动产品。因此,生产过程既是产品制造过程,又是物化劳动和活劳动的消耗过程,同时还是价值的创造过程。

工业企业要生产出符合社会需要的产品,就必须在生产阶段发生各种生产耗费。这些在生产过程中所发生的各种耗费称为生产费用,主要包括材料费用、人工费用、折旧费用、生产车间共同耗费形成的制造费用等。生产费用是可以对象化的,按照计入产品成本方法,可分为直接生产费用和间接生产费用。直接生产费用可直接计入对应的产品生产成本,如生产产品的直接材料费用、直接人工费用和直接燃料费用等;间接生产费用是通过分配计入产品的生产成本之中,如制造费用。生产费用的结构如图 4-18 所示。

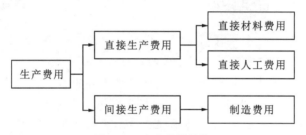

图 4-18 生产费用结构

还有些费用的发生,与产品生产没有直接关系。企业为组织生产经营而发生的,应从当期的收入中扣除,如企业行政部门发生的各项费用形成的管理费用,以及财务费用、销售费用等。由此可见,费用和成本有着密切的联系,费用的发生过程也是成本的形成过程,费用是产品成本形成的基础。但是,费用与成本也有一定的区别,费用是在一定期间为了进行生产经营活动而发生的各种耗费,费用与发生的期间有关,即费用强调"期间",而成本则是为了生产某一产品或提供某项劳务所消耗的费用,成本与产品直接相关,即成本强调"对象"。费用内容如图 4-19 所示。

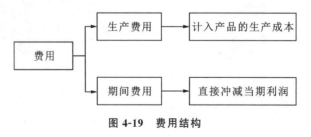

图 4-19 费用结构

二、生产业务核算的内容

工业企业生产产品业务主要包括以下内容：材料费用的归集与分配、职工薪酬的归集与分配、生产经营中其他经济业务核算、制造费用的归集和分配以及完工产品生产成本的计算与结转等。

（一）材料费用的归集与分配核算

◆ **1. 账户设置**

工业企业生产过程中主要经济事项是生产费用的支出、归集、分配和核算，计算生产产品的实际成本。为了组织生产业务的核算，需要设置"生产成本""制造费用""管理费用""销售费用"等账户。

1)"生产成本"账户

（1）性质：成本类账户。

（2）用途：核算和归集企业产品生产过程中所发生的各项生产费用，包括生产各种产品（产成品、自制半成品等）、自制材料、自制工具等生产费用。

（3）登记结构：借方登记为生产产品所发生的各种生产费用，包括直接材料费、直接人工费和期末分配结转来的制造费用；贷方登记已完工并验收入库的产品的实际生产成本；期末余额在借方，反映企业尚未完工的在产品的实际生产成本。"生产成本"账户的结构如图 4-20 所示。

借方	生产成本	贷方
生产产品所发生的各项生产费用： ① 直接材料费； ② 直接人工费； ③ 分配的制造费用		结转完工入库产品的实际生产成本
期末余额：尚未加工完成在产品生产制造成本		

图 4-20 "生产成本"账户结构

（4）明细账户设置：按生产产品的品种设置明细账，并按费用项目设置专栏核算。

2)"制造费用"账户

（1）性质：成本类账户。

（2）用途：核算和归集生产车间为生产多种产品而共同发生的不能直接计入产品成本的各项间接费用。

（3）登记结构：借方归集所有发生的间接费用，包括生产车间发生的机物料消耗、车间管理人员的工资和福利费、固定资产折旧费、车间的办公费、修理费、水电费、劳动保护费、季节性的停工损失等；贷方登记月末分配结转到"生产成本"账户借方的制造费用；本账户月末分配后一般无余额。"制造费用"账户的结构如图 4-21 所示。

（4）明细账户设置：按不同的车间、部门设置明细账核算。

借方	制造费用	贷方
本期车间发生的辅助产品生产的间接费用： ①间接材料费 ②间接人工费 ③其他间接费用	月末结转到"生产成本"账户	
结转后一般无余额		

图 4-21 "制造费用"账户结构

3)"管理费用"账户

（1）性质：损益类账户。

（2）用途：核算行政部门为组织和管理企业生产经营所发生的各项管理费用，包括行政人员的工资和福利费、董事会费、办公费、诉讼费、业务招待费、折旧费、差旅费、水电费等。

（3）登记结构：借方登记本期发生的各项管理费用；期末将归集本期管理费用的借方发生额从其贷方全部转入"本年利润"账户的借方；结转后，期末无余额。"管理费用"账户的结构如图 4-22 所示。

借方	管理费用	贷方
本期发生的各项管理费用： ①行政人员工资及福利费 ②行政部门固定资产折旧费 ③行政部门其他费用	期末结转到"本年利润"账户的管理费用	
结转后无余额		

图 4-22 "管理费用"账户结构

（4）明细账户设置：应按费用项目分设明细账核算。

4)"销售费用"账户

（1）性质：损益类账户。

（2）用途：核算销售部门销售产品而发生的费用，包括销售人员的工资和福利费、产品的广告费和宣传费、销售部门办公费、折旧费、水电费等。

（3）登记结构：借方登记本期发生的各项销售费用；期末将归集本期销售费用的借方发生额从其贷方全部转入"本年利润"账户的借方；结转后，期末无余额。"销售费用"账户的结构如图 4-23 所示。

借方	销售费用	贷方
本期发生的各项销售费用： ①销售人员工资及福利费 ②销售部门固定资产折旧费 ③销售部门其他费用	期末结转到"本年利润"账户的销售费用	
结转后无余额		

图 4-23 "销售费用"账户结构

（4）明细账户设置：应按费用项目分设明细账核算。

◆ 2. 原材料费用的归集与分配的核算

使用部门领用原材料，需要填写"领料单"，向仓库办理领料手续，领用所需的材料。仓库发出材料后，要将领料凭证传递到会计部门。会计部门将领料单进行汇总，编制"材料发出汇总表"，据以将本月发出的材料按照其用途分配计入生产成本和其他有关费用。

【例 4-11】 长江公司材料仓库根据"领料单"编制"材料发出汇总表"，本月发出材料如表 4-1 所示。

表 4-1 材料发出汇总表

2021 年 12 月

用途 \ 材料品种及数量		甲材料			乙材料			丙材料			合计（元）
		数量（吨）	单价（元）	金额（元）	数量（吨）	单价（元）	金额（元）	数量（吨）	单价（元）	金额（元）	
基本生产车间	A 产品	3	2 125	6 375	3	3 834	11 502	0.5	4 180	2 090	19 967
	B 产品	1		2 125	8		30 672	1		4 180	36 977
车间一般领用					1		3 834	0.2		836	4 670
行政部门		1		2 125							2 125
销售部门								0.5		2 090	2 090
合计		5	2 125	10 625	12	3 834	46 008	2.2	4 180	9 196	65 829

分析：此笔业务的发生，引起费用和资产两个会计要素发生变化。一方面原材料用于产品生产构成产成品成本的直接材料费、被生产车间耗用材料费应归集到制造费用中，均属于产品的生产费用；另一方面使原材料减少。因此，这项交易事项涉及生产成本、制造费用和原材料三个账户。生产成本和制造费用属于费用账户，构成产成品的制造成本，增加应记入"生产成本"账户的借方和"制造费用"账户的借方；原材料是一项资产，减少应记入"原材料"账户的贷方。其会计分录如下：

借：生产成本——A 产品（直接材料费） 19 967
　　　　　　——B 产品（直接材料费） 36 977
　　制造费用——材料费用 4 670
　　管理费用 2 125
　　销售费用 2 090
　　贷：原材料——甲材料 10 625
　　　　　　——乙材料 46 008
　　　　　　——丙材料 9 196

（二）职工薪酬的归集与分配核算

◆ 1. 职工薪酬概述

职工薪酬是指企业为获得职工提供的服务或解除劳动关系而给予各种形式的报酬或补

偿。职工薪酬可分为短期薪酬、离职后福利、辞退福利和其他长期职工福利。

短期薪酬是指企业在职工提供相关服务的年度报告期间结束后十二个月内需要全部予以支付的职工薪酬（因解除与职工的劳动关系给予的补偿除外），具体包括职工工资、奖金、津贴和补贴，职工福利费，医疗保险费、养老保险费、失业保险费、工伤保险费和生育保险费等社会保险费，住房公积金（医疗保险费、养老保险费、失业保险费、工伤保险费、生育保险费等社会保险费和住房公积金，也就是通常说的"五险一金"），工会经费和职工教育经费，短期带薪缺勤（职工虽然缺勤，但企业仍向其支付报酬的安排，包括带薪的年休假、病假、短期伤残、婚假、产假、丧假、探亲假等），短期利润分享计划（因职工提供服务而与职工达成的基于利润或其他经营成果提供薪酬的协议），非货币性福利和其他短期薪酬。

离职后福利是指企业为获得职工提供的服务而在职工退休或与企业结束劳动关系后，提供的各种形式的报酬和福利（如养老保险、失业保险）。

辞退福利是指企业在职工劳动合同到期之前解除与职工的劳动关系，或者为鼓励职工自愿接受裁减而给予职工的补偿。

其他长期职工福利是指除短期薪酬、离职后福利、辞退福利之外所有的职工薪酬，包括长期带薪缺勤、长期残疾福利、长期利润分享计划等。

企业应当在职工为其提供服务的会计期间，将应付给职工的货币性职工薪酬确认为负债。它构成了企业的现时义务。企业对于职工工资，除因解除与职工的劳动关系给予的补偿外（辞退福利一律记入"管理费用"账户），应当根据职工提供服务的受益对象，按照受益原则，谁用人谁负担，分情况按照职工的工作部门和工作岗位分别处理：应由产品生产、提供劳务负担的职工薪酬，计入产品成本（记入"生产成本"账户）或劳务成本（记入"劳务成本"账户）；生产车间管理人员的职工薪酬为生产产品的间接人工费（记入"制造费用"账户）；行政部门管理人员的职工薪酬记入"管理费用"账户；销售部门人员的职工薪酬记入"销售费用"账户；在建工程人员的职工薪酬记入"在建工程"账户等。

每月支付的职工薪酬一般采用先分配、后发放方式，分配时按照职工薪酬费用的去向，计入相关的成本或费用中，同时记入"应付职工薪酬"账户。企业有法定义务代扣代缴职工的个人所得税，均要通过"应付职工薪酬"账户核算，通过编制"工资费用分配表"进行会计处理。

◆ **2. 账户设置**

为了核算企业支付和应付给职工的各项劳动报酬，企业应设置"应付职工薪酬"账户。

1）性质

"应付职工薪酬"账户属于负债类账户。

2）用途

核算企业根据有关规定应付给职工的各种薪酬（货币性薪酬和非货币性薪酬），包括应付职工的工资、按工资总额的14%计提的职工福利费、社会保险费、住房公积金、工会经费（工资总额的2%）、职工教育经费（工资总额的8%）和解除职工劳动关系补偿费等。

3）登记结构

贷方登记应付的各种职工薪酬总额；借方登记实际支付的职工薪酬总额；期末余额在贷方，反映企业应付未付职工薪酬，余额在借方，反映实发职工薪酬大于应付职工薪酬，即预付职工薪酬。"应付职工薪酬"账户的结构如图4-24所示。

借方	应付职工薪酬	贷方
本月实际支付给职工薪酬（货币性薪酬和非货币性薪酬）	本月发生应付职工的各种薪酬 ①工资 ②职工福利 ③工会经费 ④职工教育经费等	
期末余额：实发职工薪酬大于应付职工薪酬的差额	期末余额：应付未付职工薪酬	

图 4-24 "应付职工薪酬"账户结构

4）明细账户设置

应按照职工薪酬的组成内容分设专栏进行明细核算，如"工资""职工福利""工会经费""职工教育经费""社会保险"明细账等。

◆ **3. 职工薪酬的归集与分配的核算**

【例 4-12】 长江公司2021年12月生产A、B种产品，分配给基本生产工人的工资为142 000元，要求按照生产产品的工时进行分配，分别计入A产品成本和B产品成本。其他部门工资分配见表4-2。

表4-2 工资费用分配表

2021年12月25日

产品、车间和部门		生产耗用工时	分配率	应分配金额（元）
基本生产车间	A产品	40 000		56 800.00
	B产品	60 000		85 200.00
基本生产工人		100 000	1.42	142 000.00
车间管理人员				9 500.00
企业管理人员				24 500.00
销售部门人员				20 500.00
合计				196 500.00

复核： 会计主管： 制单：

分析：此笔业务的发生，引起费用和负债两个会计要素发生变化。一方面使生产成本、制造费用和管理费用增加，另一方面使应付职工薪酬增加。因此，这项交易事项涉及"生产成本""制造费用""管理费用""销售费用"和"应付职工薪酬"五个账户。生产成本、制造费用都是生产费用，构成产品的制造成本，增加应记入成本类账户"生产成本""制造费用"的借方；"管理费用""销售费用"是损益类账户，增加应记入"管理费用"

账户和"销售费用"账户的借方；应付职工薪酬是一项负债，分配时负债增加应记入"应付职工薪酬"账户的贷方。

① 生产工人工资分配率 $=\dfrac{\text{待分配的工资薪酬}}{\text{分配标准}}=\dfrac{142\,000}{100\,000}=1.42$

② A 产品应分配的工资薪酬＝A 产品标准×工资分配率＝40 000×1.42＝56 800（元）
B 产品应分配的工资薪酬＝B 产品标准×工资分配率＝60 000×1.42＝85 200（元）

借：生产成本——A 产品（直接人工费）　　　　　　56 800
　　　　　　——B 产品（直接人工费）　　　　　　85 200
　　制造费用　　　　　　　　　　　　　　　　　　 9 500
　　管理费用　　　　　　　　　　　　　　　　　　24 500
　　销售费用　　　　　　　　　　　　　　　　　　20 500
　　贷：应付职工薪酬——工资　　　　　　　　　　196 500

承【例 4-12】，要求按本月工资总额的 2% 计提工会经费、工资总额的 8% 计提职工教育经费。

分析：该项经济业务的发生，其业务性质与【例 4-12】业务基本相同，企业相关的成本费用和对职工的负债同时增加。应按产品生产工人计提经费额借记"生产成本"账户，按基本生产车间管理人员计提经费额借记"制造费用"账户，按企业行政管理人员计提经费额借记"管理费用"账户；按本月计提的工会经费和职工教育经费总额贷记"应付职工薪酬"账户。其会计分录如下：

借：生产成本——A 产品（直接人工费）　　5 680　（56 800×10%）
　　　　　　——B 产品（直接人工费）　　8 520　（85 200×10%）
　　制造费用　　　　　　　　　　　　　　　950　（9 500×10%）
　　管理费用　　　　　　　　　　　　　　2 450　（24 500×10%）
　　销售费用　　　　　　　　　　　　　　2 050　（20 500×10%）
　　贷：应付职工薪酬——工会经费　　　　3 930
　　　　　　　　　　——职工教育经费　　15 720

【数字资源 4-8】 　　　【数字资源 4-9】

（三）生产经营中其他经济业务核算

【例 4-13】 12 月月底，摊销应由本月负担的办公用房租金 5 000 元。

分析：此笔业务的发生，引起费用和资产两个会计要素发生变化。一方面使行政部门的管理费用增加 5 000 元（15 000/3），另一方面使预付账款减少 5 000 元。因此，这项交易事项涉及"管理费用"和"预付账款"两个账户。管理费用是一项期间费用，增加应记入"管理费用"账户的借方；预付账款是一项资产，减少应记入"预付账款"账户的贷方。其会计分录如下：

借：管理费用　　　　　　　　　　　　　　　　　　　　　5 000
　　贷：预付账款　　　　　　　　　　　　　　　　　　　　　5 000

【数字资源 4-10】　　　　【数字资源 4-11】

【**例 4-14**】　2021 年 12 月末，开出工商银行转账支票支付 12 月水电费 4 000 元，其中车间应负担 2 900 元，行政部门应负担 600 元，销售部门应负担 500 元。

分析：此笔业务的发生，引起费用和资产两个会计要素发生变化。一方面使制造费用增加 2 900 元，使管理费用增加 600 元，销售费用增加 500 元；另一方面使银行存款减少了 4 000 元。因此，这项交易事项涉及"制造费用""管理费用""销售费用"和"银行存款"四个账户。制造费用是产品制造成本中的间接费用，增加应记入成本类账户"制造费用"的借方，管理费用和销售费用属于期间费用，增加应记入"管理费用"账户和"销售费用"账户的借方；银行存款是一项资产，减少应记入"银行存款"账户的贷方。其会计分录如下：

借：制造费用——水电费　　　　　　　　　　　　　　　2 900
　　管理费用——水电费　　　　　　　　　　　　　　　　500
　　销售费用——水电费　　　　　　　　　　　　　　　　600
　　贷：银行存款——工商银行　　　　　　　　　　　　　4 000

【数字资源 4-12】　　　　【数字资源 4-13】

（四）制造费用的归集和分配

◆ 1. 制造费用的内容

制造费用是指产品制造企业为了组织生产车间生产产品和提供劳务而发生的各种间接费用，其主要内容包括企业的生产部门（基本生产车间和辅助生产车间）活动服务而发生的费用，如车间管理人员的工资及福利费，生产车间使用的照明费、运输费、劳动保护费、机器设备的折旧费、机物料消耗等费用。企业生产多种产品的情况下，生产车间为生产多种产品共同发生的费用，无法直接判定其应归属对象的，应当将生产过程中发生的这种费用通过"制造费用"账户归集、汇总，然后选用一定的标准（如生产工时、机器工时等），期末进行合理分配，以便于准确地确定各种产品应负担的制造费用。具体来说，包括三个方面：

第一，间接用于产品生产的费用，如机物料消耗费用、机器设备折旧费、修理费、保险费、车间生产的照明费、劳动保护费等；

第二，直接用于产品生产，但管理上不要求或者不便于独立核算，因而没有单独设置成本项目进行核算的某些费用，如生产工具的摊销费、设计制图费、试验费以及生产工艺用的动力费等；

第三，车间用于组织和管理生产的费用，如车间管理人员工资及福利费、车间管理用固定资产折旧费、车间管理用具的摊销费、车间管理用的水电费、办公费、差旅费等。

◆ **2. 制造费用归集与分配的核算**

制造费用归集与分配一般在月末进行，其步骤如下。

第一，归集、计算本月"制造费用"账户的本期借方发生额合计。

第二，按照一定的分配标准，计算制造费用的分配率。

$$制造费用分配率 = \frac{制造费用总额}{\sum 各种产品的标准之和}$$

其中，制造费用的分配标准主要有生产工人工资、生产工人的工时、机器工时、产品产量、直接材料成本或直接的总成本等。

第三，计算某产品生产成本应分配的制造费用。

$$某产品制造费用 = 该产品的标准 \times 制造费用分配率$$

第四，编制基本生产车间制造费用分配表，编写结转制造费用的会计分录。

【例 4-15】 12 月末，将本月发生的制造费用按工时比例分配转入"生产成本"账户。本月生产工时总计 10 000 工时，其中：A 产品用工 4 000 工时，B 产品用工 6 000 工时。

分析：此项业务属于会计转账行为，即将"制造费用"账户借方归集的本期全部间接生产费用 23 800 元（见表 4-3），按 A、B 产品的工时比例分配转入"生产成本"账户。

表 4-3 制造费用明细账

2021年		凭证		摘要	借方	贷方	借或贷	余额
月	日	种类	号数		千百十万千百十元角分	千百十万千百十元角分		千百十万千百十元角分
12	9	记	7	材料费用	4 6 7 0 0 0		借	4 6 7 0 0 0
	15	记	11	工资费用	9 5 0 0 0		借	1 4 1 7 0 0 0
	28	记	16	工会+教育经费	9 5 0 0 0		借	1 5 1 2 0 0 0
	30	记	18	办公费	9 8 0 0 0		借	1 6 1 0 0 0 0
	31	记	20	水电费	2 9 0 0 0 0		借	1 9 0 0 0 0 0
	31	记	21	折旧费	4 8 0 0 0 0		借	2 3 8 0 0 0 0
	31	记	26	月末结转		2 3 8 0 0 0 0	平	0 0 0
	31			期末余额			平	0 0 0

$$制造费用分配率 = \frac{23\ 800}{10\ 000} 元/工时$$

生产车间制造费用分配表如表 4-4 所示。

表 4-4 生产车间制造费用分配表

产品	生产工时	分配率	应分配金额（元）
甲产品	4 000	2.38	9 520
乙产品	6 000	2.38	14 280
合计	10 000		23 800

月末要结转制造费用，根据表 4-4，结转后"制造费用"账户余额为 0，其会计分录如下：

借：生产成本——A产品   9 520
      ——B产品   14 280
  贷：制造费用   23 800

（五）完工产品生产成本的计算与结转

◆ **1. 产品生产成本的概念**

产品生产成本是指企业为了生产产品而发生的各种耗费，可以指一定时期为生产一定数量产品而发生的成本总额，也可以指一定时期生产产品的单位成本。这里主要指在生产单位（车间、分厂）内为生产和管理而发生的各种费用，也称为制造成本，它由直接材料、直接人工和制造费用等构成。

产品生产成本是反映企业经营管理水平的一项综合性指标，企业在生产过程中各种耗费是否得到有效控制、设备利用是否充分、劳动生产率的高低、产品质量的优劣都可以通过产品生产成本这一指标反映。

◆ **2. 产品生产成本的构成**

在将制造费用分配到各种产品生产成本后，"生产成本"账户的借方就归集了某种产品所发生的直接材料、直接人工和制造费用的全部内容。在计算产品生产成本时一般要解决三个问题：

一是确定成本计算期，在实际工作中一般是定期按月计算；

二是确定成本计算对象，在实际工作中可以按产品品种、产品类别或产品批次确定成本计算对象；

三是将生产过程中发生的产品生产费用分配记入各相关产品，计算各产品的总成本和单位成本。

各产品的生产费用是按照产品的成本项目进行归集的，产品的成本项目一般由以下三个方面构成。

（1）直接材料。直接材料是指企业为生产产品而耗用的原材料、辅助材料、外购半成品、燃料等。

（2）直接人工。直接人工是指直接从事产品生产的生产工人工资及福利费用等。

（3）制造费用。制造费用是指企业各生产单位为组织和管理生产所发生的各项间接费用，包括车间管理人员的工资及福利费、折旧费、修理费、机物料消耗、劳动保护费等。

其中，直接材料和直接人工为直接生产费用，可以在费用发生时直接计入各种产品的生产成本；制造费用属于间接生产费用，发生后应该先按照车间汇总，然后采用一定的方法在各种产品之间进行分配。

◆ **3. 产品生产成本的计算**

如果车间只生产一种产品，则只需要为该产品开设一个明细账，在明细账内按成本项目设立专栏。这时，车间内发生的所有生产费用都是直接生产费用，可以直接计入生产成本，不需设置"制造费用"账户，不需要在不同的产品之间进行分配。如果车间生产几种产品，在不能分清为哪种产品所消耗的生产费用时，则需要设置"制造费用"账户并进行分配，同时，将归集的生产费用在各种产品之间、完工产品和在产品之间进行分配。

完工产品生产成本＝期初在产品的成本＋本期发生的生产费用－期末在产品的成本

其中，

本期发生的生产费用＝本期发生直接材料费＋本期发生直接人工费＋本期分配制造费用

常用的成本计算方法主要有品种法、分批法和分步法。关于产品成本的计算方法和生产费用在完工产品与在产品之间分配的方法将在成本会计学中介绍，本书不涉及。

◆ **4. 主要账户设置**

为核算企业库存商品的增减变动，应设置"库存商品"账户。

1）性质

"库存商品"账户属于资产类账户。

2）用途

用以核算企业库存的各种商品的实际成本（或进价）或计划成本（或售价）的增减变动情况及其结果，包括库存产成品、外购商品存放在门市部准备出售的商品、发出展览的商品以及寄存在外的商品等。接受来料加工制造的代制品和为外单位加工修理的代修品，在制造和修理完成验收入库后，视同企业的产成品，通过本科目核算。工业企业的库存商品主要指产成品，即已完成全部生产过程并已验收入库合乎标准规格和技术条件，可以按照合同规定的条件送交订货单位，或者可以作为商品对外出售的产品。

3）登记结构

借方登记生产完工已验收入库产成品的生产成本；贷方登记发出或销售产成品的生产成本；余额在借方，反映各种库存商品的成本。"库存商品"账户的结构如图 4-25 所示。

借方	库存商品	贷方
生产完工已验收入库产成品的成本		发出或销售产成品的成本
期末余额：库存商品的成本		

图 4-25 "库存商品"账户结构

4）明细账户设置

应按不同的原材料的种类设置明细账核算。

【例 4-16】 2021 年 12 月末，A 产品 100 台、B 产品 50 台生产全部完工，根据"生产成本——A 产品"明细账和"生产成本——B 产品"明细账，编制生产成本计算表，如表 4-5、表 4-6 所示。A 产品和 B 产品已验收入库。

表 4-5 生产成本计算表

产品名称：A 产品　　　　2021 年 12 月 25 日　　　　完工产品：100 件

成本项目	项目明细			合计（元）
	直接材料（元）	直接人工（元）	制造费用（元）	
月初在产品	0.00	0.00	0.00	0.00
本月生产费用合计	19 967.00	62 840.00	9 520.00	91 967.00
结转完工成本	19 967.00	62 840.00	9 520.00	91 967.00
单位成本	199.67	628.40	95.20	919.67
月末在产品	0	0	0	0

复核：　　　　　会计主管：　　　　　制单：

表 4-6　生产成本计算表

产品名称：B 产品　　　　　　2021 年 12 月 25 日　　　　　　完工产品：50 件

成本项目	项目明细			合计（元）
	直接材料（元）	直接人工（元）	制造费用（元）	
月初在产品	0.00	0.00	0.00	0.00
本月生产费用合计	36 977.00	93 720.00	14 280.00	144 977.00
结转完工成本	36 977.00	93 720.00	14 280.00	144 977.00
单位成本	739.54	1 874.4	285.6	2 899.54
月末在产品	0	0	0	0

复核：　　　　　　　　　　会计主管：　　　　　　　　制单：

分析：此笔业务的发生，引起资产和费用两个会计要素发生变化。一方面使产成品成本增加，另一方面使生产成本减少。因此，涉及"库存商品"和"生产成本"两个账户。产成品增加应记入资产类账户"库存商品"的借方，产品完工形成生产成本减少应记入成本类账户"生产成本"的贷方。会计分录为：

借：库存商品——A 产品　　　　　　　　　　　　　　　91 967
　　　　　　——B 产品　　　　　　　　　　　　　　　144 977
　贷：生产成本——A 产品　　　　　　　　　　　　　　91 967
　　　　　　——B 产品　　　　　　　　　　　　　　　144 977

第六节　销售业务的核算

一　产品销售业务核算概述

销售业务是工业企业销售阶段的主要经济业务，是企业按照销售合同规定向购买单位和接受劳务供应单位销售商品与提供劳务，并按销售价格结算，收回销售价款，实现产品价值的过程。销售阶段是工业企业资金循环的第三个阶段，也是企业再生产过程的最后一个阶段。工业企业经过前面两个阶段将产品生产出来以后，必须经过销售阶段将产品销售出去，才能将生产资金转换为货币资金，才能实现产品的价值增值，进而实现生产的不断运转，实现企业的持续经营。

（一）商品销售收入的确认

《企业会计准则第 14 号——收入》中规定：企业应当在履行了合同中的履约义务，即在客户取得相关商品控制权时确认收入。客户收到货物，商家才能确认收入。

同时满足以下五个条件时才符合收入确认：

(1) 合同各方已批准该合同并承诺将履行各自的义务；

(2) 合同明确了合同各方与转让商品相关的权利和义务；

(3) 合同有明确的转让商品相关的支付条款；

(4) 该合同具有商业实质；

(5) 企业因向客户转让商品而有权取得的对价很可能收回。

（二）商品销售收入的计量

销售商品收入的金额应根据企业与购货方签订的合同或协议金额确定，但不包括向第三方代收的款项。在确认销售商品收入的金额时，应注意下列因素。

◆ **1. 现金折扣**

现金折扣是一种理财费用，是企业为了尽快回收资金而对顾客提前付款的行为给予一定的优惠。现金折扣一般用"折扣率/付款期限"来表示。例如，"2/10，1/20，n/30"表示在10天内付款按售价给予2%的折扣；在11~20天内付款给予售价1%的折扣；在20~30天内付款则不给折扣。现金折扣发生时，作为理财费用计入财务费用，不冲减销售收入。

◆ **2. 销售折让**

销售折让是指销货企业因出售商品的质量不合格等原因在售价上给予的减让。销售折让虽然也是在货物销售之后发生的，但产生的折让是商品存在问题导致的相应价值流失，其实质是原销售额的减少。所以，应在发生销售折让时，用红字冲销应收账款、销售收入和应交税费。

◆ **3. 商业折扣**

商业折扣是指销货企业为了鼓励客户多购商品而在商品标价上给予的扣除。由于商业折扣发生在销售业务发生时，所以企业应当按扣除商业折扣后的净额确认应收账款。

二、营业收入业务的核算

（一）主营业务核算

◆ **1. 账户设置**

为了进行销售商品业务的核算，处理好与各方面的结算关系，应设置"主营业务收入""主营业务成本""税金及附加""销售费用""银行存款""应收账款""应收票据""预收账款"等账户。

1) "主营业务收入"账户

(1) 性质：损益类账户。

(2) 用途：核算企业因销售商品或提供劳务所取得主营业务的收入，如工业企业销售生产产品的收入、零售业销售商品收入、服务业提供劳务收入。

(3) 登记结构：贷方登记企业取得的主营业务收入增加额；借方登记发生的销售退回和期末转入"本年利润"账户的主营业务收入；期末结转后，"主营业务收入"账户无余额。"主营业务收入"账户的结构如图4-26所示。

(4) 明细账户设置：应按主营业务的种类分设明细账核算。

借方	主营业务收入	贷方
(1)销售退回和销售折让、折扣应冲减的主营业务收入 (2)期末结转到"本年利润"账户	本期实现主营业务的收入	
	结转后无余额	

图 4-26 "主营业务收入"账户结构

2)"主营业务成本"账户

(1)性质:损益类账户。

(2)用途:核算企业为销售商品或提供劳务所取得主营业务收入时应结转的成本,如工业企业确认主营业务收入时结转的已销产品的成本,零售业确认主营业务收入时结转已销商品的成本等。

(3)登记结构:借方登记企业已售库存商品的制造成本;贷方登记因销售退货而退回已售库存商品的制造成本和本期营业成本的转销金额;期末将本期"主营业务成本"账户的借、贷方发生额的差额从其贷方全部转入"本年利润"账户的借方,经结转后,"主营业务成本"账户期末无余额。"主营业务成本"账户的结构如图 4-27 所示。

借方	主营业务成本	贷方
结转已销售库存商品的制造成本	(1)因销售退货而退回已售库存商品的制造成本 (2)期末结转到"本年利润"账户	
结转后无余额		

图 4-27 "主营业务成本"账户结构

(4)明细账户设置:应按结转已销产品种类分设明细账核算。

3)"应收账款"账户

(1)性质:资产类账户。

(2)用途:核算企业因销售商品或提供劳务而应向购货单位或接受劳务单位收取的款项。应收账款是仅仅随着时间流逝即可收回的款项,它只承担信用风险。

(3)登记结构:借方登记因企业对外销售商品或提供劳务履行完履约义务而应向购货单位收取款项的增加额;贷方登记已收回的应收款项和已确认坏账并转销的应收账款;余额在借方,反映企业尚未收回的应收账款。"应收账款"账户的结构如图 4-28 所示。

借方	应收账款	贷方
应收账款的增加额和已转销的坏账损失本期又收回	收回的应收账款和确认的坏账损失	
期末余额:尚未收回的应收账款		

图 4-28 "应收账款"账户结构

(4)明细账户设置:应按购货单位或接受劳务的单位设置明细账核算。

4)"应收票据"账户

(1)性质:资产类账户。

(2) 用途：核算企业在销售商品或提供劳务时，双方采用商业汇票结算（包括商业承兑汇票和银行承兑汇票），应向购货单位或接受劳务单位收取的款项等。

(3) 登记结构：借方登记因企业对外销售商品或提供劳务完成履约义务，收到商业汇票票据的增加额；贷方登记商业汇票到期已收回的款项；余额在借方，反映企业尚未收回票据的数额。"应收票据"账户的结构如图4-29所示。

借方	应收票据	贷方
应收票据金额的增加额	收回的应收票据的金额	
期末余额：尚未收回的应收票据		

图 4-29　"应收票据"账户结构

(4) 明细账户设置：应按购货单位设置明细账核算。

5) "预收账款"账户

(1) 性质：负债类账户。

(2) 用途：核算和监督企业按照合同规定预收货款的发生与偿付情况。

(3) 登记结构：贷方登记企业预收购买单位一定数量的货款，反映企业负债的增加；借方登记企业销售产品或者提供劳务以抵偿的预收货款，反映企业负债的减少；期末余额在贷方表示企业已经预收了货款，但尚未用产品或者劳务偿付这项款项，期末余额在借方表示应由购货单位补付的款项。"预收账款"账户的结构如图4-30所示。

借方	预收账款	贷方
销售实现时按实现的收入转销的预收账款	企业向购货单位预收的款项	
期末余额：已转销但尚未收到的款项	期末余额：企业预收的款项	

图 4-30　"预收账款"账户结构

(4) 明细账户设置：应按购货单位设置明细账核算。

◆ **2. 主营产品销售的会计处理**

企业发出产品、办理结算价款、开具增值税专用发票、确认收入、结转已销产品的成本、计算其他的相关税金等构成了销售业务核算的基本内容，其中结算价款即包括应收取买价、增值税（销项税额）和其他款项等；收取的增值税金额，是企业要上交的增值税，企业的负债增加，应记入"应交税费——应交增值税（销项税额）"账户的贷方。

【例4-17】　2021年12月末，长江公司销售给大京公司A产品30件，每件售价2 000元，卖价60 000元，增值税（销项税额）7 800元。商品已发出，开出增值税专用发票，收到价税合计67 800元，存入工商银行。

分析：此笔业务的发生，引起资产、负债和收入三个会计要素发生变化。一方面收到销货款使银行存款增加，另一方面实现销售使销售收入增加了，使应交增值税销项税额增加了7 800元（60 000×13%）。因此，涉及"银行存款""主营业务收入"和"应交税费"三个账户。销货款增加应记入资产类账户"银行存款"的借方，销售收入增加应记入损益类账户"主营业务收入"的贷方，增值税销项税额增加应记入负债类账户"应交税费——应交增值税（销项税额）"的贷方。其会计分录如下：

借：银行存款——工商银行　　　　　　　　　　　　　　67 800
　　贷：主营业务收入——A产品　　　　　　　　　　　　60 000
　　　　应交税费——应交增值税（销项税额）　　　　　　7 800

【例4-18】　2021年12月末，长江公司向大名公司销售A产品40台，每台售价2 000元；销售B产品40台，每台售价4 500元。价款共计260 000元，增值税（销项税额）33 800元，价税合计293 800元。产品已发出，开出增值税专用发票，但货款尚未收回。

分析：此笔业务的发生，引起资产、负债和收入三个会计要素发生变化。一方面销售未收款使应收账款增加；另一方面销售实现使销售收入增加了，使应交增值税销项税额增加了。因此，涉及"应收账款""主营业务收入"和"应交税费"三个账户。应收账款增加应记入资产类账户"应收账款"的借方，销售收入增加应记入损益类账户"主营业务收入"的贷方，增值税销项税额增加应记入负债类账户"应交税费——应交增值税（销项税额）"的贷方。其会计分录如下：

借：应收账款——大名公司　　　　　　　　　　　　　293 800
　　贷：主营业务收入——A产品　　　　　　　　　　　　80 000
　　　　　　　　　　——B产品　　　　　　　　　　　　180 000
　　　　应交税费——应交增值税（销项税额）　　　　　　33 800

【数字资源4-14】　　　【数字资源4-15】

【例4-19】　2021年12月末，长江公司汇总本月销售A产品、B产品分别为100件和55件，A产品单位成本为919.67元/件、B产品单位成本为2 899.54元/件，编制产品销售汇总表（见表4-7），编制会计分录。

表4-7　产品销售汇总表
2021年12月31日

项目	A产品		B产品	
	数量（件）	金额（元）	数量（件）	金额（元）
月初结存	10	9 196.70	10	28 995.40
本月入库	100	91 967.00	50	144 977.00
小计	110	101 163.70	60	173 972.40
本月销售产品	100	91 967.00	55	159 474.70
月初结存	10	9 196.70	5	14 497.70

分析：本月销售A产品和B产品均已确认收入，应结转已销产品的成本，所以该业务引起资产、费用两个会计要素发生变化。一方面A产品和B产品已发出，确认资产减少，另一方面销售A产品和B产品结转到营业成本增加了。因此，涉及"主营业务成本""库存商品"两个账户。其会计分录如下：

借：主营业务成本——A产品　　　　　　　　　　　　　　　　　　91 967
　　　　　　　　——B产品　　　　　　　　　　　　　　　　　　159 474.7
　　贷：库存商品——A产品　　　　　　　　　　　　　　　　　　　91 967
　　　　　　　　——B产品　　　　　　　　　　　　　　　　　　　159 474.7

（二）其他经营业务核算

◆ **1. 账户设置**

1）"其他业务收入"账户

（1）性质：损益类账户。

（2）用途：核算企业除主营业务的收入以外的其他销售或其他经营活动实现的收入，如多余的原材料销售收入、包装物租金收入等。

（3）登记结构：贷方登记企业取得的其他经营活动实现的收入；借方登记期末结转到"本年利润"账户的其他业务收入；结转后"其他业务收入"账户期末无余额。"其他业务收入"账户的结构如图4-31所示。

借方	其他业务收入	贷方
期末结转到"本年利润"账户		取得的其他业务的收入
		结转后无余额

图4-31　"其他业务收入"账户结构

（4）明细账户设置：应按其他业务收入的种类分设明细账核算。

2）"其他业务成本"账户

（1）性质：损益类账户。

（2）用途：核算企业除主营业务的成本以外的其他销售或其他经营活动所发生的支出，如结转销售多余材料成本、出租包装物成本的摊销等。

（3）登记结构：贷方登记企业取得的其他经营活动实现的收入；借方登记期末结转到"本年利润"账户的其他业务收入；结转后"其他业务收入"账户期末无余额。"其他业务成本"账户的结构如图4-32所示。

借方	其他业务成本	贷方
发生的其他业务成本增加金额		期末结转到"本年利润"账户
结转后无余额		

图4-32　"其他业务成本"账户结构

（4）明细账户设置：应按结转其他业务成本的种类分设明细账核算。

3）"税金及附加"账户

（1）性质：损益类账户。

（2）用途：核算企业因经营活动发生的消费税、城市维护建设税、资源税、教育费附加、房产税、车船税、土地使用税、印花税等相关税费。

（3）登记结构：借方登记企业按照税法规定税率计算出的税金及附加；贷方登记因销售退货而减少的有关税金及附加和期末税金及附加的转销金额；期末将本期"税金及附

加"账户的借、贷方发生额的差额从其贷方全部转出到"本年利润"账户的借方，经结转后，"税金及附加"账户期末无余额。"税金及附加"账户的结构如图 4-33 所示。

借方	税金及附加	贷方
按照税法规定税率计算出的税金及附加		因销售退货而减少的有关税金和期末结转到"本年利润"账户
结转后无余额		

图 4-33　"税金及附加"账户结构

（4）明细账户设置：应按计提的税金及附加的种类分设明细账核算。

◆ **2. 其他经济业务核算的会计处理**

【例 4-20】　12月末，长江公司根据本期应交增值税额的7%和3%，计提本期应交城市维护建设税 3 798.48 元和教育费附加 1 627.92 元。

分析：此笔业务的发生，引起费用和负债两个会计要素发生变化。一方面使税金及附加增加，另一方面使应交税费增加了。因此，涉及"税金及附加"和"应交税费"两个账户。税金及附加是一项费用，增加应记入"税金及附加"账户的借方；应交税费是一项负债，增加应记入"应交税费"账户的贷方。其会计分录如下：

借：税金及附加　　　　　　　　　　　　　　　　　　5 426.40
　　贷：应交税费——应交城市维护建设税　　　　　　3 798.48
　　　　　　　　——应交教育费附加　　　　　　　　1 627.92

【例 4-21】　12月末，长江公司将库存的原材料（甲材料）5吨出售，卖价 20 000 元。甲材料成本 10 000 元，增值税（销项税额）2 600 元，价税合计 22 600 元。材料已发出，开出增值税专用发票，货款存入工商银行账户。

分析：此笔销售业务，属于其他经营业务收入。因此，涉及"其他业务收入""其他业务成本""银行存款""原材料"和"应交税费"等账户。其会计分录如下：

借：银行存款——工商银行　　　　　　　　　　　　22 600
　　贷：其他业务收入——甲材料　　　　　　　　　　20 000
　　　　应交税费——应交增值税（销项税额）　　　　2 600
借：其他业务成本——甲材料　　　　　　　　　　　10 000
　　贷：原材料——甲材料　　　　　　　　　　　　　10 000

【数字资源 4-16】

【数字资源 4-17】

第七节 利润形成和利润分配的核算

一 利润形成和利润分配核算概述

利润是企业在完成一个资金循环后所取得的经营成果,也称财务成果。它是将一定期间的各项收入与各项费用支出相抵后形成的最终经营成果,包括经营业务产生的利润、非经营业务产生的利润。经营业务产生的利润即营业利润,是指企业日常经营活动产生的利润;非经营业务产生的利润即营业外收支净额,是指企业非日常经营活动产生的利润。营业利润与营业外收支净额之和构成了企业的利润总额。企业在核算完利润总额之后,需要先计算缴纳企业所得税,剩余的即是企业的净利润。净利润是企业最终可供分配的利润,企业需按照《中华人民共和国公司法》的有关规定,对实现的净利润按照一定的顺序进行分配。

二 利润形成的核算

企业利润指标由三个组成,即营业利润、利润总额和净利润,不同的利润指标核算的内容不一样,如图 4-34 所示。

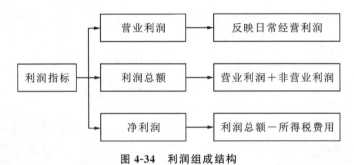

图 4-34 利润组成结构

各项利润指标的计算公式如下:

营业利润＝营业收入－营业成本－税金及附加－管理费用－销售费用
　　　　－财务费用±投资收益±公允价值变动损益－资产减值损失

其中,

营业收入＝主营业务收入＋其他业务收入
营业成本＝主营业务成本＋其他业务成本
利润总额＝营业利润＋非营业利润

其中,

非营业利润＝营业外收入－营业外支出
净利润＝利润总额－所得税费用

其中,

所得税费用＝本期应交所得税±递延所得税
本期应交所得税＝应纳税所得额×所得税税率

投资收益是企业对外投资取得的收益或损失。

公允价值变动损益是企业交易性金融资产等资产公允价值变动所形成的应当计入当期损益的利得或损失。在后续的会计实务课程中会具体介绍公允价值变动损失。

资产减值损失是企业计提的各项资产减值准备所形成的损失。在后续的会计实务课程中会具体介绍资产减值损失。

营业外收入是企业发生的与其日常活动没有直接关系的各项利得。

营业外支出是企业发生的与其日常活动没有直接关系的各项支出。

（一）主要账户设置

◆ **1. "投资收益"账户**

1）性质

"投资收益"账户属于损益类账户。

2）用途

核算企业确认的投资收益或投资损失。投资收益是指企业进行投资所获得的经济利益，是企业在一定的会计期间对外投资所取得的回报。

3）登记结构

贷方登记企业取得的各项投资收益；借方登记企业发生的各项投资损失；期末，将"投资收益"账户借方或贷方余额转入"本年利润"账户，经结转后本账户无余额。"投资收益"账户的结构如图4-35所示。

借方	投资收益	贷方
各项投资损失及投资收益结转到"本年利润"账户	各项投资的收益	
	结转后无余额	

图4-35 "投资收益"账户结构

4）明细账户设置

应按投资收益种类设置明细账核算。

◆ **2. "营业外收入"账户**

1）性质

"营业外收入"账户属于损益类账户。

2）用途

核算企业发生的与生产经营活动无直接关系的各项计入损益的利得，主要包括盘盈利得、罚没利得、政府补助利得、确实无法支付而按规定程序经批准后转作营业外收入的应付款项等。

3）登记结构

贷方登记企业发生的各项非经营计入损益的净利得；期末，将本账户贷方余额由借方全部转入"本年利润"账户贷方，经结转后，"营业外收入"账户无余额。"营业外收入"账户的结构如图4-36所示。

借方	营业外收入	贷方
期末转到"本年利润"账户	本期确认各项营业外的利得	
	结转后无余额	

图4-36 "营业外收入"账户结构

4) 明细账户设置

应按利得项目分设明细账核算。

◆ 3. "营业外支出"账户

1) 性质

"营业外支出"账户属于损益类账户。

2) 用途

核算企业发生的与生产经营活动无直接关系的计入损益的净损失,主要包括盘亏损失、非流动资产处置损失、罚款支出、捐赠支出等。

3) 登记结构

借方登记企业发生的各项计入损益的净损失;期末,将本账户借方余额由贷方全部转入"本年利润"账户借方,结转后,"营业外支出"账户无余额。"营业外支出"账户的结构如图4-37所示。

借方	营业外支出	贷方
发生的各项营业外的支出	期末结转到"本年利润"账户	
结转后无余额		

图4-37 "营业外支出"账户结构

4) 明细账户设置

应按支出项目分设明细账核算。

◆ 4. "所得税费用"账户

1) 性质

"所得税费用"账户属于损益类账户。

2) 用途

核算企业根据所得税具体准则和税法确认的应从当期利润总额中扣除的所得税费用。

3) 登记结构

借方登记本期计提的所得税费用;期末将"所得税费用"账户的借方余额从贷方转入"本年利润"账户的借方,结转后本账户无余额。"所得税费用"账户的结构如图4-38所示。

借方	所得税费用	贷方
应计入本期损益的所得税额	期末转入"本年利润"账户的所得税额	
	结转后无余额	

图4-38 "所得税费用"账户结构

4）明细账户设置

该账户一般不设置明细账核算。

◆ 5."本年利润"账户

1）性质

"本年利润"账户属于所有者权益类账户。

2）用途

为了核算企业在特定时期内（年、半年、季或月）财务成果的具体情况，企业在会计上需要设置"本年利润"账户，核算企业特定会计期间利润的构成与结转实现净利润或发生净亏损的情况。

企业会计期末结转利润时，应将各项收入类账户的发生额转入"本年利润"账户的贷方，将各项支出类账户的发生额转入"本年利润"账户的借方，结平所有损益类账户。结转之后，损益类账户没有余额。

3）登记结构

将各项收入类账户本期发生额合计结转至本账户时，贷记"本年利润"账户；将各项支出类账户本期发生额合计结转至本账户时，借记"本年利润"账户；将贷方的收入与借方的费用相抵后，如收入大于费用，即为贷方余额，表示本年度累计实现的利润净额；如收入小于费用，即为借方余额，表示本年度累计发生的亏损总额。

"本年利润"账户是一个过渡性的账户。在年度中间，该账户有余额，不予结转，表示截至本期本年度累积实现的净利润或发生的净亏损。年终，将本账户余额全部转入"利润分配——未分配利润"账户，结转后本账户无余额。"本年利润"账户的结构如图 4-39 所示。

借方	本年利润	贷方
费用账户转入数		收入账户转入数
(1) 主营业务成本		(1) 主营业务收入
(2) 税金及附加		(2) 其他业务收入
(3) 其他业务成本		(3) 投资收益（或借方）
(4) 销售费用		(4) 公允价值变动损益（或借方）
(5) 管理费用		(5) 其他收益
(6) 财务费用		(6) 营业外收入等
(7) 资产减值损失		
(8) 营业外支出		
(9) 所得税费用等		
期末余额：累计发生的净亏损		期末余额：累计实现的净利润

图 4-39 本年利润账户结构

4）明细账户设置

一般不设置明细分类账户。

（二）利润形成的会计处理

【例 4-22】 12 月末，长江公司收到大福公司汇入本公司账户的联营企业分配利润 200 000 元，收到工商银行的收账通知。

分析：此笔业务的发生，引起资产和收入两个会计要素发生变化。一方面使银行存款增加200 000元，另一方面使投资收益增加了200 000元。因此，这项交易事项涉及"银行存款"和"投资收益"两个账户。银行存款是一项资产，增加应记入资产类账户"银行存款"的借方；从联营企业分配利润是一项投资收益，增加应记入损益类账户"投资收益"的贷方。会计分录为：

借：银行存款——工商银行　　　　　　　　　　　　　200 000
　　贷：投资收益——大福公司　　　　　　　　　　　　　　200 000

【例4-23】　长江公司向大力公司收取合同违约金50 000元，存入工商银行。

分析：收取合同违约金实际上就是一笔罚款利得，与企业正常生产经营活动无直接关系，应计入营业外收入。此笔业务的发生，引起资产和收入两个会计要素发生变化。一方面使银行存款增加50 000元，另一方面使营业外收入增加了50 000元。因此，这项交易事项涉及"银行存款"和"营业外收入"两个账户。银行存款是一项资产，增加应记入资产类账户"银行存款"的借方；罚款收入是一项收入利得，应记入损益类账户"营业外收入"的贷方。会计分录为：

借：银行存款——工商银行　　　　　　　　　　　　　　50 000
　　贷：营业外收入——罚款利得　　　　　　　　　　　　　50 000

【数字资源4-18】

【例4-24】　2021年12月31日，长江公司12月损益账户汇总如表4-8所示，企业所得税税率为25%，没有纳税调整事项，即企业利润总额等于应纳税所得额。要求计算长江公司12月营业利润、利润总额、所得税费用和净利润。

表4-8　12月损益账户本期发生额汇总表

损益类账户	本期贷方发生额合计数	本期借方发生额合计数
主营业务收入	447 500	
其他业务收入	20 000	
投资收益	200 000	
营业外收入	50 000	
主营业务成本		251 441.7
其他业务成本		10 000
税金及附加		5 426.4
管理费用		40 555
销售费用		110 240
财务费用		1 000
营业外支出		20 000

解析：

(1) 营业收入＝主营业务收入＋其他业务收入＝447 500＋20 000＝467 500（元）
(2) 营业成本＝主营业务成本＋其他业务成本＝251 441.7＋10 000＝261 441.7（元）
(3) 营业利润＝467 500－261 441.7－5 426.4－40 555－110 240－1 000＋200 000
    ＝248 836.9（元）
(4) 利润总额＝营业利润＋非营业利润＝248 836.9＋（50 000－20 000）
    ＝278 836.9（元）
(5) 所得税费用＝应纳税所得额×所得税税率＝278 836.9×25％≈69 709.23（元）
(6) 净利润＝利润总额－所得税费用＝278 836.9－69 709.23＝209 127.67（元）

【例 4-25】 承【例 4-24】所示资料，长江公司 12 月 31 日，采用账结法计算确定 12 月利润总额、所得税费用和净利润。其会计分录如下：

① 结转损益类收入账户，结转后损益类收入账户无余额。

借：主营业务收入	447 500
其他业务收入	20 000
投资收益	200 000
营业外收入	50 000
贷：本年利润	717 500

② 结转损益类费用账户，结转后损益类费用账户无余额。

借：本年利润	438 663.1
贷：主营业务成本	251 441.7
其他业务成本	10 000
税金及附加	5 426.4
销售费用	110 240
管理费用	40 555
财务费用	1 000
营业外支出	20 000

③ 计提应交企业所得税。

应交企业所得税＝278 836.9×25％≈69 709.23（元）。

借：所得税费用	69 709.23
贷：应交税费——应交企业所得税	69 709.23

结转"所得税费用"账户属于结转损益类账户到"本年利润"账户，结转后"所得税费用"账户无余额。

借：本年利润	69 709.23
贷：所得税费用	69 709.23

④ 通过以上账务处理以后，可以计算长江公司 12 月的净利润。
净利润＝278 836.9－69 709.23＝209 127.67（元）。
反映在"本年利润"账户的贷方余额，如图 4-40 所示。

借方	本年利润	贷方
费用账户转入数：438 663.1		收入账户转入数：717 500
所得税费用： 69 709.23		
		期末余额： 209 127.67

图 4-40　12月"本年利润"账户结余

三、利润分配的核算

企业在生产经营过程中取得的各种收入，在补偿各种耗费后形成盈利（即利润总额），并按照国家有关规定计算缴纳所得税后形成企业的税后利润（即净利润）。按照规定，税后利润要在有关方面进行合理分配。利润分配就是企业根据股东大会或类似权力机构的批准，对企业可供分配利润指定其用途和分配给投资者的行为。按照公司法的有关规定，企业当年实现的净利润，首先弥补以前年度尚未弥补的亏损，对于剩余的未分配利润，应按照下列顺序进行分配。

首先，提取法定盈余公积。股份制企业的法定盈余公积应按照本年实现的净利润的10%提取；其他企业可根据实际需要确定提取比例，但不得低于10%。企业提取的法定盈余公积累积数超过注册资本50%以上的，可以不再提取。

其次，提取任意盈余公积。任意盈余公积一般按照股东大会的决议提取。

最后，向投资者分配利润或股利。企业实现的净利润扣除上述法定盈余公积、任意盈余公积项，再加上年初未分配利润和其他转入数，形成可供投资者分配的利润。

（一）主要账户设置

为了准确核算企业利润分配的过程及结果，企业需要设置"利润分配""盈余公积""应付股利"等账户。

◆ 1."利润分配"账户

1）性质

"利润分配"账户属于所有者权益类账户。

2）用途

核算企业本年度的利润分配（或亏损的弥补）和历年利润分配（或弥补）后的结余情况。在资产负债表日，企业要将"本年利润"账户的余额（无论是净利润还是净亏损）转入"利润分配"账户中，结转后，"本年利润"账户无余额。

3）登记结构

在企业实现净利润的情况下，贷方登记从"本年利润"账户借方结转而来的本年实现的净利润；借方登记企业提取的盈余公积和应付投资者利润（或分配股利）。在企业存在亏损的情况下，"利润分配"账户的借方登记从"本年利润"账户贷方结转而来和本年发生的待弥补亏损数，贷方登记已弥补的亏损数或待分配金额。本账户期末余额有可能在贷方，也有可能在借方：如为贷方余额，则反映企业历年积存的未分配净利润；如为借方余额，则反映企业历年积存的未弥补净亏损。"利润分配"账户的结构如图4-41所示。

借方	利润分配	贷方
（1）提取法定盈余公积 （2）提取任意盈余公积 （3）应付利润（或股利） （4）年末从"本年利润"账户转入全年亏损总额		（1）年末从"本年利润"账户转入的全年实现的净利润总额
期末余额：历年结存的未弥补亏损		期末余额：历年结存的未分配净利润

图 4-41 "利润分配"账户结构

4）明细账户设置

应按"未分配利润""计提法定盈余公积""计提任意盈余公积""应付利润（或股利）"等设置明细账户核算。年度终了，企业要将"利润分配"账户下的其他明细账户的余额转入"未分配利润"明细账户，结转后其他明细账户的余额为零，而"未分配利润"明细账户的余额反映企业尚未分配的累计净利润（或累计未弥补净亏损）。

◆ **2."盈余公积"账户**

1）性质

"盈余公积"账户属于所有者权益类账户。

2）用途

核算企业从净利润中提取的法定盈余公积、任意盈余公积、盈余公积使用的情况及结存情况。

3）登记结构

贷方登记企业从净利润中提取的盈余公积金额；借方登记企业以盈余公积转增资本、弥补亏损的金额等；期末余额在贷方，表示企业提取的累计盈余公积的金额。"盈余公积"账户的结构如图 4-42 所示。

借方	盈余公积	贷方
实际使用的盈余公积（支用数）		期末提取的盈余公积（增加数）
		期末余额：结余的盈余公积

图 4-42 "盈余公积"账户结构

4）明细账户设置

应按"法定盈余公积""任意盈余公积"设置明细账核算。

◆ **3."应付股利"（或"应付利润"）账户**

1）性质

"应付股利"（或"应付利润"）账户属于负债类账户。

2）用途

核算企业经董事会或股东大会，或类似机构决议确定分配的现金股利或利润。股份制公司分配股利时设置"应付股利"账户，有限责任公司分配利润时设置"应付利润"账户。

3）登记结构

贷方登记企业根据通过的股利或利润分配方案，应支付投资者的现金股利或利润；借方登记企业实际支付的现金股利或利润；期末余额在贷方，反映企业已宣告尚未支付的现金股利或利润。"应付股利"或"应付利润"账户的结构如图 4-43 所示。

借方	应付股利（或应付利润）	贷方
实际支付给投资者的现金股利或利润	已分配但尚未支付给投资者的现金股利或利润	
	期末余额：应付而未付的现金股利或利润	

图 4-43　"应付股利"或"应付利润"账户结构

4）明细账户设置

应按股东或投资单位进行明细账核算。

（二）利润分配会计处理

【例 4-26】　会计期末，12 月末长江公司结转本月净利润 209 127.67 元。

分析："本年利润"账户实际上是一个过渡性账户，它的作用是会计期间计算净利润，年末将本年实现的净利润结转至"利润分配"账户，结转后"本年利润"账户余额为零。本题一方面本年利润减少，另一方面利润分配增加。因此，涉及"本年利润""利润分配"两个账户。"本年利润"账户由借方转出，结转到"利润分配——未分配利润"账户贷方。其会计分录如下：

借：本年利润　　　　　　　　　　　　　　　　　　　209 127.67
　　贷：利润分配　　　　　　　　　　　　　　　　　　　209 127.67

【例 4-27】　长江公司经过股东大会批准，按年度净利润的 10% 计提盈余公积、5% 计提任意盈余公积。

分析：假定该公司 2021 年 1—11 月的净利润为 900 000 元，2021 年度实现的净利润为 1 109 127.67 元（1—11 月份净利润 900 000 元＋本月净利润 209 127.67 元）。在计提盈余公积和任意盈余公积后，该公司的利润分配减少，盈余公积增加。因此，涉及"利润分配""盈余公积"两个账户。其会计分录如下：

计提法定盈余公积＝本年度净利润×10%＝1 109 127.67×10%≈110 913（元）

计提任意盈余公积＝本年度净利润×5%＝1 109 127.67×5%≈55 456（元）

借：利润分配——计提法定盈余公积　　　　　　　　　110 913
　　　　　　——计提任意盈余公积　　　　　　　　　 55 456
　　贷：盈余公积——法定盈余公积　　　　　　　　　　110 913
　　　　　　　　——任意盈余公积　　　　　　　　　　 55 456

【例 4-28】　长江公司根据股东大会决议，按照累计净利润数 50% 向股东分配现金股利。

分析：假定该公司 2021 年 11 月底的未分配利润为 1 250 000 元。

12 月底可供分配利润＝期初未分配利润＋12 月份净利润-已分配出的净利润
　　　　　　　　　＝1 250 000＋209 127.67－110 913－55 456＝1 292 758.67（元）

2021 年分配利润＝1 292 758.67×50%≈646 379（元）

本例一方面利润分配减少，另一方面负债增加。因此，涉及"利润分配""应付股利"两个账户。其会计分录如下：

借：利润分配——应付现金股利　　　　　　　　　　　646 379
　　贷：应付股利　　　　　　　　　　　　　　　　　　　　646 379

【例 4-29】　分配完毕后，要将"利润分配"账户的其他明细账结转到"利润分配——未分配利润"明细账户，结转后其他明细账户的余额为零。

分析：该题实质上是将利润分配的相关明细账进行对冲，只保留了"利润分配——未分配利润"账户。所以，该题只涉及"利润分配"账户。其会计分录如下：

借：利润分配——未分配利润　　　　　　　　　　　　812 748
　　贷：利润分配——计提法定盈余公积　　　　　　　　　110 913
　　　　　　　　——计提任意盈余公积　　　　　　　　　 55 456
　　　　　　　　——应付现金股利　　　　　　　　　　　646 379

上述通过对冲后，"利润分配"明细账户中，只有"利润分配——未分配利润"明细账户有余额，而"未分配利润"明细账户的余额反映企业尚未分配的累计净利润。

尚未分配净利润＝可供分配利润－分配现金股利＝1 292 758.67－646 379
　　　　　　　＝646 379.67（元）

【例 4-26】至【例 4-29】在"利润分配"账户中的登记如图 4-44 所示。

借方	利润分配	贷方
	期初余额：1 250 000	
(1)提取法定盈余公积：110 913	12月从"本年利润"账户转入的净利润：209 127.67	
(2)提取任意盈余公积：55 456		
(3)应付利润（或股利）：646 379		
本期发生额合计：812 748	本期发生额合计：209 127.67	
	期末余额：646 379.67	

图 4-44　"利润分配"账户

第八节　资金退出企业的核算

随着制造企业生产经营过程的进行，一部分资金会随着资金的循环周转运动而退出企业。制造企业资金退出企业的主要方式有支付投资者利润（现金股利）、归还银行借款或支付利息、上交各种税金、支付职工薪酬和职工的医药费等。有些经济业务前述已讲解，这里仅对未述及的部分业务进行列举。

一 归还银行借款和支付利息等核算

企业向银行借入的各种款项,在规定的到期日予以归还并支付利息。按期还本付息是企业获得持续借入资金来源的重要保证。

【例 4-30】 公司以工商银行存款归还短期借款 200 000 元,同时支付利息 600 元。

分析:该经济业务会引起负债和资产两个会计要素发生变化。一方面使银行存款减少;另一方面使负债减少。因此,这项交易事项涉及"银行存款""短期借款"和"应付利息"三个账户。其会计分录如下:

借:短期借款　　　　　　　　　　　　　　　　200 000
　　应付利息　　　　　　　　　　　　　　　　　　 600
　　贷:银行存款——工商银行　　　　　　　　　200 600

【数字资源 4-19】

二 上交各种税金的核算

企业应向税务机关缴纳的各种税金,一般在月末提取,于下月初缴纳,年终汇算清缴。

【例 4-31】 长江公司以工商银行存款支付代扣代缴职工个人所得税 40 000 元、城市维护建设税 3 798.48 元、教育费附加 1 627.92 元、预缴纳企业所得税 69 709.23 元。

分析:该经济业务会引起负债和资产两个会计要素发生变化。一方面使银行存款减少;另一方面使负债减少。因此,这项交易事项涉及"银行存款""应交税费"两个账户。其会计分录如下:

借:应交税金——代扣代缴职工个人所得税　　　40 000
　　　　　　——城市维护建设税　　　　　　　 3 798.48
　　　　　　——教育费附加　　　　　　　　　 1 627.92
　　　　　　——企业所得税　　　　　　　　　 69 709.23
　　贷:银行存款——工商银行　　　　　　　　 115 135.63

三 支付职工薪酬和职工医药费的核算

【例 4-32】 长江公司职工报销 12 月份医药费 3 000 元,职工的教育培训费 2 000 元,均以工商银行存款支付。

分析:该经济业务会引起负债和资产两个会计要素发生变化。一方面使银行存款减少;另一方面使负债减少。因此,这项交易事项涉及"银行存款""应付职工薪酬"两个账户。其会计分录如下:

借：应付职工薪酬——职工福利费　　　　　　　　　　　3 000
　　　　　　　　——职工教育费　　　　　　　　　　　2 000
　　贷：银行存款——工商银行　　　　　　　　　　　　5 000

本章小结

本章主要讲述借贷记账法在工业制造企业中的应用。制造业企业的经济业务应按阶段划分进行核算，主要经济业务有资金筹集业务、设备购置和材料采购业务、产品生产业务、产品销售业务、利润计算与分配业务等。上述五个方面主要的经济业务，是制造业企业日常会计核算的主要内容。

企业筹集资金的渠道有两个：一是吸收投资者的投资，二是向债权人借款。投资人投入的资金形成投入资本，向债权人借入的资金形成负债。因此，筹资业务的会计核算，主要包括实收资本和借入资本两个方面业务账户应用和会计处理。

采购过程的主要经济业务中的设备购置、材料物资的采购，是保证生产过程的正常需要；要求正确计算固定资产的实际成本和材料物资的采购成本，按照结算制度与经济合同的规定，办理与供应单位的结算工作。其会计核算主要包括外购固定资产确认与计量、材料采购价款和增值税的结算、材料采购成本的计算、材料验收入库等业务账户应用和会计处理。

生产过程是产品制造企业经营活动的主要过程，是连接采购和销售过程的中心环节。生产过程的核算包括生产费用组成、应付职工薪酬核算和产品成本的计算等业务账户应用和会计处理。

产品销售阶段的主要业务，是企业向购货单位和接受劳务单位销售产品和提供劳务，并按销售价格结算，收回销售价款，实现产品价值的过程。会计核算主要包括确认商品销售收入与增值税结算、支付销售费用、计算和结转销售成本、计算缴纳应负担的税金及附加等业务账户应用和会计处理。

利润计算与分配的主要业务，是企业在一定期间内生产经营活动所获得的最终经营结果，是当期收入减费用后的差额，表现为利润或亏损。其会计核算主要包括企业利润的形成、企业利润的分配过程及其结果等业务账户应用和会计处理。

思考题

1. 简述产品制造业企业生产经营过程的主要内容。
2. 筹资业务核算主要内容包括哪些方面？需要设置哪些主要账户？
3. 材料采购业务核算主要内容包括哪些方面？如何进行核算？
4. 如何理解生产成本？怎样进行制造费用的归集与分配？
5. 销售业务核算主要内容包括哪些方面？需要设置哪些主要账户？
6. 企业利润是如何形成的？其数量关系如何用计算公式表示？
7. 年终了如何进行本年利润的结转以及利润分配的结转？

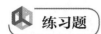 练习题

一、单项选择题

1. 企业实际收到投资者投入的资金属于企业所有者权益中的（　　）。
   A. 固定资产　　　　　　　　B. 库存商品
   C. 实收资本　　　　　　　　D. 盈余公积

2. 企业为了维持生产经营活动所需资金而向银行等金融机构临时借入的款项称为（　　）。
   A. 长期借款　　　　　　　　B. 短期借款
   C. 财务费用　　　　　　　　D. 应付利息

3. 企业实际发生的材料采购应记入的科目是（　　）。
   A. 材料采购或在途物资　B. 库存商品
   C. 生产成本　　　　　　　　D. 管理费用

4. 生产企业是增值税一般纳税人，购进材料所缴纳的增值税应计入（　　）。
   A. 进项税额　　　　　　　　B. 销项税额
   C. 材料的采购成本　　　　D. 管理费用

5. 以现金支付职工工资时，应借记的科目是（　　）。
   A. 库存现金　　　　　　　　B. 应付职工薪酬
   C. 其他应付款　　　　　　　D. 生产成本

6. 下列费用不应计入产品成本，而列作期间费用的是（　　）。
   A. 直接材料费用　　　　　　B. 直接人工费用
   C. 行政管理部门的费用　　D. 车间间接费用

7. 广告宣传费应计入（　　）。
   A. 管理费用　　　　　　　　B. 财务费用
   C. 销售费用　　　　　　　　D. 制造费用

8. 对于多种产品生产过程中所发生的间接耗费，先归入（　　），然后分配计入有关产品成本中去。
   A. 间接费用　　　　　　　　B. 直接费用
   C. 制造费用　　　　　　　　D. 期间费用

9. 企业对外投资购买其他企业发行的债券，期末按照权责发生制计提利息的计入（　　）。
   A. 投资收益　　　　　　　　B. 冲减财务费用
   C. 营业外收入　　　　　　　D. 其他业务收入

10. 某企业"制造费用"共计 6 000 元，月末按工时在甲、乙两种产品之间进行分配。其中甲产品 10 000 工时，乙产品 20 000 工时，则甲产品应分配的制造费用为（　　）。
    A. 2 000 元　　　　　　　　B. 4 000 元
    C. 1 000 元　　　　　　　　D. 3 000 元

11. 企业生产的产品完工，验收入库时，应将其成本转入（　　）账户。
   A. 主营业务成本　　　　　　　　B. 生产成本
   C. 库存商品　　　　　　　　　　D. 本年利润
12. 结转已销售产品的生产成本时，应贷记（　　）账户。
   A. 生产成本　　　　　　　　　　B. 本年利润
   C. 主营业务成本　　　　　　　　D. 库存商品
13. "生产成本"账户期末借方余额反映的是（　　）。
   A. 完工产品成本　　　　　　　　B. 期末在产品成本
   C. 本月生产费用合计　　　　　　D. 已入库产品成本
14. 广告宣传费应计入（　　）。
   A. 管理费用　　　　　　　　　　B. 生产成本
   C. 销售费用　　　　　　　　　　D. 营业外支出
15. 企业将房屋出组，出租房屋的租金收入属于（　　）。
   A. 主营业务收入　　　　　　　　B. 其他业务收入
   C. 投资收益　　　　　　　　　　D. 营业外收入
16. 下列各项中计入"营业外收入"账户的是（　　）。
   A. 销售原材料取得的收入　　　　B. 出租无形资产取得的收入
   C. 处置无形资产净收益　　　　　D. 无法支付的应付账款
17. 某企业本期营业利润 200 万元，管理费用 15 万元，投资收益 30 万元，营业外支出 5 万元，所得税费用 30 万元。假定不考虑其他因素，该企业本期净利润为（　　）万元。
   A. 160　　　　　　　　　　　　B. 165
   C. 200　　　　　　　　　　　　D. 210
18. 下列不会影响营业利润的项目是（　　）。
   A. 制造费用　　　　　　　　　　B. 主营业务收入
   C. 管理费用　　　　　　　　　　D. 资产处置损益
19. 下列项目中不属于利润分配形式的是（　　）。
   A. 应付投资者利润　　　　　　　B. 提取公积金
   C. 所得税费用　　　　　　　　　D. 未分配利润
20. 年末结账时，"利润分配"账户的贷方余额表示（　　）。
   A. 本年实现的利润总额　　　　　C. 本年利润分配总额
   B. 本年实现的净利润额　　　　　D. 年末未分配利润额

二、多项选择题

1. 投资者投入的资本，可以根据（　　）明细科目进行核算。
   A. 个人资本金　　　　　　　　　B. 国家资本金
   C. 法人资本金　　　　　　　　　D. 外商资本金
2. 增值税一般纳税企业采购材料的采购成本一般包括（　　）。
   A. 买价＋运输费　　　　　　　　B. 支付的增值税

C. 采购中的合理损耗费　　　　D. 采购人员的工资

3. 制造成本的人工费应包括（　　　）。

A. 车间技术人员的工资　　　　B. 销售人员的工资

C. 行政管理人员的工资　　　　D. 生产工人工资

4. 下列可以记入"管理费用"账户进行核算的费用有（　　　）。

A. 诉讼费　　　　　　　　　　B. 产品的广告费

C. 业务招待费　　　　　　　　D. 材料消耗费

5. 下列各科目中，年末应无余额的有（　　　）。

A. 所得税费用　　　　　　　　B. 无形资产

C. 本年利润　　　　　　　　　D. 累计折旧

6. 下列各项中，按规定应计入企业营业外收入的有（　　　）。

A. 无法归还的应付账款　　　　B. 出售多余材料收入

C. 固定资产盘亏净损失　　　　D. 无法查明库存现金盘盈的会计处理

7. 下列各项中，影响企业营业利润的有（　　　）。

A. 营业外收入　　　　　　　　B. 财务费用

C. 所得税费用　　　　　　　　D. 资产减值损失

8. 下列各项中，年度终了需要转入"利润分配——未分配利润"科目的有（　　　）。

A. 本年利润　　　　　　　　　B. 利润分配——应付现金股利

C. 利润分配——盈余公积补亏　D. 利润分配——提取法定盈余公积

9. 下列各科目的余额，期末应结转到"本年利润"科目的有（　　　）。

A. 公允价值变动损益　　　　　B. 财务费用

C. 所得税费用　　　　　　　　D. 资产减值损失

10. 下列各项中，影响当期利润表中利润总额的有（　　　）。

A. 税金及附加　　　　　　　　B. 销售费用

C. 所得税费用　　　　　　　　D. 营业收入

11. 期末结转到"本年利润"账户借方的发生额有（　　　）。

A. 主营业务收入　　　　　　　B. 主营业务成本

C. 所得税　　　　　　　　　　D. 销售费用

12. 属于营业利润构成要素的项目有（　　　）。

A. 主营业务收入　　　　　　　B. 投资收益

C. 销售费用　　　　　　　　　D. 主营业务成本

三、判断题

1. 企业生产成本的构成，主要有直接材料费、直接人工费和分配制造费用等其他可以直接计入产品的成本，其中制造费用是通过分配计入的。（　　）

2. 应收账款、应收票据、预收账款都是产品销售过程中涉及的结算类账户，它们都是资产类账户。（　　）

3. 计算出本期应由主营业务和其他业务负担的税金及附加后，应借记"税金及附加"，贷记"应交税费"。（　　）

4. 当企业投资收益大于投资损失时，应将投资净收益从"投资收益"账户借方转入"本年利润"账户贷方。（   ）

5. 公司应交所得税是根据利润总额按规定税率计算求得的。（   ）

6. 盈余公积可用于弥补亏损或转增资本。（   ）

7. "本年利润"账户的月末余额表示该企业当月所实现的净利润数额。（   ）

8. 营业外收入是企业营业业务以外的利得。（   ）

9. 企业向银行或其他金融机构借入的各种款项所发生的利息均应计入财务费用，包括长期工程项目的借款利息。（   ）

10. 企业的营业外支出会影响企业的营业利润。（   ）

11. 长期借款时支付的手续费、佣金和计提的利息等费用，直接计入当期财务费用。（   ）

12. 盈余公积是由股东大会提出来计提的。（   ）

13. 企业弥补亏损的业务应贷记"利润分配"账户。（   ）

14. 累计折旧账户没有借方发生额。（   ）

15. "盈余公积"明细账户，可以根据企业的需要进行设置核算的。（   ）

四、会计实训题

实训一

【目的】练习企业筹资业务的主要会计核算。

【资料】恒利公司属于有限责任公司，是一般纳税人，2021年12月发生如下经济业务。

1. 收到国家投入资金400 000元，存入银行。

2. 收到某单位投资的机器设备一台，原价6 000元，评估确认价4 000元，增值税520元，取得增值税专用发票。

3. 收到外商投资材料一批，价值100 000元，增值税专用发票中增值税13 000元。

4. 向银行借入临时借款50 000元存入银行，借款期为3个月。

5. 计提本月应负担的借款利息3 500元。

6. 以银行存款归还到期的临时借款50 000元，并支付借款利息5 000元。其中，借款利息已预提3 500元。

7. 经有关部门批准将资本公积金30 000元转增资本。

【要求】根据上列经济业务编制会计分录。

实训二

【目的】练习购进业务的主要会计核算。

【资料】恒利公司为增值税一般纳税人，2021年12月企业发生有关交易业务如下：

1. 向新华工厂购入甲材料20吨，单价1元/千克，增值税税率13%，取得增值税专用发票，材料尚在途中，货款通过银行转账付讫。

2. 以银行存款1 000元支付运输公司承运向新华工厂购进的甲材料的运费（不考虑增值税）。

3. 向东风工厂购进乙材料400千克，单价100元/千克，增值税税率13%，取得增值税专用发票，材料已验收入库，货款通过银行付讫。

4. 向下列单位购进甲材料一批，材料已验收入库，取得增值税专用发票，价税款未付：

光明工厂 30 吨，单价 1 元/千克，增值税税率 13%。

光华工厂 50 吨，单价 2 元/千克，增值税税率 13%。

5. 向长江工厂购进下列材料一批，材料验收入库，取得增值税专用发票，价税款已由银行转账支付：

丙材料 1 000 千克，单价 20 元/千克，增值税税率 13%，价税合计 22 600 元；

丁材料 100 千克，单价 50 元/千克，增值税税率 13%，价税合计 5 650 元。

6. 以银行存款偿还前欠光明工厂和光华工厂的购货款。

7. 向新华工厂购进的甲材料已经验收入库。

【要求】根据以上资料编制会计分录。

实训三

【目的】练习生产业务的核算。

【资料】恒利公司为增值税一般纳税人，生产 A、B 两种产品。2021 年 12 月企业发生有关业务如下。

1. 产品生产、车间与企业管理部门领用的各种材料汇总如题表 4-1 所示。

题表 4-1

部门	甲材料		乙材料		丙材料		丁材料		合计
	数量	金额	数量	金额	数量	金额	数量	金额	
	吨	元	千克	元	千克	元	千克	元	元
A 产品领用	50	50 500	200	2 010	300	6 000			58 510
B 产品领用	40	40 400	100	1 005	200	4 000			45 405
车间领用					200	4 000	60	3 000	7 000
行政部门用			50	525	100	2 000	30	1 500	4 025
合计	90	90 900	350	3 540	800	16 000	90	4 500	114 940

2. 分配本月职工薪酬如题表 4-2 所示。

题表 4-2

项目	分配薪酬（元）
A 产品生产工人的工资	78 000
B 产品生产工人的工资	56 000
生产工人薪酬合计	134 000
车间管理人员工资	18 000
行政管理人员的工资	44 000
销售人员工资	20 000
合计	216 000

3. 按照应付职工薪酬的14%、2%、8%比例，计提职工福利费、工会经费、职工教育经费。

4. 代扣代缴职工个人所得税20 000元。

5. 委托银行发放职工工资196 000元，支付银行手续费500元。

6. 开出转账支票支付本月水电费17 160元，其中：

生产车间生产产品耗用　　　　　　　　　　　　　　　15 000元

企业管理部门耗用　　　　　　　　　　　　　　　　　2 160元

7. 以银行存款支付办公费用共3 000元，其中车间办公费用1 000元、行政部门办公费用2 000元。

8. 按规定计提本月固定资产的折旧79 800元，其中生产用固定资产折旧60 000元，行政管理部门用固定资产折旧19 800元。

9. 月末，将本月发生的制造费用按工资比例分配转入"生产成本"账户。

10. A产品300件全部完工验收入库，计算A产品制造成本和单位成本，计算"生产成本"账户的B在产品的成本。将完工A产品结转到"库存商品"账户。

【要求】根据以上资料编制会计分录。

实训四

【目的】练习销售业务的核算。

【资料】恒利公司为增值税一般纳税人。2021年12月企业发生有关业务如下。

1. 销售给四环工厂A产品300件，单位售价1 700元；B产品5件，单位售价1 500元，增值税税率13%，价税共计584 775元，开出增值税专用发票，货款存入银行。

2. 以银行存款支付销售A产品、B产品的运输费1 000元（不考虑增值税）。

3. 销售给金北工厂A产品100件，单位售价1 700元；B产品50件，单位售价1 500元，增值税税率13%，价税共计276 850元，货款未收到。

4. 以银行存款支付广告费15 000元。

5. 结转本月已销A产品、B产品的实际成本（A产品单位成本926元；B产品单位成本800元）。

【要求】根据以上资料编制会计分录。

实训五

【目的】练习利润形成与分配业务的核算。

【资料】恒利公司2021年12月企业发生有关业务如下。

1. 由于债权单位撤销无法支付应付账款9 500元，转为企业的营业外收入。

2. 开出现金支票8 000元，支付违约金。

3. 计提应缴纳城市维护建设税和教育费附加1 500元。

4. 资产负债表日，结转损益类账户到"本年利润"账户。期末结转前各损益类账户余额（元）如下：

"主营业务收入"账户余额：　　　　　　　　　　　　695 000

"主营业务成本"账户余额：　　　　　　　　　　　　450 400

"税金及附加"账户余额：　　　　　　　　　　　　　17 000

"销售费用"账户余额：   40 800
"管理费用"账户余额：   81 522.5
"财务费用"账户余额：   5 500
"营业外收入"账户余额：   9 500
"营业外支出"账户余额：   8 000

5. 计算利润总额，企业所得税税率为25%。假设企业利润总额等于应纳税所得额，会计和税法无纳税调整事项，按规定计算并结转应交所得税25 319.4元。

6. 计算本月净利润并结转净利润。

7. 按本月净利润的10%计算、并提取法定盈余公积金7 596元。

8. 按规定分配12月应付投资者利润12 000元。

9. 将"利润分配"账户所属的其他各明细账户余额全部结清到"利润分配——未分配利润"明细账户。

10. 计算"利润分配——未分配利润"明细账户余额。

11. 企业以银行存款支付给投资者的利润12 000元。

12. 企业以银行存款支付已计提的企业所得税25 319.4元和城建税及教育费附加1 500元。

【要求】根据以上资料编制会计分录。

五、案例分析题

露营公司为增值税一般纳税人，本期以300元的单价购入商品一批，共计6 000件，价款合计1 800 000元，收到增值税专用发票。本期对外销售商品5 800件，销售单价为460元，合计货款为2 668 000元，开出增值税专用发票，一部分货款未收回，公司适用的增值税税率为13%。

公司经理和会计人员协商：为了减轻公司的税收负担，由于部分货款尚未完全收回，所以将销货款暂不确认，挂在"其他应付款"中。

思考问题：

1. 负债确认的条件是什么？该公司会计处理是否正确？

2. 公司本期应该缴纳多少增值税？请列出计算过程。

3. 资料中不合理的会计处理会如何影响会计信息？

练习题答案请见 【数字资源4-20】

第五章 会计凭证

学习目的与要求

通过本章学习,学生应该了解会计凭证的传递原则;熟悉会计凭证的作用、凭证的分类及填制;掌握会计凭证的分类,原始凭证的种类、基本内容和填制、审核要点,记账凭证的种类、基本内容和填制、审核要点。

学习内容

1. 会计凭证的种类。
2. 原始凭证的种类、基本内容、填制要求及审核。
3. 记账凭证的种类、基本内容、填制要求及审核。
4. 会计凭证的传递与保管。

学习重点

1. 原始凭证的种类、基本内容、填制要求及审核。
2. 记账凭证的种类、基本内容、填制要求及审核。

学习难点

1. 原始凭证的基本内容及填制要求。
2. 记账凭证的基本内容及填制要求。

> **案例导入**
>
> 小贾是刚从某财经院校毕业的学生,在求职的压力下,他应聘做了一家书店的营业员,希望能胜任本职工作。然而,由于他在学校学习的专业与现在所从事的工作的错位,他要干好本职工作并不是一件轻松的事。最让他深感"掉价"的就是他为客户开出的第一张发票(发票如图 5-1 所示,事由是客户以现金购买100 本书,每本 25 元)。由于在填写发票时不懂得发票的填写规则,遇到客户的"退票",从而将自己"没有实践经验"的缺点暴露无遗。

发 票
年　月　日

客户名称：　　　　　　　　　　　　　　　　　　　　No：170800

货物名称	数量	单价	金额
书	100	25.00	2500.00
合计：人民币（大写）贰佰五十元整			¥2500.00

图 5-1　购货发票

> 请思考：小贾填写的发票存在哪些问题？

第一节　会计凭证概述

一、会计凭证的概念

会计凭证,简称凭证,是记录经济业务、明确经济责任的书面证明,也是登记账簿的依据。

企业、事业和机关单位在办理任何一项经济业务时,都必须办理凭证手续。由执行和完成该项经济业务的有关人员取得或是填制会计凭证,以书面的形式反映经济业务的发生和完成情况。会计凭证上必须载明经济业务的发生日期、具体内容以及数量和金额,并由相关人员在凭证上签名盖章,对经济业务的合法性、真实性和正确性负完全责任。所有会计凭证都要由会计部门审核,只有经过审核无误的会计凭证才能作为登记账簿的依据。因此，填制和审核会计凭证，是会计账务处理的重要环节之一，同时也是整个会计核算工作的起点和基础。

二、会计凭证的作用

◆ **1. 会计凭证是提供经济信息的载体、登记账簿的依据**

任何一笔经济业务的发生，都必须填制或取得会计凭证，在凭证上记录经济业务发生的时间、地点、内容和完成情况。会计凭证是记录经济活动的最原始资料，是经济信息的载体。通过会计凭证的加工、整理和传递，可以直接取得和传导经济信息。同时，审核无误的会计凭证是登记账簿的依据。如果没有合法的凭证作依据，任何经济业务都不能登记到账簿中去。

◆ **2. 会计凭证是明确经济责任、强化内部控制的手段**

会计凭证除记录有关经济业务的基本内容外，还必须由有关部门和人员签章，对会计凭证所记录的经济业务的真实性、完整性和合法性负责，以分清责任，强化内部控制，防止舞弊行为的发生。如有违法乱纪行为或经济纠纷事件，也可借助会计凭证确定各经办部门和人员所负的经济责任，并据以进行正确的裁决和处理，从而加强对经济的管理。

◆ **3. 会计凭证是监督经济活动、实行会计监督的条件**

通过会计凭证的审核，可以检查经济业务的发生是否符合有关的法规、制度，有无贪污盗窃、铺张浪费和损公肥私的行为，发挥会计的监督作用，确保经济业务的合理性、合法性和有效性，进而保护会计主体所拥有的资产的安全完整，维护投资者、债权人等有关各方的合法权益。

三、会计凭证的种类

会计凭证按其填制程序和用途不同，可以分为原始凭证和记账凭证两大类。

（一）原始凭证

原始凭证，又称为单据，是在经济业务发生或完成时取得或填制的，用以记录并证明经济业务的发生或完成情况的原始凭证。它是进行会计核算的重要原始资料，是记账的重要依据，是会计核算中具有法律效力的一种证明文件。任何经济业务的发生，都应由有关的经办部门或人员提供该项经济业务发生或完成的书面单据，如购货发票、产品入库单、领料单及各种转账结算凭证等。凡是不能证明经济业务已发生或完成的凭证、文件，如购销合同、费用预算单、材料请购单等，都不属于原始凭证，不能作为记账的原始依据。

【例 5-1】 以下不属于原始凭证的是（　　）。
A. 购货发票　　　　　　　B. 费用报销单
C. 购货合同　　　　　　　D. 收款收据
【答案】C

【数字资源 5-1】

（二）记账凭证

一个企业经济业务的种类和数量一般是比较多的，进而导致相应原始凭证的格式和内容也是多样的。格式和内容多样的原始凭证只是记录经济业务的具体内容，不能使会计信息使用者清晰地了解企业的整体状况，因此对繁杂的经济业务进行归类、整理，进而填制统一格式的记账凭证是非常必要的。

记账凭证是根据审核无误的原始凭证进行归类、整理编制的会计分录凭证。它是登记账簿的直接依据。

可见，原始凭证是记账凭证的基础，记账凭证是根据原始凭证编制的。从原始凭证到记账凭证是经济信息转换成会计信息的过程，是会计的初始确认阶段。在会计记账工作中，原始凭证是作为附件附于记账凭证之后，这样有利于会计凭证的保管，便于账簿的登记和对账、查账，确保会计记账工作的质量。

【例 5-2】　会计凭证包括（　　）。
A. 原始凭证　　　　　B. 记账凭证
C. 会计账簿　　　　　D. 会计报表
【答案】AB

【数字资源 5-2】

第二节　原　始　凭　证

一、原始凭证的种类

原始凭证可根据取得来源、格式、填制的手续和内容进行分类。

（一）按取得来源分类

按其取得来源的不用，原始凭证可分为自制原始凭证和外来原始凭证两种。

◆ **1. 自制原始凭证**

自制原始凭证是指由本单位内部经办业务的部门和人员，在执行或完成某项经济业务时所填制的，仅供本单位内部使用的原始凭证。例如，收料单、领料单（见表 5-1）、入库单、出库单、费用报销单（见表 5-2）和制造费用分配表等都属于自制的原始凭证。

表 5-1 领料单

领料单位：　　　　　　　　　　　　　　　　　　　　编号：
用　途：　　　　　　　年　　月　　日　　　　　　　仓库

材料类别	材料编号	材料名称	规　格	计量单位	数　量		单　价	金　额
					请领	实发		

记账：　　　　　　发料：　　　　　　领料单位负责人：　　　　　　领料：

表 5-2 费用报销单

报销部门：　　　　　　　　　　　年　　月　　日　　　　　单据及附件共____页

用　途	金额（元）	备注	
		副总裁	
		总裁	
合　计			
金额大写：　　万　仟　佰　拾　元　角　分		原借款：　　　元　　应退金额：　　　元	

会计主管：　　　复核：　　　出纳：　　　证明人：　　　报销人：　　　领款人：

◆ 2. 外来原始凭证

外来原始凭证是指在经济业务发生或完成时，从其他单位或个人直接取得的原始凭证。例如，供货单位开具的增值税专用发票或普通发票、银行转来的各种结算凭证（见表 5-3）、职工出差取得的火车票和飞机票等都属于外来原始凭证。

表 5-3 增值税专用发票

开票日期：　　年　　月　　日　　　　　　　　　　No

购货单位	名　称		纳税人登记号	
	地址、电话		开户银行及账号	

商品或劳务名称	规格型号	计量单位	数量	单价	金　额	税率(%)	税额
合计							
价税合计（大写）			拾　万　仟　佰　拾　元　角　分　¥				

销售单位	名　称		纳税人登记号	
	地址、电话		开户银行及账号	

销货单位（章）：　　　　收款人：　　　　复核：　　　　开票人：

(二) 按格式分类

按其格式的不同,原始凭证可分为通用凭证和专用凭证。

◆ **1. 通用凭证**

通用凭证是指由有关部门统一印制、在一定范围内使用的具有统一格式和使用方法的原始凭证,如增值税专用发票、增值税普通发票。

◆ **2. 专用凭证**

专用凭证是指由各单位自行印制、仅在本单位内部使用的原始凭证,如工资汇总表等。

(三) 按填制的手续和内容分类

按其填制手续和内容的不同,原始凭证可分为一次凭证、累计凭证和汇总原始凭证。

◆ **1. 一次凭证**

一次凭证,也称一次有效凭证,是指只记载一项经济业务或同时记载若干项同类经济业务,填制手续一次完成的凭证。例如,领料单、收料单、收款收据、费用报销单、银行结算凭证等都是一次凭证。一次凭证只能反映一笔业务的内容,使用方便灵活,但数量较多,核算较麻烦。

◆ **2. 累计凭证**

累计凭证,也称多次有效凭证,是指连续记载一定时期内不断重复发生的同类经济业务,填制手续是在一张凭证中多次进行才能完成的凭证,如限额领料单(见表 5-4)。使用累计凭证,由于平时随时登记发生的经济业务,并计算累计数,期末计算总数后作为记账的依据,所以可以减少凭证的数量,简化凭证填制手续。

表 5-4 限额领料单

领料单位:加工车间　　　　　　　　　　计划产量:2 000 台　　　　　仓库:2 号
用途:制造甲产品　　　　　　　　　　　单位消耗定额:0.5 千克/台

材料类别	材料编号	材料名称	规格	计量单位	单位	领料限额	全月实领	
							数量	金额
黑色金属	8303	圆钢	φ3mm	千克	2	1 000	950	1900

日期	请领		实发		代用材料			限额结余
	数量	领料单位负责人签章	领料人签章	数量	发料人签章	数量	单价	金额	
5	500	王克	赵明	500	李中				500
15	300	王克	赵明	300	李中				200
25	150	王克	赵明	150	李中				50

仓库负责人:林海　　　　　　　　　　　　　　生产计划部门负责人:张力

◆ **3. 汇总原始凭证**

汇总原始凭证也称原始凭证汇总表，是根据一定时期内同类经济业务的原始凭证加以汇总而重新编制的原始凭证。如收料单汇总表、领料单汇总表（见表5-5）、工资结算汇总表和差旅费报销单等就是汇总原始凭证。汇总原始凭证可以简化编制记账凭证的手续，但它本身不具备法律效力。

表 5-5 领料单汇总表

年　　月

用途（借方科目）		上旬	中旬	下旬	月计
生产成本	甲产品				
	乙产品				
制造费用					
管理费用					
在建工程					
本月领料合计					

【例 5-3】 原始凭证按照填制手续和内容的不同分为（　　）。
A. 一次凭证　　　　　　B. 累计凭证
C. 汇总原始凭证　　　　D. 自制原始凭证
【答案】ABC

二 原始凭证的基本要素

原始凭证的格式和内容因经济业务和经营管理的不同而有差异，但无论哪一种原始凭证，都必须客观、真实地反映经济业务的发生和完成情况，明确相关部门和人员的责任。因此，各种原始凭证都必须具备以下基本要素。

（1）原始凭证的名称。主要是标明原始凭证所记录的经济业务的种类，如"收料单"。

（2）原始凭证的填制日期。填制日期一般是经济业务发生或完成的日期。若经济业务发生或完成时没有及时编制，应以实际编制日期为准。

（3）原始凭证的编号。编号要每月按顺序进行编制，不能随意跳号。

（4）填制凭证的单位名称或填制人名称。

（5）经办人员的签名或盖章。外来单位的原始凭证还要有填制单位的公章或是财务专用章。

（6）接受凭证的单位或个人名称。

（7）经济业务的基本内容。它包括经济业务的内容摘要、实物数量、单价、金额等。

在实际工作中，原始凭证除了具备以上基本要素外，还可以根据企业的实际需要，补充一些必要的内容，如合同号数、备注说明等。有些特殊的原始凭证，可不加盖公章，但这种凭证一般都有固定的特殊标志，如我国铁路部门统一印制的火车票等。同时，为了加强宏观管理，强化监督，堵塞偷税、漏税的漏洞，各有关主管部门还为同类经济业务设计统一格式的原始凭证，如由中国人民银行统一设计的银行汇票、本票、支票；由税务部门统一设计的发票、收款收据等；由交通部门统一设计的客运、货运单据等。这样，不仅可以使反映同类经济业务的原始凭证内容在全国统一，便于进行监督管理，而且也可以节省各会计主体的印刷费用。填写完整的增值税专用发票如图5-2所示。

图 5-2　增值税专用发票票样

三、原始凭证的填制要求

原始凭证是经济业务发生的原始证明，是具有法律效力的证明文件。正确填制原始凭证，是保证会计信息真实完整的基本前提。

（一）原始凭证填制的基本要求

原始凭证虽种类较多，填制方法和填制要求也不尽一致，但都应按照下列要求填制。

◆ **1. 记录要真实**

原始凭证填制的内容和数字，必须反映经济业务的实际情况，数字不得估算，内容更不能伪造，确保提供的信息真实可靠。对于遗失的或确实无法取得的经济业务的记录，由经办单位负责人批准，可编制代用的原始凭证。

◆ **2. 内容要完整**

原始凭证中规定的各项内容，必须填写齐全，不能遗漏或省略不填。项目填写不全的原始凭证不能作为合法有效的原始凭证，也不能作为编制记账凭证的依据。

◆ **3. 手续要完备**

凭证填写的手续必须完备，符合内部控制制度的要求。单位自制的原始凭证必须有经办单位领导或者其他指定人员的签名盖章；对外开出的原始凭证必须加盖本单位公章；从外部取得的原始凭证，必须盖有填制单位的公章；从个人取得的原始凭证，必须有填制人员的签名盖章。

◆ **4. 编号要连续**

各类原始凭证都必须连续编号，按照收付款项或实物等进行分类编号，在填制时按照编号的次序使用。跳号的凭证应加盖"作废"戳记，不得随意撕毁。

◆ **5. 填制要及时**

原始凭证要在业务发生或完成时及时填制，并按规定的程序及时送交会计机构、会计人员进行审核，做到不积压、不误时、不事后填补，确保会计信息的时效性。

◆ **6. 书写要规范**

原始凭证要按规定填写，文字要简要，字迹要清楚，易于辨认，不得使用未经国务院公布的简化字，也不得随意涂抹、刮擦或挖补。如果出现书写错误，必须由出具单位重开或者更正，在更正处应加盖出具单位的公章。如果是金额错误，必须由出具单位重开。有关现金、银行存款收付的原始凭证（如支票、本票等）填写错误，不得在凭证上进行更正，只能按照规定手续作废，重新填写。

相关人员在填制原始凭证的数字和货币符号时，必须做到以下几点。

（1）阿拉伯金额数字（即小写）应一个一个地写，不得连笔写，阿拉伯数字前面需要书写货币币种符号或者名称，如人民币符号为"￥"，币种符号与阿拉伯数字之间不得留有空白。凡阿拉伯数字前面写有币种符号的，数字后面不再写货币单位。

（2）所有以"元"为单位的阿拉伯数字，除表示单价等情况外，一律填写到角分；无角分的，角位和分位可写"00"，或者用符号"—"表示，有角无分的，分位应当写"0"，不得用符号"—"代替。

（3）汉字大写金额数字是零、壹、贰、叁、肆、伍、陆、柒、捌、玖、拾、佰、仟、万、亿，一律用正楷字或行书字书写，不得涂改，不得任意自造简化字。

（4）大写金额数字到元或角为止的，在"元"或"角"的后面要加上"整"或"正"字；大写金额数字到分的，分字后面不写"整"或"正"字。大写金额前要有货币名称，货币名称与大写金额之间不得留有空白。

（5）阿拉伯金额数字中间有"0"时，汉字大写金额要写"零"字。阿拉伯金额数字中间连续有几个"0"时，汉字大写金额中可以只写一个"零"；阿拉伯金额数字元位是"0"或者数字中间连续有几个"0"、元位也是"0"，但角位不是"0"时，汉字大写金额可以只写一个"零"，也可以不写"零"。例如 1 500.50，汉字大写金额可以写成"人民币壹仟伍佰元零伍角整"，也可以写成"人民币壹仟伍佰元伍角整"。

【例 5-4】 填制原始凭证时应做到大、小写数字符合规定，填写正确。如大写金额"壹仟零壹元伍角整"，其小写应为（　　）。

A. ￥1 001.50 元　　　　　　B. ￥1 001.5
C. 1 001.50 元　　　　　　　D. ￥1 001.50

【答案】D

【数字资源 5-3】

(二)原始凭证的填制方法

根据经济业务本身的性质不同,原始凭证填制的方法可以分为以下三种。

◆ 1. 根据实际发生的经济业务直接填制

例如,收料单、领料单(填制格式见表5-6)、销货发票、收款收据等均在业务发生的当时根据经济业务实质内容直接填制。

表5-6 领料单

领料单位:生产部　　　　　　　　　　　　　　　　　　　编号:001
用　　途:生产学生水壶　　2021年9月2日　　　　　　　　仓库

材料类别	材料编号	材料名称	规　格	计量单位	数　量		单　价	金　额
					请领	实发		
不锈钢板材	01	不锈钢		吨	5	5	4800.00	24000.00

记账:张坤　　　　发料:李明　　　　领料单位负责人:张军　　　　领料:林晓

◆ 2. 根据账簿记录对有关经济业务加以归类、整理、计算填制

例如,制造费用分配表、运费分配表(填制格式见表5-7)等均是按一定标准计算分配而填制的。

表5-7 运费分配表

　　　　　　　　2021年12月5日　　　　　　　　分配标准:重量

发货单位 材料名称	数量(件)	单位重量(kg/件)	总重量(kg)	分配率	分配金额
A	4 000	1	4 000		1 800.00
B	6 000	1.2	7 200		3 200.00
合计			11 200	0.45	5 000.00

会计主管:黄兴　　　　　　复核:程平　　　　　　制单:陈英

◆ 3. 以若干张反映同类交易或事项的原始凭证为依据加以汇总填列

例如,原材料发出汇总表是根据一定时期的领料单等领料凭证,按领料车间和材料种类分别归类汇总填写的。

(四) 原始凭证的审核

根据《中华人民共和国会计法》的规定,会计机构、会计人员必须按照国家统一的会计制度的规定对原始凭证进行审核,对不真实、不合法的原始凭证有权不予接受,并向单位负责人报告;对记载不准确、不完整的原始凭证予以退回,并要求按照国家统一的会计制度的规定更正、补充。

为了如实反映经济业务的发生和完成情况,充分发挥会计的监督职能,保证会计信息

的真实性、合法性和完整性，会计人员必须对原始凭证进行严格审核。只有经过审核无误的原始凭证，才能作为记账的依据。

（一）审核原始凭证的真实性

真实性审核包括凭证日期、业务内容和数据是否真实。对外来原始凭证，必须有填制单位的公章和填制人员的签章；对自制原始凭证，必须有经办部门和经办人员的签名或盖章等。会计人员在审核中若发现假冒、伪造的凭证，应退回相关部门，并上报会计主管。

（二）审核原始凭证的合法性和合理性

合法性、合理性审核包括审核所记录的经济业务是否符合国家法律法规的要求；是否符合规定的审核权限；是否履行了规定的凭证传递和审核程序；是否符合企业生产经营活动的需要；是否符合有关的计划、预算等。

（三）审核原始凭证的完整性和正确性

完整性、正确性的审核是指审核原始凭证所记录的经济业务内容是否完整，手续是否齐全，文字和数字的记录是否正确，有无涂改、刮擦的情况，有关经办人员是否都已签名或盖章等。

（四）审核原始凭证的及时性

及时性审核是指审核原始凭证是否在经济业务发生或完成时及时填制和传递是否及时，有无提前或是拖后现象。尤其是支票、银行本票、商业汇票等时效性较强的原始凭证，更应仔细审核填制的日期。

经审核的原始凭证，应根据不同情况进行处理：对于符合要求的原始凭证，应及时据以编制记账凭证入账；对于内容合法、合理，但是不够完整、正确的原始凭证，应该暂缓办理会计手续，退还给有关责任人，并要求其补办手续或进行更正；对于内容完整、正确但不合法、不合理的原始凭证，会计人员应拒绝受理，并制止、纠正不法行为，向单位负责人报告。

【例5-5】 审核原始凭证时应注意（　　）。
A. 凭证上各项目是否填列齐全完整　　B. 各项目的填写是否正确
C. 凭证反映的业务是否合法　　D. 数字计算有无错误
【答案】ABCD

【数字资源5-4】

第三节 记账凭证

 记账凭证的种类

记账凭证可按照用途和填列方式进行分类。

（一）按用途分类

记账凭证按其用途不同，可以分为专用记账凭证和通用记账凭证。

◆ **1. 专用记账凭证**

专用记账凭证是指分类反映经济业务的记账凭证。这种记账凭证按其反映经济业务的内容不用，又可分为收款凭证、付款凭证和转账凭证。收款凭证和付款凭证是用来反映货币资金收入、付出业务的凭证。货币资金的收入、付出业务就是直接引起库存现金或银行存款增减变动的业务，如用现金支付水电费、收到销货款存入银行等。转账凭证是用来反映非货币资金业务的凭证。非货币资金业务也称转账业务，是指不涉及货币资金增减变动的业务，如产品完工入库、向仓库领用原材料、制造费用分配等。专用记账凭证的格式见表 5-8 至表 5-10。

表 5-8 收款凭证

借方科目：　　　　　　　　　年　月　日　　　　　　收字第　号

摘要	贷方科目		金额	记账
	一级科目	二级科目或明细科目		
合计				

附件　张

会计主管：　　　记账：　　　出纳：　　　审核：　　　填制：

表 5-9 付款凭证

贷方科目：　　　　　　　　　年　月　日　　　　　　　付字第　号

摘要	贷方科目		金额	记账
	一级科目	二级科目或明细科目		
合计				

附件　　张

会计主管：　　　　记账：　　　　出纳：　　　　审核：　　　　填制：

表 5-10 转账凭证

年　月　日　　　　　　　　　　　　　　　　　转字第　号

摘要	一级科目	二级科目或明细科目	借方金额	贷方金额	记账
合计					

附件　　张

会计主管：　　　　记账：　　　　出纳：　　　　审核：　　　　填制：

【问题与思考】如果是货币资金之间的划转业务，如从银行提取现金或将现金存入银行，该填写收款凭证还是付款凭证？

◆ **2. 通用记账凭证**

通用记账凭证，是指用来反映所有经济业务的记账凭证。该种记账凭证为各类经济业务所共同使用，其格式与转账凭证的格式基本相同。通用记账凭证格式见表 5-11。

表 5-11 记账凭证

年　月　日　　　　　　　　　　　　　　　　　字第　号

摘要	一级科目	二级科目或明细科目	借方金额	贷方金额	记账
合计					

附件　　张

会计主管：　　　　记账：　　　　出纳：　　　　审核：　　　　填制：

【特别提醒】在上述两类记账凭证中，专用记账凭证适用于规模较大、收付款业务较多的单位，这样可以区别不同经济业务进行分类管理，便于进行经济业务的检查。但对于经济业务比较简单或收付款业务不多的单位,可采用通用记账凭证对所有经济业务进行记录,从而减少工作量。

【例 5-6】 下列记账凭证中,不会涉及"库存现金"和"银行存款"科目的凭证是( )。

A. 收款凭证 B. 转账凭证
C. 付款凭证 D. 通用记账凭证

【答案】B

(二)按填列会计科目数目不同分类

记账凭证按其填列会计科目的数目不同,可分为单式记账凭证和复式记账凭证。

◆ **1. 单式记账凭证**

单式记账凭证是在一张记账凭证上只填列经济业务所涉及的一个会计科目及其金额,其对应科目只作参考,不据以记账。因此,一笔经济业务涉及几个会计科目,就填制几张凭证,填列借方科目的称为借项记账凭证(见表 5-12),填列贷方科目的称为贷项记账凭证(见表 5-13)。设置单式记账凭证的优点是:一是便于汇总,即每张记账凭证只汇总一次,能降低差错;二是为了实行会计部门各岗位的责任制,即每个岗位人员都应对与其有关的账户负责;三是利于贯彻内部控制制度,防止差错和舞弊。缺点是填制凭证的数量多、工作量大,不便于保管,因此使用的单位较少。

表 5-12 借项记账凭证

对应科目:主营业务收入　　202x 年 x 月 x 日　　　　编号 1

摘 要	一级科目	二级科目或明细科目	金额	记账	
销售	银行存款		35 000	√	附件1张

会计主管:　　记账:　　出纳:　　审核:　　填制:

表 5-13 贷项记账凭证

对应科目:银行存款　　202x 年 x 月 x 日　　　　编号 1

摘 要	一级科目	二级科目或明细科目	金额	记账	
销售	主营业务收入		35 000	√	附件1张

会计主管:　　记账:　　出纳:　　审核:　　填制:

◆ **2. 复式记账凭证**

复式记账凭证是指将每一笔经济业务事项所涉及的全部会计科目及其发生额均在同一张记账凭证中反映的一种凭证。上述的专用记账凭证和通用记账凭证均为复式记账凭证。复式记账凭证的优点是在一张凭证上就能完整地反映经济业务的全貌和资金的来龙去脉，有利于检查会计分录的正确性，减少凭证张数；缺点是不便于分工记账及科目汇总。复式记账凭证是实际工作中应用最普遍的记账凭证。

二、记账凭证的基本要素

记账凭证是对原始凭证进行归类、整理，将原始凭证中记载的原始数据通过会计分录转化为会计账簿所能接受的专用语言，从而成为登记账簿的直接依据。虽然不同单位的记账凭证反映的经济业务内容不同，格式各异，但一般记账凭证均具备以下基本要素：

(1) 记账凭证的名称，如"收款凭证""付款凭证""转账凭证"等；
(2) 记账凭证的填制日期；
(3) 记账凭证的编号；
(4) 经济业务的摘要；
(5) 经济业务所涉及的会计科目及金额；
(6) 所附原始凭证的张数；
(7) 填制人员、审核人员、记账人员、会计主管等人员签名或盖章；
(8) 记账标记。

收款凭证、付款凭证还应当由出纳人员签名或者盖章。

三、记账凭证的填制要求

（一）记账凭证填制的基本要求

记账凭证是根据审核无误的原始凭证填制的，记账凭证的填制是会计核算的重要环节。记账凭证是登记账簿的依据，因此记账凭证编制的正确与否，关系到记账的正确性和真实性。与原始凭证的填制相同，记账凭证的填制也要符合记录真实、内容完整、手续齐全和填制及时等要求。会计人员必须按照规定的方法填制记账凭证，在填制时需要遵循以下要求。

◆ **1. 记账凭证的各项内容必须完整**

严格按照记账凭证的八大要素依次进行各项内容的填写，摘要应简明扼要，一级科目、二级科目或明细科目要填齐全，账户的对应关系及金额要正确无误。

◆ **2. 记账凭证应连续编号**

记账凭证的编号方法有多种，可采用所有业务统一编号，即所有的记账凭证按日期顺序编号，如是当月的第一张记账凭证，则编号为总字第1号；也可以按收、付、转三类分别编号，如收字第1号、付字第1号、转字第1号；还可以按现金收入、现金支出、银行存款收入、银行存款支出和转账五类进行编号，如现收字第1号、现付字第1号、银收字第1号、银付字第1号、转字第1号。无论采用哪一种编号方法，都应按月顺序编号，编至月末，中间不得跳号、重号。一笔经济业务需要编制两张及以上记账凭证，可以采用分数编号法。如有一笔经济业务需要填制2张记账凭证，凭证顺序号为5，则2张记账凭证编号为 $5\frac{1}{2}$、$5\frac{2}{2}$。

◆ **3. 记账凭证后要附原始凭证**

记账凭证可以根据每一张原始凭证填制，也可以根据原始凭证汇总表填制。原始凭证必须附在记账凭证的后面，并在记账凭证上注明原始凭证的张数，以便核对记账凭证填制是否正确。若一张原始凭证需要填制2张记账凭证，则应在未附有原始凭证的记账凭证上注明原始凭证已附在某张记账凭证后，以便后期查阅。

◆ **4. 记账凭证书写清楚，不得随意涂改、刮擦**

会计人员在填制记账凭证时，书写要规范，字迹要清晰、工整。在填制记账凭证时若发生错误，应重新填制一张。已登记入账的记账凭证在后期核对发现错误时，应采用错账更正法。

◆ **5. 空行注销**

记账凭证填制完成后，如有空行，应当在金额栏最后一笔金额数字下的空行处至合计数上的空行处划斜线或是曲线注销。

（二）记账凭证的填制方法

记账凭证在不同的记账方法下其格式不同，这里主要介绍专用记账凭证和通用记账凭证的填制方法。

◆ **1. 收款凭证的填制**

收款凭证是填制货币资金收款业务的凭证，它是由出纳人员根据审核无误的原始凭证收款后编制的。收款凭证左上方的借方科目应是"库存现金"或"银行存款"科目，填制日期是编制本张凭证的日期；右上角填写编制的本张收款凭证的顺序号；"摘要"栏简要填写所记录经济业务的内容；"贷方科目"栏填写与收入库存现金或银行存款相对应的会计科目；"金额"栏填写该项经济业务的发生额；记账栏用打"√"的方式标记已根据该记账凭证登记账簿，防止经济业务事项的漏记或是重记；凭证右边的"附件　张"栏填写本记账凭证所附原始凭证的张数；最下边分别由相关人员签名或盖章，以明确经济责任。

【例5-7】　2021年5月7日，A公司销售自产的JL-1芯片120 000元，销售自产的JK-2芯片25 800元，增值税税额为4 914元，以上款项均存入公司工行账户。对此，应编制收款凭证，如表5-14所示。

表 5-14　收款凭证

借方科目：银行存款　　　　　2021 年 5 月 7 日　　　　　银收字第 5 号

摘要	贷方科目		金额									记账
	总账科目	明细科目	千	百	十	万	千	百	十	元	角	分	
销售商品	主营业务收入	JL-1 芯片			1	2	0	0	0	0	0	
		JL-2 芯片			2	5	8	0	0	0	0	
	应交税费	应交增值税（销项税额）				4	9	1	4	0	0	
合计			¥		4	2	7	1	4	0	0	

附件 2 张

财务主管：张明　　　记账：赵青　　　出纳：张丽　　　审核：张明　　　制单：王明

◆ 2. 付款凭证的填制

付款凭证是填制货币资金付款业务的凭证，它是出纳人员根据审核无误的原始凭证付款后编制的。付款凭证的填制方法与收款凭证的基本相同。不同的是付款凭证的左上角所填列的是贷方科目，即"库存现金"或"银行存款"科目；凭证内所填的是借方科目，填列的是与"库存现金"或"银行存款"相对应的一级科目或明细科目。

【例 5-8】　2021 年 5 月 7 日，A 公司以银行存款支付前欠宇通货运公司运费 2 300 元。对此，应编制付款凭证，如表 5-15 所示。

表 5-15　付款凭证

贷方科目：银行存款　　　　　2021 年 5 月 7 日　　　　　银付字第 7 号

摘要	借方科目		金额									记账
	总账科目	明细科目	千	百	十	万	千	百	十	元	角	分	
支付运输公司运费	应付账款	宇通货运					2	3	0	0	0	0	
合计						¥	2	3	0	0	0	0	

附件 1 张

财务主管：张明　　　记账：赵青　　　出纳：张丽　　　审核：张明　　　制单：王明

【例 5-9】 涉及"库存现金"和"银行存款"之间的经济业务,既要填制付款凭证,又要填制收款凭证。( )

【答案】 错误

◆ 3. 转账凭证的填制

转账凭证是用来填制与货币资金无关的转账业务的凭证,它是由会计人员根据审核无误的非涉及货币资金的原始凭证编制的。转账凭证的填制日期、编号、摘要、相关人员签名盖章等填制方法与收付款凭证相同,不同的是借、贷方的科目及金额在凭证表格内进行填写,在填写科目时要先填借方科目,再填贷方科目,借方科目后面的要填借方金额,贷方科目后面要填贷方金额。"借方金额"栏和"贷方金额"栏合计数要相等。

【例 5-10】 2021 年 4 月 10 日,A 公司购买的 67 180 元的 25mm 的钢管验收入库,结转其采购成本。对此,应编制转账凭证,如表 5-16 所示。

表 5-16　转账凭证

2021 年 4 月 10 日　　　　　　　　　　　　　转字第 4 号

摘要	一级科目	明细科目	借方金额									贷方金额									记账
			千	百	十	万	千	百	十	元	角	分	千	百	十	万	千	百	十	元	角	分	
结转入库钢管实际成本	在途物资	25mm 钢管				6	7	1	8	0	0	0											附件1张
	原材料	25mm 钢管														6	7	1	8	0	0	0	
合计			¥			6	7	1	8	0	0	0	¥			6	7	1	8	0	0	0	

财务主管:张明　　　　记账:赵青　　　　审核:张明　　　　制单:王明

◆ 4. 通用记账凭证的填制

通用记账凭证的填制方法与转账凭证基本相同。不同的是,通用记账凭证按照每月发生的经济业务的先后顺序进行连续编号。在编制通用记账凭证时,对一笔经济业务需要填制两张及以上的记账凭证时,可以采用分数编号法。

四　记账凭证的审核

记账凭证是登记账簿的直接依据。为了保证账簿登记的准确性,任何记账凭证在填制完成后,必须要有会计主管或其他指定人员进行认真、严格的审核。只有审核无误的记账凭证,才能作为记账的依据。记账凭证的审核主要包括以下内容。

◆ 1. 项目填写是否齐全

按照记账凭证所具备的基本要素依次进行审查,即审核记账凭证中的日期、凭证编号、摘要、附件张数是否填写齐全,有关人员的签章是否到位。

◆ **2. 会计科目及金额是否正确**

对记账凭证上填制的记账科目进行审核时，主要审核借方、贷方的科目是否使用正确，是否符合国家统一会计制度的规定，科目对应关系是否清晰，明细科目是否齐全。对记账凭证上的金额进行审核时，主要审核记账凭证所记录的金额是否和所附原始凭证的金额一致，借贷方的金额合计是否平衡。

◆ **3. 书写是否正确，记账凭证所记内容是否与所附原始凭证一致**

对记账凭证上的文字和数字的书写进行审核，审核文字书写是否工整，数字是够清晰可辨。同时还要审计记账凭证是否以原始凭证为依据，记账凭证所记内容是否与所附原始凭证的内容一致，记账凭证上填写的附件张数是否与实际原始凭证的张数相符。

在审核过程中，如果发现错误，应将该记账凭证退回并要求填制人员重新填制，然后再次进行审核。只有审核无误的记账凭证，才能作为登记账簿的依据。

第四节 会计凭证的传递与保管

一、会计凭证的传递

会计凭证的传递是指会计凭证从编制时起到归档时止，在单位内部各有关部门及人员之间的传递程序和传递时间。为了能够利用会计凭证及时反映各项经济业务，提供会计信息，发挥会计的监督作用，必须正确、及时地进行会计凭证的传递，不得积压。

为保证传递程序合理有效，同时尽量节约传递时间，减少传递的工作量，各单位应制定合理的凭证传递程序和方法。会计凭证的传递一般包括传递程序、传递时间和传递过程三个方面。

（一）凭证传递程序

各单位应该根据经济业务的特点、机构设置、人工分工情况及内部控制需要，具体规定会计凭证在有关部门和人员之间的传递流程和凭证联数，使有关部门既能按照规定的手续处理业务，又能利用凭证资料掌握情况、提供数据、相互协调。同时，还要注意流程设计的合理性，避免不必要的环节，提高工作效率。

（二）凭证传递时间

各单位应明确规定各种凭证在各个环节上停留的最长时间，以防相关部门或人员拖延和积压凭证，影响会计工作的正常秩序。会计凭证必须在规定的最长时间内完成传递和处理，不得跨期，否则将影响会计核算的准确性和及时性。

（三）凭证传递过程

为了保证会计凭证的安全、完整，在会计凭证传递的各个环节应做好衔接工作，指定专人办理交接手续，做到责任明确、严格有序。这要求各单位凭证的签发、交接应有一定的制度保障，以确保会计凭证的安全和完整。

会计凭证的传递程序、传递时间和衔接手续明确后，可以绘制成流程图或流程表供相关人员参照执行。执行过程中再根据实际情况进行修正。

二、会计凭证的保管

会计凭证的保管，是指会计凭证记账后的整理、装订、归档和存查工作。会计凭证作为记账的依据，是重要的会计档案和经济资料。本单位以及其他有关单位，可能因为各种需要查阅会计凭证，特别是发生贪污、盗窃、违法乱纪行为时，会计凭证还是依法处理的有效证据。因此，任何单位在完成经济业务手续和记账后，必须将会计凭证按规定的立卷归档制度形成会计档案资料，妥善保管，防止丢失，不得任意销毁，以便日后随时查阅。

（一）会计凭证的保管要求

（1）会计凭证应定期装订成册，防止散失。会计部门在依据会计凭证记账以后，应定期（每天、每旬或每月）对各种会计凭证进行分类整理，将各种记账凭证按照编号顺序，连同所附的原始凭证一起加具封面和封底，装订成册，并在装订线上加贴封签，由装订人员在装订线封签处签名或盖章。从外单位取得的原始凭证如有遗失，应当取得原开出单位盖有公章的证明，并注明原来凭证的号码、金额和内容等，由经办单位会计机构负责人、会计主管人员和单位负责人批准后，才能代作原始凭证。如果确实无法取得证明的，如火车票、飞机票等凭证，由当事人写出详细情况，由经办单位会计机构负责人、会计主管人员和单位负责人批准后，代作原始凭证。

（2）会计凭证应加贴封条，防止抽换凭证。原始凭证不得外借，其他单位如有特殊原因确实需要使用时，经本单位会计机构负责人、会计主管人员批准，可以复制。向外单位提供的原始凭证复制件，应在专设的登记簿上登记，并由提供人员和收取人员共同签名或者盖章。

（3）原始凭证较多时，可单独装订，但应在凭证封面注明所属记账凭证的日期、编号和种类，同时在所属的记账凭证上应注明"附件另订"及原始凭证的名称和编号，以便查阅。对各种重要的原始凭证，如押金收据、提货单等，以及各种需要随时查阅和退回的单据，应另编目录，单独保管，并在有关的记账凭证和原始凭证上分别注明日期和编号。

（4）每年装订成册的会计凭证，在年度终了时可暂由单位会计机构保管1年，期满后应当移交本单位档案机构统一保管；未设立档案机构的，应当在会计机构内部指定专人保管。出纳人员不得兼管会计档案。

（5）严格遵守会计凭证的保管期限要求，期满前不得任意销毁。

（二）会计凭证的归档及销毁

会计凭证存档后，保管责任随之转移到档案保管人员身上。会计档案保管人员应当按照会计档案管理的要求，对会计档案进行分类、存档和保管。按新《会计档案管理办法》的规定，会计凭证一般应保存30年（会计档案保管期限见表5-17）。会计凭证保管期满需要销毁时，必须按照规定的审核手续，报经批准后才能销毁，任何单位和个人都不能随意销毁会计凭证。销毁前还需填制"会计档案销毁目录"，交给档案部门编入会计档案销毁清册。批准销毁后要进行监销，并取得销毁过程中有关人员签字盖章的证明。

表 5-17　企业和其他组织会计档案保管期限

序号	档案名称	保管期限	备注
一	会计凭证		
1	原始凭证	30 年	
2	记账凭证	30 年	
二	会计账簿		
3	总账	30 年	
4	明细账	30 年	
5	日记账	30 年	
6	固定资产卡片		固定资产报废清理后保管 5 年
7	其他辅助性账簿	30 年	
三	财务会计报告		
8	月度、季度、半年度财务会计报告	10 年	
9	年度财务会计报告	永久	
四	其他会计资料		
10	银行存款余额调节表	10 年	
11	银行对账单	10 年	
12	纳税申报表	10 年	
13	会计档案移交清册	30 年	
14	会计档案保管清册	永久	
15	会计档案销毁清册	永久	
16	会计档案鉴定意见书	永久	

本章小结

　　本章主要讲述会计凭证的概念、种类及填制要求。会计凭证是记录经济业务、明确经济责任的书面证明，也是登记账簿的依据。按填制程序和用途的不同，会计凭证可分为原始凭证和记账凭证。原始凭证是记录和证明经济业务发生或完成情况的原始凭据。记账凭证是会计人员根据审核无误的原始凭证所填制的反映科目对应关系的会计凭证，是登记账簿的直接依据。

　　原始凭证按取得来源不同，分为自制原始凭证、外来原始凭证；按格式不同，分为通用凭证和专用凭证；按填制手续和内容不同，分为一次凭证、累计凭证和汇总原始凭证。

原始凭证具备七大基本要素，在填制原始凭证时，除了记录真实、内容完整、手续完备之外，还需编号连续、填制及时、书写规范。原始凭证的审核主要从真实性、合法合理性、完整性、正确性和及时性进行审核。

记账凭证按用途不同，分为专用记账凭证（收款凭证、付款凭证、转账凭证）和通用记账凭证；按填列方式不同，分为单式记账凭证（借项记账凭证、贷项记账凭证）和复式记账凭证。记账凭证具备八大基本要素，在填制记账凭证时，除了内容填写完整外，还需连续编号、附原始凭证、书写清楚、空行注销等。记账凭证的审核主要从项目填写是否齐全、科目及金额是否正确、书写是否正确，记账凭证所记内容是否与所附原始凭证一致进行审核。

会计凭证的传递包括传递程序、传递时间和传递过程三个方面。会计凭证据以记账后要按照相关会计制度进行保管和销毁。

思考题

1. 什么是会计凭证？它有什么作用？
2. 原始凭证应具备哪些基本要素？
3. 原始凭证填制应遵循哪些要求？
4. 记账凭证应具备哪些基本要素？
5. 记账凭证填制应遵循哪些要求？
6. 收款凭证、付款凭证、转账凭证各填制哪种经济业务？
7. 采用专用记账凭证时，涉及库存现金和银行存款之间相互划转业务的应填制哪种记账凭证？

一、单项选择题

1. 下列不属于原始凭证基本内容的是（　　）。
    A. 填制日期　　　　　　　　　　B. 经济业务内容
    C. 应借应贷科目　　　　　　　　D. 有关人员签章
2. 产品生产领用材料，应编制的记账凭证是（　　）。
    A. 收款凭证　　　　　　　　　　B. 付款凭证
    C. 转账凭证　　　　　　　　　　D. 一次凭证
3. 记账凭证的填制是由（　　）完成的。
    A. 出纳人员　　　　　　　　　　B. 会计人员
    C. 经办人员　　　　　　　　　　D. 主管人员
4. 记账凭证是根据（　　）填制的。
    A. 经济业务　　　　　　　　　　B. 原始凭证
    C. 账簿记录　　　　　　　　　　D. 审核无误的原始凭证

5. "限额领料单"是一种（　　）。
   A. 一次凭证　　　　　　　　　　B. 累计凭证
   C. 单式凭证　　　　　　　　　　D. 汇总凭证

6. 将同类经济业务汇总编制的原始凭证是（　　）。
   A. 一次凭证　　　　　　　　　　B. 累计凭证
   C. 记账编制凭证　　　　　　　　D. 汇总原始凭证

7. 填制会计凭证是（　　）的前提和依据。
   A. 成本计算　　　　　　　　　　B. 编制会计报表
   C. 登记账簿　　　　　　　　　　D. 设置账户

8. 下列项目中，属于自制原始凭证的有（　　）。
   A. 领料单　　　　　　　　　　　B. 购料发票
   C. 增值税发票　　　　　　　　　D. 银行对账单

9. 从银行提取现金 500 元，应编制（　　）。
   A. 银行存款的收款凭证　　　　　B. 银行存款的付款凭证
   C. 现金的收款凭证　　　　　　　D. 现金的付款凭证

10. 以银行存款归还银行借款的业务，应编制（　　）。
    A. 转账凭证　　　　　　　　　　B. 收款凭证
    C. 付款凭证　　　　　　　　　　D. 计算凭证

11. 会计凭证按（　　）分类，分为原始凭证和记账凭证。
    A. 用途和填制程序　　　　　　　B. 形成来源
    C. 反映方式　　　　　　　　　　D. 填制方式

12. 下列原始凭证中属于外来原始凭证的有（　　）。
    A. 购货发票　　　　　　　　　　B. 工资结算汇总表
    C. 发出材料汇总表　　　　　　　D. 领料单

13. 对于现金和银行存款之间相互划转的经济业务，通常（　　）。
    A. 不需编制记账凭证　　　　　　B. 需编制收款凭证
    C. 需编制付款凭证　　　　　　　D. 需编制转账凭证

14. 盘存表是一张反映企业财产物资实有数的（　　）。
    A. 外来原始凭证　　　　　　　　B. 自制原始凭证
    C. 记账凭证　　　　　　　　　　D. 转账凭证

15. 自制原始凭证按其填制方法，可以分为（　　）。
    A. 原始凭证和记账凭证　　　　　B. 收款凭证和付款凭证
    C. 单项凭证和多项凭证　　　　　D. 一次凭证和累计凭证

16. 把一项经济业务所涉及的有关账户，分别按每个账户填制一张记账凭证称为（　　）。
    A. 一次凭证　　　　　　　　　　B. 单项记账凭证
    C. 复式记账凭证　　　　　　　　D. 借项记账凭证

17. 会计人员对于不真实、不合法的原始凭证，应当（　　）。
    A. 给予受理，但应向单位领导口头报告

B. 给予受理，但应向单位领导书面报告

C. 不予受理

D. 视具体情况而定

18. 原始凭证的金额出现错误，正确的更正方法是（　　）。

A. 由出具单位更正，并在更正处盖章

B. 由取得单位更正，并在更正处盖章

C. 由出具单位重开

D. 由出具单位另开证明，作为原始凭证的附件

19. 按照记账凭证的审核要求，下列内容中不属于记账凭证审核内容的是（　　）。

A. 凭证使用是否正确

B. 凭证所列事项是否符合有关的计划和预算

C. 凭证的金额与所附原始凭证的金额是否一致

D. 凭证项目是否填写齐全

20. 记账凭证按其所反映的经济内容不同，可以分为（　　）。

A. 单式凭证和复式凭证　　　　　　B. 收款凭证、付款凭证和转账凭证

C. 通用凭证和专用凭证　　　　　　D. 一次凭证、累计凭证和汇总凭证

二、多项选择题

1. 复式记账凭证按与货币资金的关系分为（　　）。

A. 借项凭证　　　　　　　　　　　B. 收款凭证

C. 付款凭证　　　　　　　　　　　D. 通用凭证

E. 转账凭证

2. 下列凭证中属于原始凭证的有（　　）。

A. 提货单　　　　　　　　　　　　B. 产品成本计算单

C. 购货发票　　　　　　　　　　　D. 发出材料汇总表

E. 有应借应贷科目的自制原始凭证

3. 会计凭证可以（　　）。

A. 记录经济业务　　　　　　　　　B. 明确经济责任

C. 登记账簿　　　　　　　　　　　D. 编制报表

E. 财产清查

4. 会计凭证按用途和填制程序分为（　　）。

A. 原始凭证　　　　　　　　　　　B. 累计凭证

C. 记账凭证　　　　　　　　　　　D. 转账凭证

E. 单式记账凭证

5. 收款凭证可以作为出纳人员（　　）的依据。

A. 收入货币资金　　　　　　　　　B. 付出货币资金

C. 登记现金日记账　　　　　　　　D. 登记银行存款日记账

E. 登记有关明细账

6. 会计凭证的传递应结合企业（　　）的特点。
A. 经济业务　　　　　　　　　B. 内部机构组织
C. 人员分工　　　　　　　　　D. 经营管理
E. 凭证自身

7. 下列证明文件中，属于原始凭证的有（　　）。
A. 银行收款通知单　　　　　　B. 限额领料单
C. 入库单　　　　　　　　　　D. 购货发票
E. 银行存款余额调节表

8. "发料凭证汇总表"分别是（　　）。
A. 原始凭证　　　　　　　　　B. 汇总凭证
C. 一次凭证　　　　　　　　　D. 自制凭证
E. 记账凭证

9. 下列属于一次凭证的原始凭证有（　　）。
A. 领料单　　　　　　　　　　B. 限额领料单
C. 收料单　　　　　　　　　　D. 销货发票
E. 银行对账单

10. "限额领料单"可分别属于（　　）。
A. 原始凭证　　　　　　　　　B. 汇总凭证
C. 一次凭证　　　　　　　　　D. 自制凭证
E. 累计凭证

三、判断题

1. 所有的会计凭证都是登记账簿的依据。　　　　　　　　　　　　　　（　　）
2. 自制原始凭证都是一次凭证。　　　　　　　　　　　　　　　　　　（　　）
3. 从银行提取现金时，应编制现金收款凭证。　　　　　　　　　　　　（　　）
4. 记账凭证是根据账簿记录填制的。　　　　　　　　　　　　　　　　（　　）
5. 单式记账凭证是依据单式记账法填制的。　　　　　　　　　　　　　（　　）
6. 记账凭证的依据只能是原始凭证。　　　　　　　　　　　　　　　　（　　）
7. 在审核原始凭证时，发现有伪造、涂改或不合法的原始凭证，应退回经办人员更改后再受理。　　　　　　　　　　　　　　　　　　　　　　　　　　　　（　　）

四、会计实训题

【目的】练习记账凭证的填制。

【资料】红星公司为增值税一般纳税人，2021年6月发生如下经济业务：

1. 购进甲材料一批40 000元，进项税额6 800元，材料已验收入库，款项用银行存款支付。
2. 周华出差借支差旅费1 000元，以现金支付。
3. 销售产品一批，售价30 000元，销项税额5 100元，款项已收存银行。
4. 用现金购进办公用品150元，其中车间使用50元，厂部行政管理部门使用100元。
5. 周华出差返回，报销差旅费870元，余款交回现金。

6. 发出甲材料 6 000 元，其中生产 A 产品领用 2 000 元，B 产品领用 3 400 元，车间一般耗用 600 元。

7. 收回华源工厂所欠账款 12 000 元，存入银行。

8. 结转已售产品成本 26 000 元。

【要求】根据以上业务判断应编制收款凭证、付款凭证还是转账凭证，并填制记账凭证。

五、案例分析题

某公司会计人员李某负责会计档案保管工作，现调离会计工作岗位，离岗前与接替者王某在财务科长的监交下办妥了会计工作交接手续。王某负责会计档案工作后，公司档案管理部门会同财务科将已经到期的会计资料编造清册，报请公司负责人批准后，由王某自行销毁。年底，财政部门对该公司进行检查时，发现该公司原会计李某所记的账目中有会计作假行为，而接替者王某在会计交接时并未发现这一问题。财政部门在调查时，原会计李某说，已经办理会计交接手续，现任会计王某和财务科长均在移交清册上签了字，自己不再承担任何责任。

根据相关会计法律制度的规定，回答下列问题：

1. 公司销毁档案是否符合规定？
2. 公司负责人是否对会计作假行为承担责任？
3. 原会计李某的说法是否正确？简要说明理由。

练习题答案请见 【数字资源 5-5】

第六章 会计账簿

学习目的与要求

通过本章学习，学生应理解设置会计账簿对提供会计信息的重要意义；熟悉总分类账、日记账和明细分类账的内容、格式、登记依据和登记方法；掌握错账更正法和登记账簿的各种规则，并学会熟练地登记账户和对账、结账。

学习内容

1. 会计账簿的种类。
2. 账簿的登记规则及各类账簿的登记方法。
3. 错账查找与更正的方法。
4. 对账与结账。
5. 会计账簿的更换与保管。

学习重点

1. 会计账簿的登记规则及各类账簿的登记方法。
2. 错账查找与更正的方法。

学习难点

1. 错账更正法。
2. 对账与结账。

> **案例导入**
>
> 　　王同学在一家公司的财务部实习。一天销售部林敏前来找财务部经理要求查询去年一笔销售业务的原始单据。财务部经理在询问事由后同意了他的要求。由于正值月末，财务部人员都很忙，经理安排王同学协助查找。王同学根据林敏回忆的业务发生的大致时间，将去年3—6月份的凭证全部拿出来准备查找。面对这一百多本凭证，王同学觉得无从下手……
>
> 　　请思考：王同学查找原始单据的方法是否正确？为什么？

第一节　会计账簿的意义和种类

一、会计账簿的概念与作用

（一）会计账簿的概念

　　会计账簿是指由一定格式的账页组成，根据审核无误的会计凭证，连续、全面、系统地记录和反映企业经济业务事项的簿籍。会计账簿是据以会计科目开设的，它是编制财务报表的依据，是填制会计凭证与编制财务报表的中间环节。

　　每个企事业单位发生的每笔经济业务都必须取得原始凭证，会计人员根据原始凭证填制记账凭证。每张会计凭证只能反映单一的经济业务，不能全面、连续地反映企事业单位在一定时期内某类经济业务的变化，因而不能满足会计信息使用者的需求。所以，只有通过账簿的记录，才能把数量多且分散的会计凭证上所反映的会计信息进行归类整理，分类、综合地反映企业的会计信息，以满足会计信息使用者的需求。

（二）会计账簿的作用

　　设置和登记会计账簿是会计核算工作的一个重要步骤，对加强企业经济管理有十分重要的意义。

◆ **1. 为经济管理提供连续、系统、全面的会计信息**

　　账簿是把分散在各个会计凭证中的单个会计信息按照经济业务发生的时间顺序连续、全面地进行会计信息的登记，对会计信息进行了系统化的分类登记。通过各类账簿的序时完整的记录，可以取得经济业务连续、综合的核算资料，同时对经济业务的分类核算，还能系统、全面地提供各类经济业务的明细分类会计信息。明细和综合的会计信息资料，是企业加强经营管理和分析经济活动的重要依据。

◆ **2. 为进行会计检查、校正和编制会计报表提供依据**

　　会计期末进行结账前，需开展账账核对、账实核对，并编制余额试算平衡表等，确保账户记录没有问题，且账实一致。对账、结账后，会计账簿即是编制会计报表的直接依据。通过编制会计报表可以将账簿中所记录的系统资料加以概括，进一步反映企业的经济活动全貌。

◆ **3. 为保护企业财产物资的安全与完整提供账面依据**

通过会计凭证的审核，可以检查经济业务的发生是否符合有关的法规、制度，是否符合业务经营、财务制度，有无贪污盗窃、铺张浪费和损公肥私的行为，发挥会计的监督作用，确保经济业务的合理性、合法性和有效性，进而保护会计主体所拥有的资产的安全、完整，维护投资者、债权人等有关各方的合法权益。

二、会计账簿与账户的关系

会计账簿与账户的关系是形式和内容的关系。账户是根据会计科目开设的，账户存在于账簿之中，账簿中的每一账页就是账户的存在形式和载体，没有账簿，账户就无法存在；同时，账簿序时、分类地记载经济业务，是在各个具体的账户中完成的，账簿只是一个外在形式，账户才是账簿的实质内容。

三、会计账簿的种类

（一）按用途分类

会计账簿按其用途不同，可分为序时账簿、分类账簿和备查账簿。

◆ **1. 序时账簿**

序时账簿，也称日记账，是指按照经济业务发生或完成时间的先后顺序，逐日逐笔登记的账簿。按其记录的经济内容不同，日记账又分为普通日记账和特种日记账。

（1）普通日记账是用来登记全部经济业务发生情况的日记账。它将每天发生的全部经济业务按其发生的先后顺序，根据记账凭证逐笔登记到日记账中。由于普通日记账不能分类反映经济业务的发生，也不便于分工记账，因此在实际工作中，较少有企业采用普通日记账。

（2）特种日记账是用来登记某一类经济业务发生情况的日记账。将某一特定业务按照发生的先后顺序逐日逐笔记入账簿中。如企业为了对现金和银行存款加强管理，设置现金日记账和银行存款日记账来分别记录现金和银行存款的收、付款业务。在实际工作中，我国多数企业通常只设置库存现金日记账和银行存款日记账。

◆ **2. 分类账簿**

分类账簿又称分类账，是对全部经济业务按总分类账户和明细分类账户进行分类登记的账簿。按照分类账簿反映指标的详细程度不同，可分为总分类账簿和明细分类账簿两种。总分类账簿又称总分类账，简称总账，是根据总账科目开设，用以记录全部经济业务总括核算资料的分类账簿。明细分类账簿又称明细分类账，简称明细账，是根据总账科目设置，按其所属的明细科目开设，用以记录某一类经济业务明细核算资料的分类账。

◆ **3. 备查账簿**

备查账簿又称辅助账簿，是对某些不能在日记账和分类账中记录的经济事项或记录不全的经济业务进行补充登记的账簿。该种账簿主要是为某些经济业务的内容提供必要的参考资料，如以经营租赁方式租入固定资产的登记、商业汇票登记簿等。备查账簿应根据各单位的实际需要开设，可由各单位根据管理的需要自行设计，也可使用分类账的账页格式。

（二）按其外表形式分类

账簿按其外表形式分类，可分为订本式账簿、活页式账簿和卡片式账簿。

◆ **1. 订本式账簿**

订本式账簿又称订本账，是在账簿启用前就把若干按顺序编号的账页装订在一起的账簿。订本式账簿的优点是账簿页数固定，不能增减抽换，既可以防止账页散失，又可以防止抽换账页。缺点有二：一是由于账页序号和总数已经固定，不能增减，所以在开设账户时，必须为每一个账户预留账页，在实际使用中就可能会出现某些账户预留账页不足，而另一些账户预留的账页又多了，造成了浪费的现象；二是在同一时间里，只能由一人登账，不能同时分工记账来提高工作效率。订本式账簿主要适用于重要经济事项的记录，如库存现金日记账、银行存款日记账和总分类账。

◆ **2. 活页式账簿**

活页式账簿又称活页账，是把若干零散的、具有专门格式的账页根据业务需要自行组合成的账簿。活页式账簿的优点是可根据实际需要确定账页，账页可随时增减，同时便于分工记账来提高工作效率。缺点是账簿中的账页容易散失和被抽换。因此，活页式账簿在启用时，空白账页在使用时必须连续编号，并装置在账夹内，以防散失。使用完毕，不登记时，将其装订成册，并妥善保管。活页式账簿主要适用于各种明细账。

◆ **3. 卡片式账簿**

卡片式账簿又称卡片账，是利用卡片进行登记的账簿。卡片式账簿的优缺点与活页式账簿基本相同，在登记卡片式账簿时，必须按顺序编号并放置在卡片箱内，由专人保管。卡片式账簿主要适用于记录内容比较复杂的财产明细账，如固定资产卡片账。

（三）按其账页格式分类

账簿按其账页格式分类，可分为三栏式账簿、数量金额式账簿和多栏式账簿。

◆ **1. 三栏式账簿**

三栏式账簿是设有借方、贷方、余额三个金额栏的账簿。这种格式通常适用于只需要反映金额，不需要提供数量变化情况的账户，如"应收账款""应付账款""预收账款""预付账款""实收资本"等账户的核算。各种日记账、总分类账簿及资本、债权、债务的明细账都可以采用三栏式账簿。三栏式账簿的格式如表 6-1 所示。

表 6-1　三栏式账簿

年		凭证		摘要	借方								贷方								借或贷	余　额							
月	日	字	号		百	十	万	千	百	十	元	角	分	百	十	万	千	百	十	元	角	分		百	十	万	千	百	十	元	角	分

◆ **2. 数量金额式账簿**

数量金额式账簿设有"收入""发出""结存"三栏，在每个栏目下再开设"数量""单价""金额"明细栏，用来反映财产物资的实物数量和价值量。这种格式账簿主要适用于既需要核算金额，又需要核算数量的账户，如"在途物资""原材料""库存商品""产成品"等明细账户主要采用的是数量金额式账簿。数量金额式账簿的格式如表6-2所示。

表 6-2 数量金额式账簿

年		凭证	摘要	收入			发出			结存		
月	日	字号		数量	单价	金额（万千百十元角分）	数量	单价	金额（万千百十元角分）	数量	单价	金额（万千百十元角分）

◆ **3. 多栏式账簿**

多栏式账簿是将某一总账账户所属的明细账户分别设置专栏登记在一张账页上，即在账簿的两个基本栏目借方和贷方下面按需要分设若干专栏的账簿。多栏式账簿一般适用于需要进行分项目具体反映的交易或者事项，如"生产成本""主营业务收入""管理费用"等账户的明细分类账户的核算。多栏式账簿的格式如表6-3所示。

表 6-3 多栏式账簿

年		凭证	摘要	借方					贷方					余额
月	日	字号		万千百十元角分	万千百十元角分	万千百十元角分	万千百十元角分	万千百十元角分	万千百十元角分	万千百十元角分	万千百十元角分	万千百十元角分	万千百十元角分	万千百十元角分

【例 6-1】 库存现金日记账属于（   ）。

A. 序时账簿 B. 总分类账簿
C. 明细分类账簿 D. 备查账簿

【答案】A

【例 6-2】 下列账簿不宜采用三栏式账页格式的是（   ）。

A. 总账 B. 实收资本明细账
C. 管理费用明细账 D. 原材料明细账

【答案】CD

【数字资源 6-1】

第二节 会计账簿设置与登记要求

一、会计账簿的设置要求与基本内容

(一)账簿的设置要求

会计账簿的设置,首先要遵守国家有关会计制度的规定,其次要根据企业规模大小、业务繁简、会计人员的多少,从加强企业管理和具体情况出发来设置账簿,及时登记发生的各项经济业务。账簿的设置应科学、合理、系统、严密,便于会计人员的操作使用,同时又要防止账簿设置过于繁琐。设置会计账簿应遵循下列原则:

(1)会计账簿的设置必须遵守国家有关会计制度的规定,结合企业的经营规模和业务特点,使账簿能全面地反映经济活动的情况,满足经营管理的需要;

(2)会计账簿的设置必须做到总账与日记账、明细账相结合,既要保证账簿之间相互衔接、配合严密,又要避免重复设账;

(3)会计账簿的设置必须有利于财会部门内部的分工,便于会计人员记账、算账和报账,节省核算时间。

(二)账簿的基本内容

账簿的格式是多种多样的,但账簿的基本内容大致相同。

◆ **1. 封面**

封面的内容主要包括:① 账簿的名称,如现金日记账、银行存款日记账、总分类账、各种明细分类账等;② 记账单位名称;③ 账簿记账日期。

◆ **2. 扉页**

扉页主要用来填列会计账簿的使用信息,主要列明科目索引(见表6-4)、账簿启用和经管账簿人员一览表(见表6-5)等。设置科目索引主要是便于查阅账簿中登记的内容。

表6-4 科目索引(目录)

科目	页数	科目	页数

表 6-5　账簿启用和经管账簿人员一览表

单位名称									
账簿名称									
账簿编号									
账簿页数	本账簿共　　页								
启用日期	年　　月　　日				公　　章				
经管人员	负责人		会计主管		复核		记账		
	姓名	签章	姓名	签章	姓名	签章	姓名	签章	
交接记录	经管		接管			监交			备注
	姓名	性别	年	月	日	签章	年　月　日	签章	
印花税票粘贴处									

◆ **3. 账页**

账页是账簿用来记录经济业务事项的主要载体。账页的格式,因反映经济业务内容的不同而存在差异,但都应包括以下基本内容:① 账户的名称,包括总账科目、明细科目;② 记账日期栏;③ 凭证种类和号数栏;④ 摘要栏,记录对经济业务的简要说明;⑤ 金额栏,记录本账户发生增、减变化的金额及余额;⑥ 总页次和分户页次栏,分别记录账页在账本中的页次和在分户账页中的页次。

(三)账簿的启用

为了保证账簿记录的合法性,明确记账责任,每本账簿启用时,应在账簿封面上写明单位名称和账簿名称,账簿扉页上的内容包括启用日期、账簿页数、账簿册数,以及记账人员和会计主管人员姓名等并加盖私章和公章。记账人员、会计主管人员和会计机构负责人调动工作时,应办理交接手续。启用订本式账簿应当从第一页到最后一页顺序编定页数,不得跳页、缺号。使用活页式账簿应当按账户顺序编号,并定期装订成册,装订后再按实际使用的账页顺序编定页码,另加目录以便于记明每个账户的名称和页次。

二、会计账簿的登记要求

会计账簿是编制财务报表,进行会计分析与检查的重要依据。为了保证账簿记录的正确性，必须根据审核无误的会计凭证登记会计账簿，并符合有关法律、行政法规和国家统一的会计准则制度的规定。

（一）准确完整

登记账簿必须根据审核无误的会计凭证登记账簿。登记时将会计凭证日期、编号、业务内容摘要、金额和其他有关资料逐项记入账内，做到数字准确、摘要清楚、登记及时、字迹工整。

（二）正常记账使用蓝黑墨水，特殊记账使用红墨水

正常记账使用蓝黑墨水或者碳素墨水，不得使用铅笔或圆珠笔（银行的复写账簿除外）书写。因为蓝黑墨水和碳素墨水可以保持账簿记账的持久性，也可防止涂改。红色墨水通常用于更正错账、冲账、画线，在不设借贷、收付的多栏式账簿中登记减少金额，以便账簿余额前没有印有余额方向出现负数时。

（三）必须逐行、逐页登记

登记账簿时，应按账户页次顺序逐页登记，不得跳行、隔页。如果发生跳行、隔页时，应在空行和空页处用红色墨水画对角线注销，并注明"此行空白"或"此页空白"字样，并由记账人员签名或者盖章。

（四）注明记账符号

会计账簿登记完毕后，要在记账凭证上签名或者盖章，并注明已经登账的符号，如划"√"，表示已经记账，以免重记或漏记。

（五）书写规范并留空

登账时，文字和数字的书写必须工整、规范，字迹端正清楚，不得潦草。文字和数字都应紧靠行格底线书写，只占格高度1/2，留有余地，以便更正错误时书写正确的文字和数字。

（六）结出余额

凡需结出余额的账户，在结出余额后，应在"借或贷"栏内写明"借"或"贷"字样。没有余额的账户，应在"借或贷"等栏内写"平"字，并在余额栏内用"0"表示。

（七）过次承前

每张账页记完时，应做转页处理。每张账页登记完毕结转下页时，要在该账页的最后一行加计发生额合计数和结出余额，并在该行的"摘要"栏内注明"过次页"字样，然后再把这个发生额合计数和余额结转到下一页的第一行内，并在下一页的"摘要"栏内注明"承前页"字样，保证账簿记录的连续性。

（八）不得涂改、刮擦、挖补

账簿记录发生错误时，严禁涂改、刮擦、挖补或用药水消除字迹，不准撕毁账页，也不准重新抄写，必须按照规定的方法进行更正。

【例 6-3】 登记账簿的要求有（   ）。
A. 账簿书写的文字和数字上面要留适当空距，一般应占格 1/2
B. 各种账簿按页次顺序连续登记，不得跳行、隔页
C. 登记账簿要用圆珠笔、蓝黑或黑色墨水书写
D. 登记后，要在记账凭证上签名或盖章，并注明已登账的符号，表示已记账
【答案】ABD

【数字资源 6-2】

第三节　会计账簿的格式与登记方法

一、日记账的格式及其登记方法

日记账是按照经济业务发生或完成的时间先后顺序逐日逐笔进行登记的账簿。设置日记账的目的是使经济业务的时间顺序清晰地反映在账簿记录中。

（一）库存现金日记账

库存现金日记账是指出纳员根据现金收款凭证、现金付款凭证和部分银行存款付款凭证逐日逐笔按经济业务发生的先后顺序进行登记的账簿。其账页格式有三栏式和多栏式两种，均采用订本式账簿。账页格式不同，其登记的方法也有一定的差异。

◆ **1. 三栏式库存现金日记账**

三栏式库存现金日记账格式如表 6-6 所示，金额栏设有借方、贷方和余额三栏，一般将其分别称为收入、支出和结余三个基本栏目。

三栏式库存现金日记账各栏目的登记方法如下。

（1）日期栏。是指填制记账凭证的日期，应与库存现金实际收付日期一致。

（2）凭证栏。是指据以入账的收、付款凭证的种类，如"现金收（付）款凭证"简写为"现收（付）"，"银行存款收（付）款凭证"简写为"银收（付）"。凭证栏还应登记凭证的编号数，以便于查账和对账。

表 6-6 库存现金日记账

第　页

年		凭证号数	摘要	对方科目	收入								支出								结余							
月	日				十万	万	千	百	十	元	角	分	十万	万	千	百	十	元	角	分	十万	万	千	百	十	元	角	分
			过次页																									

(3) 摘要栏。简要说明入账的经济业务内容，文字既要简练，又要说明问题。

(4) 对方科目栏。是指库存现金收入的来源科目或支出的用途科目。例如，从银行提取现金，对方科目栏应填写"银行存款"科目；用现金支付前欠货款，对方科目栏应填写"应付账款"科目。其用途在于了解经济业务的来龙去脉。

(5) 借方、贷方栏。登记现金增加、减少的金额。

(6) 余额栏。根据公式"昨日余额＋本日收入－本日支出＝本日余额"计算填列，逐日结出现金余额，即通常说的"日清"，月终同样要结出当月现金余额，即通常说的"月结"。不管是日清，还是月结，都要将现金日记账的账面余额与库存现金实存数加以核对，以检查现金收付是否有误。如果账实不符，应查明原因，报请领导批准并及时处理。

◆ **2. 多栏式库存现金日记账**

多栏式库存现金日记账如表 6-7 所示，是在三栏式库存现金日记账基础上发展起来的，这种日记账分别按借方（收入）和贷方（支出）的对应科目设若干专栏，以详细反映现金收入来源和支出去向的账簿。这种账簿现金对应科目较多，账页会很大，给登账工作带来一定困难。因此，又可以将多栏式库存现金日记账分为库存现金收入日记账和库存现金支出日记账，其格式如表 6-8、表 6-9 所示。

多栏式库存现金日记账的登记方法，其基本原理与三栏式是一样的，区别就在于现金收入和现金支出分别要在两本账簿上进行登记。首先根据库存现金收入业务的记账凭证登记库存现金收入日记账，根据库存现金支出业务的记账凭证登记库存现金支出日记账，每日营业终了，然后根据库存现金支出日记账结计的支出合计数转入库存现金收入日记账的"支出合计"栏中，根据公式"昨日余额＋本日收入－本日支出＝本日余额"结出当日余额。

表 6-7　多栏式库存现金日记账

第　页

年		凭证字号	摘要	贷方科目		收入现金合计	借方科目			支出现金合计	余　额
月	日			银行存款	其他业务收入		银行存款	应付工资	管理费用		
			万千百十元角分	万千百十元角分	万千百十元角分	万千百十元角分	万千百十元角分	万千百十元角分	万千百十元角分	万千百十元角分	万千百十元角分
			过总账页码	第　页	第　页		第　页	第　页		第　页	第　页

表 6-8　库存现金收入日记账

第　页

年		凭证字号	摘要	应贷科目		现金收入合计	现金支出合计	结　余
月	日			万千百十元角分	万千百十元角分	万千百十元角分	万千百十元角分	万千百十元角分

表 6-9 库存现金支出日记账

第　页

年		凭证字号	摘　要	应借科目					现金支出合计
月	日			万千百十元角分	万千百十元角分	万千百十元角分	万千百十元角分	万千百十元角分	万千百十元角分

（二）银行存款日记账

银行存款日记账是由出纳员根据银行存款收款凭证、银行存款付款凭证和部分现金付款凭证逐日逐笔按经济业务发生的先后顺序进行登记的账簿。其格式也有三栏式和多栏式，均采用订本式账簿。

银行存款日记账应按企业在银行开立的账户和币种分别设置，每个银行账户设置一本日记账。银行存款日记账的格式和登记方法与库存现金日记账基本相同，每日终了和月终要进行"日清月结"工作，并与银行的对账单进行核对，编制出"银行存款余额调节表"。三栏式银行存款日记账的登记如表 6-10 所示。

表 6-10 银行存款日记账

第　页

年		凭证字号	摘　要	结算凭证		收　入	支　出	结　存
月	日			种类	编号	十万千百十元角分	十万千百十元角分	十万千百十元角分

二 总分类账的格式及其登记方法

总分类账是根据一级科目设置,连续地记录和反映资金增减变动情况的账簿。总分类账总括反映企事业单位经济活动的情况,它只提供金额指标,是编制会计报表的依据。所有的企事业单位都要设置总分类账。总分类账账页通常采用的是三栏式,外形多采用订本式。总分类格式如表6-11所示。

表6-11 总分类账

科目_____　　　　　　　　　　　　　　　　　　　　　　　　　　　第×页

年		凭证		摘要	借方								贷方								借或贷	余额							
月	日	字	号		百	十	万	千	百	十	元	角	分	百	十	万	千	百	十	元	角	分		百	十	万	千	百	十	元	角	分
				过次页																												

总分类账的登记方法较多,采用哪种登记方法,要根据单位所采用的会计核算组织程序来确定。不同的会计核算组织程序所采用的登记总账的依据是不同的。会计核算组织程序将在后面的章节进行详细介绍。

三 明细分类账的格式及其登记方法

明细分类账是根据实际需要,分别按照明细科目开设的账簿。明细分类账是对总账的补充,它能反映经济活动的详细情况,提供较全面的资料,满足经济管理工作的需要。因此,各企事业单位在设置总账的同时,还应设置必要的明细账。明细分类账以记账凭证和原始凭证作为记账依据,明细分类账的账页格式有三栏式、数量金额式和多栏式等,外形一般采用活页式账簿或卡片式账簿。

(一)三栏式明细分类账的登记方法

三栏式明细分类账的格式设有借方、贷方和余额三个栏目。这种格式通常适用于只需要反映金额,不需要提供数量变化情况的资本、债权、债务账户的明细账,如"应收账款""应付账款""预收账款""预付账款""实收资本"等明细账的核算。其格式如表6-12所示。

表 6-12　三栏式明细分类账

总账科目＿＿＿＿＿＿＿＿＿
子目或户目＿＿＿＿＿＿＿＿＿

年		凭证	摘　　要	借　　方	贷　　方	借或贷	余　　额
月	日	字号		百十万千百十元角分	百十万千百十元角分		百十万千百十元角分
			过次页				

三栏式明细分类账的登记方法是，根据有关记账凭证和原始凭证逐笔进行借方和贷方金额的登记，然后结出余额。如果余额在借方，在"借或贷"栏内填写"借"字；如果余额在贷方，在"借或贷"栏内填写"贷"字。

（二）数量金额式明细分类账的登记方法

数量金额式明细分类账的格式是在"借方（收入）""贷方（发出）""余额（结存）"三大栏内又分别设有"数量""单价""金额"三小栏。数量金额式明细分类账主要适用于既要核算金额又要核算数量的财产物资，如"原材料""库存商品"等明细账户。其格式如表 6-13 所示。

表 6-13　原材料明细账

明细科目：＿＿＿＿＿＿＿
品名：＿＿＿＿＿　存放地点：＿＿＿＿＿　计量单位：＿＿＿＿＿　编号：＿＿＿＿＿

年		凭证	摘　要	收　　入			发　　出			结　　存		
月	日	字号		数量	单价	金额 万千百十元角分	数量	单价	金额 万千百十元角分	数量	单价	金额 万千百十元角分

数量金额式明细分类账的登记方法是，根据财产物资的收入、发出的原始凭证或原始凭证汇总表内容登记"收入"栏和"发出"栏。如原材料明细账的"收入"栏是根据"收料单"登记，"发出"栏是根据"发料单"登记的。登记材料收入、发出后计算出"结存"栏的数量、单价和金额。

（三）多栏式明细分类账的登记方法

多栏式明细分类账是根据经济业务的特点和管理的需要，在同一账页内将属于同一总账科目的所有相关明细科目或项目集中起来进行登记。按其登记经济业务的不同，多栏式明细分类账又可分为借方多栏式明细分类账、贷方多栏式明细分类账和借贷多栏式明细分类账。

◆ **1. 借方多栏式明细分类账**

借方多栏式明细分类账适用于借方需要设置多个明细科目或明细项目的账户，如"生产成本""制造费用""管理费用""财务费用""销售费用""营业外支出"等。需要注意的是，借方多栏式明细分类账只开设借方的金额栏，没有贷方金额栏；如果该明细账需要登记贷方发生额，就需要在金额栏用红字进行登记。借方多栏式明细分类账格式如表6-14所示。

表6-14 管理费用明细账

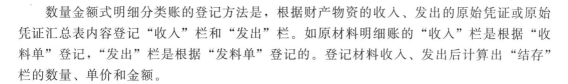

◆ **2. 贷方多栏式明细分类账**

贷方多栏式明细分类账适用于贷方需要设置多个明细科目或明细项目的账户，如"主营业务收入""其他业务收入""营业外收入"等。登账原理与借方多栏式明细分类账一样，贷方发生额直接用蓝字或黑字登记，借方发生额用红字登记。贷方多栏式明细分类账格式如表6-15所示。

◆ **3. 借贷多栏式明细分类账**

借贷多栏式明细分类账适用于借方和贷方都需要设置多个明细科目或明细项目的账户，如"应交税费——应交增值税""本年利润"等明细账户。借贷多栏式明细分类账格式如表6-16所示。

表 6-15 主管业务收入明细账

第　页

年		凭证		摘要	贷方				合计
					甲产品	乙产品	丙产品	……	
月	日	字	号		万千百十元角分	万千百十元角分	万千百十元角分	万千百十元角分	万千百十元角分

表 6-16 本年利润明细账

第　页

年		凭证		摘要	借方		贷方		余额
					主营业务收入	……	主营业务成本	……	
月	日	字	号		万千百十元角分	万千百十元角分	万千百十元角分	万千百十元角分	万千百十元角分

各种明细账的登记应根据本单位经营管理的需要和业务量的大小，以及所记录的经济业务内容来定。可以根据原始凭证、原始凭证汇总表或记账凭证逐笔登记，也可以根据这些凭证逐日或定期汇总登记。

【例 6-4】 "生产成本"明细账应该采用的格式是（　　）。
A. 数量金额式　　　　　　　　B. 任意格式
C. 三栏式　　　　　　　　　　D. 多栏式
【答案】D

【数字资源 6-3】

【数字资源 6-4】

四、总分类账户和明细分类账户的平行登记

(一)总分类账户与明细分类账户的关系

在会计核算工作中,为了适应经济管理需要,对于企业的一切经济业务要在有关会计科目中进行记录,既要提供总括的核算指标,又要提供详细的核算指标。因此,就必须同时设置总分类账户和明细分类账户。

◆ **1. 总分类账户与明细分类账户的联系**

(1) 反映的经济内容相同。例如,"库存商品"账户与其所属的"库存商品——A产品""库存商品——B产品"等明细账户都是用来反映企业库存商品的收发及结存业务的。

(2) 登记账簿的原始依据相同。总分类账和明细分类账的记账依据均为审核无误的会计凭证。

◆ **2. 总分类账户与明细分类账户的区别**

(1) 反映经济业务指标的详细程度不同。总分类账户提供的是总括性指标,只能概括地反映会计对象的具体内容;明细分类账户提供的是详细的具体的指标,可以详细地反映会计对象的具体内容。

(2) 二者作用不同。总分类账户对其所属的明细分类账户起着统驭控制的作用,而明细分类账户对有关总账起到补充说明的作用。

(二)总分类账户与明细分类账户平行登记的要点

平行登记是指对发生的每项经济业务都要以审核无误的会计凭证为依据,一方面记入总分类账户中,另一方面记入对应的明细分类账户中的方法。总分类账户与明细分类账户的平行登记的要点有以下四点。

◆ **1. 依据相同**

对于每一项经济业务,都要依据审核无误的原始凭证或者记账凭证,既要登记总分类账户,又要登记其所属的明细分类账户。

◆ **2. 方向相同**

将某项经济业务记入某一总分类账户和其所属明细分类账户时,必须在相同的方向,即应记借方的都记借方,应记贷方的都记贷方。

◆ **3. 时间相同**

时间相同是指对每项经济业务在登记总分类账户的时间应该与其所属的明细分类账户的登记时间一致。由于各单位账务处理程序的不同,总分类账户和明细分类账户的登记时间不可能保持在同一个时间点,因此这里的时间相同指的是会计期间相同,也就是总分类账户和明细分类账户必须在同一会计期间完成登账工作。

◆ **4. 金额相同**

对每一项经济业务记入某一总分类账户的金额必须与记入其所属的明细分类账户的金额合计数一致。有关金额相同的公式如下:

总分类账户的期初余额=所属各明细分类账户期初余额合计数
总分类账户的借方发生额=所属各明细分类账户借方发生额合计数

总分类账户的贷方发生额＝所属各明细分类账户贷方发生额合计数

总分类账户的期末余额＝所属各明细分类账户期末余额合计数

【例 6-5】 总账和明细账之间的登记应该做到（　　）。

A. 登记的金额相同　　　　　　　　B. 登记的时点相同

C. 登记的原始依据相同　　　　　　D. 登记的方向相同

【答案】ACD

第四节　对账与结账

一　对账

（一）对账的概念

对账即核对账目，是把账簿记录的会计信息进行内部核对、内外核对、账实核对，以保证账簿记录的正确性。

在会计工作中，由于各种原因，难免发生登记账簿方面的错误，进而出现账实不符的现象。为了保证账簿记录的真实性、完整性和正确性，在记账之后，必须对账簿的记录进行核对。对账工作一般在月末进行，即在记账之后、结账之前完成。遇到特殊情况，如有相关人员岗位变动或发生非常事件后，也应随时进行对账。对账后要保证账证相符、账账相符和账实相符。

（二）对账的内容

◆ **1. 账证核对**

账证核对是将各种账簿记录与记账凭证及其所附的原始凭证进行核对。核对的内容包括：账簿记录是否为记账凭证中所列示的会计科目，记账凭证中所列示的经济业务内容、记账方向、金额、凭证编号等是否与账簿记录一致等。这种核对一般在日常编制凭证和记账过程中进行。每月终了，如发现账证不符，可以再将账簿记录与会计凭证进行核对，以确保账证相符。

◆ **2. 账账核对**

账账核对是在账证核对的基础上对各种账簿之间的记录和数字进行核对。账账核对包括以下内容。

（1）总分类账簿之间的核对。包括核对所有总账账户的借方发生额的合计数与贷方发生额的合计数是否相等，核对所有总账账户的借方余额合计数与贷方余额合计数是否相等。

（2）总分类账簿与其所属明细分类账簿之间的核对。主要核对总分类账账户余额与其所属的明细分类账账户余额的合计数是否相等。

（3）总分类账簿与日记账簿之间的核对。主要核对现金日记账、银行存款日记账的余额与其总账账户的余额是否相等。

（4）明细分类账簿之间的核对。主要核对会计部门有关财产物资的明细分类账户余额与财产物资保管或使用部门的有关明细分类账户余额是否相等。

通过以上核对，达到账账相符。核对的方法是编制总分类账发生额及余额试算平衡表、总分类账与其所属明细分类账余额明细表。

◆ **3. 账实核对**

账实核对是在账账核对的基础上将各种财产物资的账面余额与实存数进行核对。账实核对的内容有：

（1）现金日记账账面余额与现金实际库存数相核对；

（2）银行存款日记账账面余额与开户银行对账单相核对；

（3）各种材料、物资明细分类账账面余额与材料、物资实存数额相核对；

（4）各种债权、债务明细账账面余额与对方单位相应的债权、债务账目相核对。

在实际会计核算中，账实核对一般是通过财产清查进行的。财产清查是会计核算的一种专门方法，其具体方法将在后面章节进行具体介绍。

【例6-6】 以下属于账账核对的内容有（　　）。

A. 总分类账簿之间的核对

B. 总分类账簿与其所属明细分类账簿之间的核对

C. 总分类账簿与序时账簿之间的核对

D. 有关债权、债务明细账与对方单位的账面记录核对

【答案】ABC

 结 账

（一）结账的概念

结账是一项将账簿记录定期结算清楚的账务工作，是指按照规定在会计期末（月末、季末、年末）将本期内所有发生的经济业务全部登记入账，然后计算出各账户的本期发生额和期末余额。另外，企业在特殊情况下（如撤销、合并等）需要办理账务交接时也需要办理结账。通常结账可以反映一定时期内经济业务的发生所引起的资金增减变动情况及其结果，并为编制会计报表提供资料。结账具体可分为月结、季结和年结。

（二）结账的程序

◆ **1. 结账前**

将本期发生的经济业务全部记入有关账簿，既不能提前结账，也不能将本期发生的业务延至下期登账。对于发现的本期记账错误，应采用适当的错账更正法。

◆ **2. 调整账项**

在本期经济业务全部入账的基础上，按照权责发生制的要求调整有关账项，合理确定应计入本期的收入和费用。调整账项时，需要先编制记账凭证再记入有关账簿。同时，还要将损益类账户余额全部转入"本年利润"账户，结平所有损益类账户。

◆ **3. 结账**

结出资产类、负债类和所有者权益类账户的本期发生额和期末余额，并结转下期。

（三）结账的方法

结账时，应根据不同账户的记录要求，分别采用不同的方法。

（1）对不需要按月结计本期发生额的账户，如各项应收应付款明细账和各项财产物资明细账等，每次记账后，随时结出余额，每月最后一笔余额即为月末余额。月末结账时，只需要在最后一笔经济业务记录之下通栏划单红线，不需要再结计一次余额。

（2）现金、银行存款日记账和需要按月结计发生额的收入、费用等明细账，每月结账时，在最后一笔经济业务记录下面划一条单红线至余额栏，结出本月发生额和余额，在"摘要"栏内注明"本月合计"字样，并在下面再划一条单红线至余额栏。

（3）需要结计本年累计发生额和余额的某些明细账户，每月结账时，应在"本月合计"行下结出自年初起至本月末止的累计发生额，登记在月份发生额下面，在"摘要"栏内注明"本年累计"字样，并在下面划一条通栏单红线。12月末的"本年累计"就是全年累计发生额，在全年累计发生额下划通栏双红线。

（4）总账账户平时只需结出月末余额。年终结账是，为了总括反映全年经济活动的全貌，便于核对账目，要将所有总账账户结出全年发生额和余额，在"摘要"栏内注明"本年合计"字样，并在合计数下划通栏双红线。

（5）年度终了结账时，有余额的账户，应将其余额结转至下年，并在"摘要"内注明"结转下年"字样；在下一会计年度新建有关会计账户的第一行"余额"栏内填写上年结转的余额，并在"摘要"栏内注明"上年结转"或"年初余额"字样。即将有余额的账户余额直接记入新账"余额"栏内，不需要编制记账凭证，也不必将余额再记入本年度账户的借方或贷方，使本年有余额的账户余额变为零。

【例 6-7】 以下属于结账程序的有（　　　）。
A. 将损益类账户转入"本年利润"账户，结平所有损益类账户
B. 将本期发生的经济业务事项全部登记入账
C. 根据权责发生制的要求，调整有关账项，合理确定本期应计的收入和应计的费用
D. 结算出资产类、负债类和所有者权益类账户的本期发生额和余额，并结转下期
【答案】ABCD

第五节 错账的查找与更正

一、查找错账的方法

在记账的过程中，可能会发生各种各样的错误，产生错账，如重记、漏记、数字颠倒、数字错位、数字记错、科目记错和借贷方向记反等，从而影响会计信息的准确性，对此应及时找出差错，并予以更正。对于错账的查找主要有两种方法，即个别检查法和全面检查法。

（一）个别检查法

个别检查法就是针对试算平衡的借、贷方合计数的差额来检查的方法。这种方法适用于检查金额记漏、数字记错、方向记反、数字记颠倒和数字记错位等造成的账簿记录错误。个别检查法分为差数法、尾数法、除二法和除九法。

◆ **1. 差数法**

差数法是指按照差额数来查找错账的方法。如在记账过程中，只登记了会计分录的借方或贷方的一个账户，而漏记了另一方的账户，从而导致试算平衡的借方合计数与贷方合计数不相等。然后可以通过借贷方合计数的差额来查找相同数字的账簿记录，找到错账所在。

◆ **2. 尾数法**

尾数法是指对于发生的差错只查找末位数，以提高查错效率的方法。这种方法适合于试算平衡中借、贷方合计数的其他位数都一致，而只有末位数出现差错的情况，如只差0.1元，只需要查看尾数是"0.1"的金额对应的账簿记录，看是否已将其登记入账。

◆ **3. 除二法**

除2法是指以差数除以2来查找错账的方法。在记账时，如果某账户的金额记错了方向，如应记入借方的金额记入了贷方或者应记入贷方的金额记入了借方，则试算平衡中会出现一方合计数增多，而另一方合计数减少的情况，其差额应是记错方向金额数字的两倍，以差额数除以2，结果即是记错的金额。然后在账簿中查找与之相同的数字，而不是逐笔查找，这样，很容易找出错账所在。例如，试算平衡中，借方合计数与贷方合计数之差是10 000元，用10 000÷2＝5 000，即可根据5 000这个数字去查找错账了。

◆ **4. 除九法**

除9法是指以差数除以9来查找错账的方法。记账时，如果出现金额登记错位的情况，如把百位记成了千位（即写大）或是把百位记成了十位（即写小），那么正确数与错位数之差可被9整除，以此为线索，查找记账错误。除九法主要用来查找以下三种情况。

1) 数字写大

例如，将50登记成了500，错误数字大于正确数字9倍，错位的差额是500-50＝450，450÷9＝50，则50元为正确的金额数字。

2) 数字写小

例如，将400登记成了40，错误数字小于正确数字9倍，错位的差数是400-40＝360，360÷9＝40，则40为错位数，扩大10倍后即可得出正确的数字400元。

3) 邻数颠倒

例如，若将4 256元登记成了4 526元，其差数4 526-4 256＝270，将270÷9＝30，这表明发生数字颠倒在十位与百位之间，根据商的首位是3，则可判断颠倒的两个数字差异是3，这样在账簿记录中就可查找百位与十位之间的下列数字，1与4、2与5、3与6、4与7、5与8、6与9，即查找14，52，36，47，58，69中哪一个数字颠倒了。当查到52这个数字时，就可结合该项业务的记账凭证，核对其是否将4 256误记成4 526。

（二）全面检查法

全面检查法就是对一段时间内的账目进行全面核对的检查方法。在一笔业务漏记、重记或是记反两个账户的借贷方向时,通过试算平衡表是反映不出错误的,更不能通过个别检查法检查记账错误,因此还需要常态化开展全面检查。通常情况下,全面检查法有顺查法和逆查法两种检查方法。

◆ **1. 顺查法**

顺查法即按照会计核算程序,从会计凭证到账簿,按先后顺序进行查错。顺查内容包括:检查记账凭证与所附原始凭证内容是否相等,金额是否正确;将记账凭证与有关总账、日记账、明细账逐笔核对,以发现错误所在。

◆ **2. 逆查法**

逆查法即与会计核算程序相反,从账簿到凭证,逆向查找。逆查的内容包括:检查各账户余额计算是否正确;将总分类账与明细分类账进行核对,检查平行登记是否正确;逐笔核对账簿记录是否与记账凭证相符;逐项核对记账凭证与所附原始凭证是否相符,记账凭证中会计分录是否正确。

二、错账更正方法

会计人员在记账时,应力求正确和清楚,避免发生错误。在记账过程中,如果发生错误,必须要按照规定的错账更正方法进行更正,不得涂改、挖补、刮擦或用药水消除字迹等,不准重新抄写。更正错账的方法一般有以下三种。

(一)划线更正法

划线更正法,又称为红线更正法。在记账后、结账前,如果发现账簿记录有文字或数字错误,而记账凭证没有错误,应采用划线更正法更正。

更正的具体方法是:在错误的数字或文字上划一条红线予以注销,然后在红线上面的空白处用蓝色或黑色笔写上正确的数字或文字,并由更正人员在更正处盖章,以明确责任。应当注意的是,更正时,必须将错误的数字全部划销,而不是只划销更正其中个别数字。对于已经划销掉的数字,应当保持原有字迹仍可辨认,以备查核。

【例 6-8】 甲公司记账人员李四在根据记账凭证登记账簿时,把 3 190.00 误记为 3 910.00 时,应做更正(见表 6-17)。

表 6-17 总账

科目 __原材料__ 第×页

09年		凭证		摘要	借方										贷方										借或贷	余额									
月	日	字	号		百	十	万	千	百	十	元	角	分		百	十	万	千	百	十	元	角	分			百	十	万	千	百	十	元	角	分
12	1			月初余额																					借			2	0	0	0	0	0	0
	6			生产产品领用													3	1	9	0	0	0		借			1	6	8	1	0	0	0
																	3	9	1	0	0	0					1	6	0	9	0	0	0

(二)红字更正法

红字更正法,又称红字冲销法,一般适用于下列两种情况。

(1)记账后、结账前,发现记账凭证中应借应贷科目、符号有错误时,采用红字更正法。更正方法为:第一步,先用红字填写一张与原记账凭证完全相同的记账凭证,然后用红字登记入账,在摘要栏里注明"冲销×月×日第×号凭证错账";第二步,用蓝字填写一张正确的记账凭证,然后用蓝字登记入账,在摘要栏中注明"补记×月×日账"。

【例 6-9】 甲公司以转账支票支付本月产品宣传费 6 000 元,填写如下记账凭证,并据以登记入账。

借:管理费用   6 000
  贷:银行存款   6 000

此错误属于会计科目用错,更正时,先用红字填写一张与原错误记账凭证内容完全相同的记账凭证,并据以用红字登记入账,以冲销原错误记账。(☐ 表示红字,下同)

借:管理费用 |6 000|
  贷:银行存款 |6 000|

然后再用蓝字或黑字填制一张正确的记账凭证,并据以用蓝字或黑字登记入账。

借:销售费用   6 000
  贷:银行存款   6 000

(2)记账后、结账前,发现记账凭证中应借应贷科目没有错误,但所记金额大于应记金额,应用红字更正法进行更正。更正方法为:按多记的金额用红字编制一张与原记账凭证应借应贷科目完全相同的记账凭证,在摘要栏中注明"冲转×月×日第×号凭证多记金额",用以冲销多记金额,并据以登记入账。

【例 6-10】 甲公司以银行存款支付前欠货款 1 000 元,填制如下记账凭证,并据以登记入账。

借:应付账款   10 000
  贷:银行存款   10 000

此错误属于所填金额大于应填金额,更正时直接按多记金额(10 000-1 000=9 000)用红字做如下记账凭证,并登记入账。

借:应付账款 |9 000|
  贷:银行存款 |9 000|

红字更正法主要是对本年度结账前的错误进行更正,若是发现以前年度的错误,因错误的账簿记录已经在以前会计年度终了时结账或决算,不可能再将已经决算的数字进行红字冲销,这时只能用蓝字或黑字凭证更正错账,并在更正凭证上特别注明"更正××年度错账"的字样。

(三)补充登记法

补充登记法又称蓝字或黑字补记法。记账后、结账前,发现记账凭证中应借应贷科目没有错误，但所记金额小于应记金额，则采用补充登记法更正。更正方法为：将少记的金额用蓝字或黑字填制一张与原错误记账凭证所记载的借贷方向、应借应贷会计科目相同的记账凭证，并据以入账，以补记少记金额，求得正确金额。

【例6-11】 甲公司以银行存款支付前欠货款1 000元，填制如下记账凭证，并据以登记入账。

  借：应付账款   100
    贷：银行存款   100

此错误属于所填金额小于应填金额，更正时直接按少记金额（1 000－100＝900）用蓝字或黑字填写如下记账凭证，并登记入账。

  借：应付账款   900
    贷：银行存款   100

【数字资源6-5】

第六节 会计账簿的更换与保管

一、会计账簿的更换

为了保证会计账簿资料的完整性、连续性和系统性，在每个会计年度终了，新的会计年度开始时，企事业单位应按照会计制度的要求进行各类账簿的更换。

更换账簿的规则是总账、日记账和多数明细账必须每年更换一次，只有少部分的明细账，如固定资产明细账或固定资产卡片可以继续使用，不必每年更换。更换账簿时，一般只需要将各账户的余额直接抄入新账户的第一页的第一行，并在"摘要"栏内注明"上年结转"或"年初余额"字样，不需填写记账凭证。订本式账簿，如果是在年度中间记满需要更换新账时，也与年初更换新账一样，办理同样手续。

二、会计账簿的保管

会计账簿与会计凭证、会计报表一样，都是企业重要的经济档案和历史资料。在年度终了，建立新账后，一般都要把旧账送交总账会计集中统一管理，也可暂由本单位财务会计部门保管1年，期满之后，由财务会计部门编造清册移交本单位的档案部门保管。各种账簿应当按年度分类归档、编造目录，并妥善保管。既保证在需要时能迅速查阅，又保证各种账簿的安全和完整。保管期满后，还要按照规定的审批程序经批准后才能销毁。

【数字资源6-6】

本章小结

本章主要讲述了会计账簿的概念、分类、格式及登记方法、对账和结账、错账更正法。会计账簿是指由一定格式的账页组成，根据审核无误的会计凭证，连续、全面、系统地记录和反映企业经济业务事项的簿籍。会计账簿按其用途不同，可分为序时账簿、分类账簿和备查账簿；按其外表形式分类，可分为订本式账簿、活页式账簿和卡片式账簿；按其账页格式分类，可分为三栏式账簿、数量金额式账簿和多栏式账簿。各类账簿在登记时，在遵循基本规则的基础上，还要按照相应的格式和外表形式要求进行准确登记，总账和其所属的明细分类账要平行登记。

会计账簿要定期和不定期地进行对账和结账。在记账后、结账前发现记账错误的，要按照对应的错账更正方法进行更正，不得在账簿上随意进行涂改、挖补、刮擦等。

在每一个会计年度终了，要按照会计制度的规定进行账簿的更换与保管。

思考题

1. 什么是会计账簿？它有什么作用？
2. 账簿按用途和外表形式各分为哪几类？
3. 登记账簿有哪些基本规则？
4. 现金日记账和银行存款日记账的格式有哪几种？
5. 总分类账应采用什么格式和外表形式？如何进行登记？
6. 明细分类账的格式有哪几种？它们各适用于哪些账户？
7. 总分类账户和明细分类账户平行登记的要点有哪些？
8. 什么是对账？对账包括哪些具体内容？
9. 什么是结账？如何进行结账？
10. 错账更正方法有哪些？它们各适用于什么情况？
11. 账簿的更换和保管要注意哪些问题？

练习题

一、单项选择题

1. 总分类账簿应采用（   ）外表形式。
   A. 活页式　　　　　　　　　　B. 卡片式
   C. 订本式　　　　　　　　　　D. 备查式

2. 租入固定资产备查登记簿按用途分类属于（　　）。

A. 分类账簿　　　　　　　　　　B. 通用日记账

C. 备查账簿　　　　　　　　　　D. 专用日记账

3. 会计人员在结转前发现，在根据记账凭证登记入账时，误将600元记成6 000元，而记账凭证无误，应采用（　　）更正。

A. 补充登记法　　　　　　　　　B. 划线更正法

C. 红字更正法　　　　　　　　　D. 蓝字登记法

4. 活页账簿与卡片账簿可适用于（　　）。

A. 现金日记账　　　　　　　　　B. 联合账簿

C. 通用日记账　　　　　　　　　D. 明细分类账

5. 材料明细账的外表形式可采用（　　）。

A. 订本式　　　　　　　　　　　B. 活页式

C. 三栏式　　　　　　　　　　　D. 多栏式

6. 固定资产明细账的外表形式一般采用（　　）。

A. 三栏式　　　　　　　　　　　B. 数量金额式

C. 多栏式　　　　　　　　　　　D. 卡片式

7. 下列会计科目中，采用三栏式明细账格式的是（　　）。

A. 生产成本　　　　　　　　　　B. 营业费用

C. 材料　　　　　　　　　　　　D. 待摊费用

8. 新的会计年度开始，启用新账时，可以继续使用、不必更换新账的是（　　）。

A. 总分类账　　　　　　　　　　B. 银行存款日记账

C. 固定资产卡片　　　　　　　　D. 管理费用明细账

二、多项选择题

1. 任何会计主体都必须设置的账簿有（　　）。

A. 日记账　　　　　　　　　　　B. 辅助账簿

C. 总分类账簿　　　　　　　　　D. 备查账簿

E. 明细分类账

2. 现金、银行存款日记账的账页格式有（　　）。

A. 三栏式　　　　　　　　　　　B. 多栏式

C. 订本式　　　　　　　　　　　D. 数量金额式

E. 联合式

3. 明细分类账可以根据（　　）登记。

A. 原始凭证　　　　　　　　　　B. 汇总原始凭证

C. 累计凭证　　　　　　　　　　D. 经济合同

E. 记账凭证

4. 多栏式明细分类账的账页格式适用于（　　）。

A. 应收账款明细账　　　　　　　B. 管理费用明细账

C. 主营业务收入   D. 材料采购
E. 待摊费用
5. 对账的具体内容包括（   ）。
A. 账证核对   B. 账账核对
C. 账表核对   D. 账内核对
E. 账实核对
6. 账簿组成的基本内容是（   ）。
A. 单位名称   B. 账簿封面
C. 账簿扉页   D. 账页
E. 登记人员
7. 必须每年更换的账簿有（   ）。
A. 普通日记账   B. 总分类账簿
C. 明细分类账   D. 固定资产卡片
E. 特种日记账
8. 年度结束后，对账簿的保管应做到（   ）。
A. 装订成册   B. 加上封面
C. 统一编号   D. 归档保管
E. 定期检查

三、判断题

1. 登记账簿的目的在于为企业提供各种总括的核算资料。　　　　　　　　　　（   ）
2. 现金日记账和银行存款日记账必须采用订本式。　　　　　　　　　　　　　（   ）
3. 为了实行钱账分管原则，通常由出纳人员填制收款凭证和付款凭证，由会计人员登记现金日记账和银行存款日记账。　　　　　　　　　　　　　　　　　　　（   ）
4. 多栏式总分类账是指把所有的总账科目并在一张账页上。　　　　　　　　　（   ）
5. 对于"材料"账户的明细分类账，应采用多栏式账簿。　　　　　　　　　　（   ）
6. 结账就是结算，是登记每个账户期末余额的工作。　　　　　　　　　　　　（   ）
7. 总分类账及其明细分类账必须在同一会计期间内登记。　　　　　　　　　　（   ）
8. 账簿是重要的经济档案和历史资料必须长期保存，不得销毁。　　　　　　　（   ）

四、会计实训题

实训一

【目的】练习总分类账与明细分类账的平行登记。

【资料】本月发生下列经济业务：

1. 用银行存款支付行政管理部门的办公费 300 元；
2. 经批准，将盘盈材料 450 元冲减管理费用；
3. 用现金支付离退休人员的工资 900 元；
4. 计提本月行政管理部门使用的固定资产折旧 320 元；
5. 月末，结转本月发生的管理费用。

【要求】根据上述业务编制记账凭证，并登记管理费用总账和明细账。

实训二

【目的】练习错账的更正方法。

【资料】某企业将账簿与记账凭证进行核对,发现下列经济业务的凭证内容或账簿记录有错误。

1. 开出转账支票一张200元,支付管理部门零星开支。原记账凭证为:

　　借:管理费用　　　　　　　　　　　　　　　　　　　　　200
　　　　贷:现金　　　　　　　　　　　　　　　　　　　　　　　　200

2. 签发转账支票4 000元,预付后三季度的报刊订阅费。原记账凭证为:

　　借:待摊费用　　　　　　　　　　　　　　　　　　　　　400
　　　　贷:银行存款　　　　　　　　　　　　　　　　　　　　　　400

3. 签发转账支票6 000元,预付后三季度房租。原记账凭证为:

　　借:待摊费用　　　　　　　　　　　　　　　　　　　　　9 000
　　　　贷:银行存款　　　　　　　　　　　　　　　　　　　　　　9 000

4. 用现金支付管理部门零星购置费78元。原记账凭证为:

　　借:管理费用　　　　　　　　　　　　　　　　　　　　　78
　　　　贷:现金　　　　　　　　　　　　　　　　　　　　　　　　78

记账时现金付出栏记录为87元。

【要求】判断上列各经济业务的账务处理是否有误;如有错误,采用适当方法加以更正。

实训三

【目的】练习现金日记账的登记。

【资料】某工厂2002年7月1日现金日记账的期初余额为960元,该厂7月份发生下列有关经济业务。

1. 1日,车间技术员李英借支差旅费300元,以现金支付。

2. 1日,厂长江海预借差旅费600元,以现金支付。

3. 2日,开出现金支票,从银行提取现金650元备用。

4. 2日,以现金购买财务科办公用品100元。

5. 3日,以现金支付工厂行政管理部门设备修理费170元。

6. 10日,以现金支付法律咨询费160元。

7. 11日,开出现金支票,从银行提取现金29 000元,备发工资。

8. 12日,以现金29 000元发放工资。

9. 18日,以现金60元购买车间办公用品。

10. 19日,职工江英缴来工具赔偿费120元。

11. 23日,用现金支付采购材料运杂费80元。

12. 27日,外单位职工以现金支付借打长途电话费6元。

13. 30日,车间技术员李英报销差旅费260元,其余40元以现金退付。

14. 30日,厂长江海报销差旅费660元,多余部分以现金补付。

【要求】

(1) 设置三栏式现金日记账,将7月1日期初余额记入现金日记账。

（2）根据以上业务登记现金日记账，并结出余额。

五、案例分析题

包先生在一家上市公司做会计主管，发现该公司的"原材料"和"应收账款"平常不登记总分类账，只是登记明细分类账，且往往是等一段时间才补登总分类账；而"固定资产"账户平时不登记明细分类账，只是登记总分类账。他提出这种做法不符合总分类账与明细分类账之间的平行登记原则，但是财会部门经理认为这样做没有违反平行登记。你认为谁的看法对？

练习题答案请见【数字资源6-7】

第七章 财产清查

学习目的与要求

通过本章学习,学生了解财产清查的概念和意义;熟悉财产清查的过程和方法;掌握财产清查的含义及方法、银行存款余额调节表的编制、存货和固定资产盘亏和盘盈的处理。

学习内容

1. 财产清查的概念、制度和方法。
2. 库存现金的清查。
3. 银行存款的清查。
4. 往来款项的清查。
5. 存货的清查。

学习重点

1. 财产清查的程序和方法。
2. 各项财产清查结果的账务处理。
3. 编制银行存款余额调节表。

学习难点

1. 编制银行存款余额调节表。
2. 进行财产清查结果的处理。

案例导入

1494年意大利学者卢卡巴其阿勒撰写的《算术、几何、比与比例概要》（也称为《簿记论》）出版了，该书共分五卷，第一卷论述代数和算术；第二卷论述商业算术和代数；第三卷论述簿记；第四卷论述货币和兑换；第五卷论述纯粹几何学和应用几何学。其中，关于借贷复式记账法的论述列于该书第三卷第九部第十一篇《计算与记录要论》。本篇共分36章，其第1章至第4章主要说明财产盘存与财产目录的编制方法，揭示了财产盘存的意义。

《簿记论》围绕财产盘存与编制财产目录及相关问题进行了探讨，主要介绍了财产目录的性质、意义与编制方法。《簿记论》系统介绍了当时流行的"威尼斯簿记法"，并结合数学原理从理论上加以概括，为会计学的产生奠定了基础。他指出，成功的商人必须具备三个条件，其中第三个条件就是商人应将所有商业事务必须有条不紊地记录，使其能一目了然地了解自己的经营活动。

第一节 财产清查概述

财产清查制度是《中华人民共和国会计法》强调的重要制度之一。本法要求各单位在建立财产清查制度的同时还要明确规定财产清查的范围、期限、组织程序等，以保证财产清查制度得以具体落实，也为有关管理部门监督和检查财产清查制度的建立和执行情况提供可靠依据。

一、财产清查的含义

财产清查也称财产检查，是指通过对会计核算单位的货币资金、存货、固定资产、债权、债务、有价证券等的盘点或核算，查明其账面结存数和实际结存数额是否一致，以保证账实相符的一种会计处理方法。

企事业等单位的各项财产物资的增减变动和结存情况，都是通过账簿记录如实进行反映的，因此其账面结存数额和实际结存数额应当一致。但在实际工作中，自然和人为等因素会导致账实不符的情况发生，其原因主要有以下几点：

（1）财产物资在运输、保管和收发过程中发生的自然损耗；
（2）在收发财产物资时，由于计量、计算、检验不准确而发生的差错；
（3）在财产物资增减变动时，没有及时填制凭证、登记账簿，或者在填制凭证和登记账簿时发生了计算或登记上的错误；
（4）由于管理不善或工作人员失职造成的差错；
（5）由于不法分子贪污盗窃、营私舞弊等造成的财产物资的损失；

(6) 自然灾害或非常事件造成的财产物资的损失；

(7) 未达账项引起的账账、账实不符等。

为了查明上述这些现象造成账实不符的情况，确保会计账簿记录的真实、正确，就需要企业在编制会计报表以前，对企业的各项财产物资进行清查，以做到账实相符。

二、财产清查的意义

企业在财产清查的过程中，如发现账面结存数额和实际结存数额不一致，除应查明账实不符的原因外，还应进一步采取措施，以改进和加强财产的管理。财产清查具有以下几方面的意义。

（一）保护财产的安全和完整

通过财产清查，可以查明企业单位的财产、商品、物资是否完整，有无缺损、霉变现象，以便堵塞漏洞、改进工作，建立和健全各种责任制度，切实保证财产的安全性和完整性。

（二）保证会计核算资料的真实性

通过财产清查，可以查明各项财产物资的实有数，确定实有数额和账面数额的差异，以便分析原因，采取措施，改进工作，进一步加强财产物资的管理，确保会计核算资料的真实性和可靠性。

（三）挖掘财产物资潜力，提高物资使用效率

通过财产清查，可以查明各项财产物资的储备和利用情况，以便分类后采取不同措施积极利用和处理，提高物资的使用效率。对储备不足的财产应予以补充，确保生产需要；对超储、积压、呆滞的财产物资应及时处理，防止盲目采购和不合理的积压。充分挖掘物资的利用效率，加速资金周转，提高资金使用效果，最终提高企业经济效益。

（四）保证财经纪律和结算纪律的执行

通过对财产、物资、货币资金及往来账项的清查，可以查明单位有关业务人员是否遵守财经纪律和结算制度，有无贪污盗窃、挪用公款的情况。查明各项资金使用是否合理，是否符合党和国家的方针、政策、法规，从而使工作人员更加自觉地遵纪守法，自觉维护和遵守财经纪律。

（五）保证会计信息系统正常运行

会计以凭证形式输入资金运动发出的初始信息，经过确认、分类、记录、整理和汇总，最后以财务报表为载体输出供决策使用的真实可靠的财务信息。在对会计信息质量的要求中，财务报表信息的可靠性最为重要。

通过财产清查，可查明各项财产物资的实际结存数，并与账簿记录相核对，以发现记账中的错误，确定账实是否相符。若不相符，要查明原因，分清责任，并按规定的手续及

时调整账面数字，直至账实相符。这样能够保证根据账簿信息编制的财务报表真实可靠，从而提高会计信息的质量。

（六）督促建立内部会计监督制度

建立合适的内部会计监督制度，如内部牵制制度，其目的是健全财产物资的管理制度，保护财产物资的安全性与完整性，提高企业经济效率。

（七）促进资金加速周转

通过财产清查，特别是对债权债务的清查，可以促进其及时结算，及时发现坏账并予以处理。同时，可以及时发现企业财产物资超储积压、占用不合理等情况，以尽早采取措施利用或处理，促进企业合理占用资金，加速资金周转。

三、财产清查的盘存制度

财产清查的盘存制度包括实地盘存制和永续存盘制两种。

（一）实地盘存制

实地盘存制是指通过期末实地盘点来确定各种财产物资的期末数量，并依据期末数据来推算本期减少数的一种方法。采用这种方法，各种财产物资的账面记录，平时只登记购进数或收入数，不登记销售数或减少数；期末结账时，根据实地盘点所确定的期末数推算出本期减少数，据以确定财产物资的期末结存金额和销售或耗用成本，因而这种方法也叫"以存计耗""以存计销"。其计算公式如下：

本期减少数＝账面期初余额＋本期增加数－期末实际结存数

销货成本＝ 期初存货＋本期购货－期末存货

在实地盘存制下，由于平时不反映财产物资的减少数，所以无须登记财产减少的数量和金额明细账，简化了日常核算工作。但这种方法的缺点也非常明显：

（1）手续不够严密，不能通过账簿记录随时反映和监督财产的增加、减少及结存情况；

（2）由于以存计销或以存计耗推算出减少的财产成本，因此凡未记入期末财产成本的部分都视为消耗或销售，表面上账是平衡的，但掩盖了浪费、偷盗及非正常损失等情况，不易发现管理中存在的问题，削弱了监管作用。

实地盘存制适用于数量多、价值量小的存货或鲜活商品的管理。

（二）永续盘存制

永续盘存制也称账面盘存制，是通过设置存货明细账，对日常发生的存货增加或减少，都必须根据会计凭证在账簿中进行连续登记，并随时在账面上结算各项存货的结存数的一种方法。其计算公式如下：

存货账面期末余额＝存货账面期初余额＋本期存货增加数－本期存货减少数

永续盘存制可以通过存货明细账的记录随时反映某一存货在一定会计期间内收入、发出及结存的详细情况，有利于加强对存货的管理与控制，为及时掌握企业单位财产增减变动情况提供可靠依据，因而在会计实务中被广泛运用。但这种方法增加了会计核算工作量，而且也会发生账实不符的情况。因此，日常采用永续盘存制进行核算的企业，要定期或不定期地进行实地盘存，以查明账实是否相符及不相符的原因。

将实地盘存制与永续盘存制进行对比，区别如下：实地盘存制是平时账上只记录增加数，不记录减少数额，期末通过实地盘点得出余额，从而倒挤出本期减少数额；永续盘存制是平时在账上详细记录，其增减变化是通过计算得出的余额。实地盘存制在账上不可以随时反映数量、金额，而永续盘存制在账上可以随时反映数量、金额。

四 财产清查的种类

财产清查是会计核算的专门方法之一，在企业日常工作中考虑成本、效益的前提下，可选择范围大小适宜、时机恰当的财产清查方法。也就是说，可按照财产清查范围、清查时间和清查的执行情况将财产清查进行分类。

（一）按财产清查的范围分类

财产清查按其清查范围的不同，可分为全面清查和局部清查。

◆ **1. 全面清查**

全面清查是指对所有的财产和资金进行全面盘点与核对。其清查对象主要包括原材料、在产品、自制半成品、库存商品、库存现金、在途物资、委托加工物资、往来款项、固定资产等。全面清查范围广，工作量大，一般在年终决算前、企业撤销或合并或改变隶属关系时进行。

◆ **2. 局部清查**

局部清查也称重点清查，是指根据需要只对财产中某些重点部分进行的清查。如流动资金中变化较频繁的原材料、库存商品等，除年度全面清查外，还应根据需要随时轮流盘点或重点抽查。各种贵重物资要每月至少清查一次，库存现金要每天核对，银行存款要按银行对账单逐笔核对。

（二）按财产清查的时间分类

财产清查按其清查时间的不同，可分为定期清查和不定期清查两种。

◆ **1. 定期清查**

定期清查是指在规定的时间内所进行的财产清查，一般是在月、季、年度终了后进行。

◆ **2. 不定期清查**

不定期清查也称临时清查，是指根据实际需要临时进行的财产清查，一般是在更换财产物资保管人员、企业撤销或合并以及发生财产损失等情况时进行的清查。

需要说明的是定期清查和不定期清查的范围应视具体情况而定，可全面清查也可局部清查。

（三）按清查的执行系统分类

财产清查按其清查的执行系统的不同，可分为内部清查和外部清查。

◆ **1. 内部清查**

内部清查是由本单位内部自行组织清查工作小组所进行的财产清查工作。

◆ **2. 外部清查**

外部清查是由上级主管部门、审计机关、司法部门、注册会计师等人员根据国家有关规定或者情况需要对本单位进行的财务清查。

第二节　财务清查的方法

一、财产清查的范围

财产清查的范围主要有：

（1）货币资金，包括现金、银行存款、银行借款以及各种有价证券；

（2）存货，包括各类材料、在产品、半成品、产成品、库存商品以及包装物、价值易耗品、委托加工物资等；

（3）接受其他单位委托加工的材料、商品、物资；

（4）债权、债务，包括各种应收、应付款项，预收、预付款项，其他应收、应付款项；

（5）固定资产，包括房屋建筑物、机器设备、运输设备等；

（6）租出的固定资产和包装物；

（7）租入的固定资产和包装物；

（8）各项在建工程。

二、财产清查的程序

（一）成立财产清查小组

财产清查是一项复杂细致的工作，它涉及面广、政策性强、工作量大。为了加强领导、保质保量地完成此项工作，一般应在厂长（经理）的领导下，组织一个有领导干部、专业人员、职工群众参加的专门小组，负责财产清查工作。

（二）制订财产清查计划

清查小组应根据财产清查任务的性质、种类和范围的不同而制订不同的财产清查计划、时间、方法、内容等。还应组织有关部门做好相关准备，如会计部门要将总账、明细账等有关资料登记齐全，核对正确，结出余额；保管部门对所保管的各种财产物资以及账簿等应标好标签，标明品种、规格、数量，以备查对；对银行存款、银行借款和结算款项，要取得银行对账单，以便查对；对需要使用的度量衡器，应提前校验正确，保证计量准确；对应用的所有表册，均应准备妥当。

（三）组织财产清查实施

在财产清查过程中，清查小组人员及相关部门人员都应端正态度，积极配合清查工作的顺利进行。同时，要严格按照财产清查的有关法律法规执行。

（四）处理财产清查结果

财产清查之后，需将清查结果及处理意见及时进行汇总，撰写清查报告，并将报告上报给相关部门进行审批。

三 财产清查的方法

由于各项财产存在的形态不同，其具体清查方法也有差异。目前财产清查运用的主要方法有以下四种。

（一）实地盘点法

实地盘点法是指对各项实物通过逐一清点，或用计量器具确定其实存数量的一种方法。这种方法适用范围较为广泛，大部分财产物资都采用这种方法清查，如存货、现金等。

（二）核对法

核对法是指将两种或两种以上的书面资料相互对照，以验证其内容是否一致的方法。银行存款的清查即可用此方法。

（三）查询法

查询法是指通过调查征询的方式取得必要资料，以查明其实际情况的方法。具体又有函询法和面询法两种。

（1）函询法：发函给有关单位或个人，请对方通过函件来说明经济业务的实际情况，作为判断问题的依据。往来账项的清查，一般采用函询法。

（2）面询法：直接找有关个人进行面谈。

（四）技术推算法

技术推算法是指对财产物资不必逐一进行清点、计数，而是通过量方、计尺等技术方法推算财产物资结存数量的一种方法。这种方法只适用于成堆、量大而价值又不高的，难以逐一清点的财产物资的清查，如露天堆放的煤炭等。

第三节 财产清查结果的处理

一、财产清查的结果

财产清查的结果有以下三种情况：
（1）实存数等于账存数，即账实相符；
（2）实存数大于账存数，即盘盈；
（3）实存数小于账存数，即盘亏。

财产清查结果的处理，一般指的是对账实不符即盘盈或盘亏情况的处理。对账实相符中发生变化的财产，如变质、霉烂或毁损的，称之为毁损，这也是财产清查处理的对象。

二、财产清查的账户设置

为了核算和监督财产清查结果的处理情况，应设置"待处理财产损溢"科目，该科目是资产类账户，用来核算企业财产清查过程中查明的各种财产盘盈、盘亏和毁损的价值。物资在运输途中发生的非正常短缺与损耗，也通过本科目核算。该科目可按盘盈、盘亏的资产种类和项目进行明细核算，可设置"待处理财产损溢——待处理流动资产损溢"和"待处理财产损溢——待处理固定资产损溢"两个明细分类账户，分别对流动资产和固定资产的损溢进行核算。

《企业会计准则》规定，待处理财产损溢的主要账务处理如下。

（1）盘盈的各种材料、产成品、商品、生物资产等，借记"原材料""库存商品""消耗性生物资产"等科目，贷记本科目。盘亏、毁损的各种材料、产成品、商品、生物资产等，盘亏的固定资产，借记本科目，贷记"原材料""库存商品""消耗性生物资产""固定资产"等科目。材料、产成品、商品采用计划成本（或售价）核算的，还应同时结转成本差异（或商品进销差价）。涉及增值税的，还应进行相应处理。

（2）盘亏、毁损的各项资产，按管理权限报经批准后处理时，按残料价值，借记"原材料"等科目；按可收回的保险赔偿或过失人赔偿，借记"其他应收款"科目；按本科目余额，贷记本科目；按其借方差额借记"管理费用""营业外支"等科目。

需要注意的是企业的财产损溢应查明原因，在期末结账前处理完毕，处理后本科目应无余额。

"待处理财产损溢"账户结构如图7-1所示。

三、财产清查结果的处理

财产清查的对象不同，其清查结果的账务处理也不相同。

借方	待处理财产损溢	贷方
发生额: 1. 发生的待处理财产盘亏或毁损金额 2. 批准转销的待处理财产盘盈金额		发生额: 1. 发生的待处理财产盘盈金额 2. 批准转销的待处理财产盘亏或毁损金额

图 7-1　"待处理财产损溢"账户结构

（一）货币资金的清查

货币资金，一般包括库存现金、银行存款和其他货币资金。这里主要介绍库存现金的清查和银行存款的清查。

库存现金的清查是通过实地盘点的方法，确定库存现金的实存数，再与现金日记账的账面余额进行核对，以查明盈亏情况。库存现金的盘点，应由清查人员会同出纳人员共同负责。

（1）盘点前，出纳人员应先将现金收、付款凭证全部登记入账，并结出余额。

（2）盘点时，出纳人员必须在场，现金应逐张清点，如发现盘盈、盈亏，必须会同出纳人员核实清楚。除查明账实是否相符外，还要查明有无违反现金管理制度的规定，有无以"白条"抵充现金的情况，有无库存现金超过银行核定限额的情况，有无坐支现金的情况等。

（3）盘点结束后，应根据盘点结果，填制库存现金盘点报告表（见表7-1）并由检察人员和出纳人员签字和盖章。此表具有双重性质，既是盘存单，又是账实对比表；既是反映现金实存数额调整账簿记录的重要原始凭证，也是分析账存数与实存数发生差异的原因，明确经济责任的依据。

表 7-1　库存现金盘点报告表

单位名称　　　　　　　　　　　20××年×月×日

实存金额	账存金额	对比结果		备注
		盘盈	盘亏	

盘点人员（签章）：　　　　　　　　　　　　出纳人员（签章）：

【例 7-1】　新发公司在库存现金的财产清查中发现盘盈现金 25 元，会计分录如下：

借：库存现金　　　　　　　　　　　　　　　　　　　　　　25
　　　贷：待处理财产损溢——待处理流动资产损溢　　　　　　　　25

经批准作为"营业外收入"处理，会计分录如下：

借：待处理财产损溢——待处理流动资产损溢　　　　　　　　25
　　　贷：营业外收入　　　　　　　　　　　　　　　　　　　　　25

【例 7-2】 新发公司在库存现金的财产清查中发现盘亏现金 180 元，会计分录如下：

借：待处理财产损溢——待处理流动资产损溢　　　　180
　　贷：库存现金　　　　　　　　　　　　　　　　　　　180

经调查发现，库存现金盘亏的原因是出纳员保管不善所致，应由责任人赔偿，会计分录如下：

借：其他应收款——出纳员　　　　　　　　　　　　180
　　贷：待处理财产损溢——待处理流动资产损溢　　　　　180

【数字资源 7-1】

银行存款的清查，采用核对法，即将开户银行定期送来的对账单与本单位的银行存款日记账进行逐笔核对，以查明银行存款收、付及余额是否正确，两者是否相符。

在与银行对账之前，应先检查本单位"银行存款日记账"的正确性与完整性，然后将其与银行送来的对账单逐笔核对增减额和同一日期的余额。通过核对往往会发现双方账目不相符，其主要原因有两个方面：一是双方记账均可能有失误或差错，如错账或漏账等，这是不正常现象，应予以及时查明及更正；二是存在未达账项，这是正常的，所谓未达账项，是指单位与银行双方之间由于结算凭证传递的时间不同，而造成一方已经入账，另一方未收到结算凭证而尚未入账的款项。

产生未达款项主要有以下几种情况：

（1）银行已经收款入账，而企业尚未收到银行的收款通知因而未收款入账的款项，如委托银行收款等；

（2）银行已经付款入账，而企业尚未收到银行的付款通知因而未付款入账的款项，如借款利息的扣付、托收无承付等；

（3）企业已经收款入账，而银行尚未办理完转账手续因而未收款入账的款项，如收到外单位的转账支票等；

（4）企业已经付款入账，而银行尚未办理完转账手续因而未付款入账的款项，如企业已开出支票而持票人尚未向银行提现或转账等。

对于未达账项，应于查明后编制银行存款余额调节表（见表 7-2），以检查双方的账目是否相符。

表 7-2　银行存款余额调节表

20××年×月×日　　　　　　　　　　　　　　　　　　　　　　　　　　　　单位：元

项目	金额	项目	金额
企业银行存款日记余额： 　加：银行已收，企业未收 　减：银行已付，企业未付		银行对账单余额： 　加：企业已收，银行未收 　减：企业已付，银行未付	
调节后的余额		调节后的余额	

银行存款余额调节表差额调节法,是根据未达账项对双方银行存款余额差额的影响数额进行的调节,用公式表示为

企业银行存款日记余额 － 银行对账单余额 = 银行未达账项影响的差额 － 企业未达账项影响的差额

可将上述公式分解成以下三个步骤进行:

(1) 银行对账单余额＋企收银未收－企付银未付＝银行对账单调节后余额;

(2) 企业银行存款科目余额＋银收企未收－银付企未付＝企业银行存款科目调节后余额;

(3) 银行对账单调节后余额＝银行存款科目调节后余额。

【例 7-3】 新发公司本月银行存款日记账余额 768 900 元,银行对账单余额 800 900 元,经查有以下几笔未达账项和错账。

(1) 委托银行收款 65 000 元,银行入账,企业未入账。

(2) 企业获得销售收入 73 000 元,已存入银行,而银行尚未列入账单。

(3) 银行借款利息 6 000 元,银行已划转,企业尚未入账。

(4) 企业购买材料 46 000 元,已签发转账支票,而银行尚未列入对账单。

根据上述资料,编制"银行存款余额调节表"如表 7-3 所示。

表 7-3 银行存款余额调节表

20××年×月×日 单位:元

项目	金额	项目	金额
企业银行存款日记账余额:	768 900	银行对账单余额:	800 900
加:银行已收,企业未收	65 000	加:企业已收,银行未收	73 000
减:银行已付,企业未付	6 000	减:企业已付,银行未付	46 000
调节后的余额	827 900	调节后的余额	827 900

银行日记账余额＝7 689 00＋65 000－6 000＝827 900(元)

银行对账单余额＝800 900＋73 000－46 000＝827 900(元)

【数字资源 7-2】

值得注意的是,由于未达账项不是错账、漏账,因此,无须根据调节表做任何账务处理,双方账面仍保持原有的余额,待收到有关凭证之后(即由未达账项变成已达账项),再同正常业务一样进行处理。

(二)有价证券的清查

有价证券主要包括公司债券、股票、国库券、其他金融债券等,其具体清查方法及账务处理与库存现金相似。

（三）往来款项的清查

往来款项的清查包括应收账款、预收账款、应付账款、预付账款等的清查。

往来款项的清查主要采用核对法和查询的方法，在保证企业单位应收、应付等往来款项账面记录正确无误的基础上，将所有往来账项分别对方单位，逐户编制一式两联的对账单即"往来款项对账单"（见表7-4），送交、函递对方单位进行核对。如对方单位核对无误，应盖章后退回其中一联；如核对不符，应在回单上注明不符原因后，盖章退回发出单位，以便继续查实。发出单位收到对方的回单后，对错误的账目应及时查明原因，并按规定的手续和方法加以更正。企业单位根据各对应单位的反馈情况，编制往来款项清查表（见表7-5）。

表7-4　往来款项对账单（询证函）

_____单位（签章）：

你单位20××年×月×日 到我单位购入甲产品 ×× 件，已付货款 ×× 元，尚有 ×× 元货款未付，请核对后将回单联寄回。

清查单位（签章）：
20××年×月×日

沿此虚线裁开，将以下回联寄回！

往来款项对账单（回联）

_____单位（签章）：

你单位寄来的"往来款项对账单"已收到，经核对相符无误。

××单位（签章）：
20××年×月×日

表7-5　往来款项清查表

明细分类账户		清查结果		核对不符原因分析			备注
名称	账面余额	核对相符金额	核对不符金额	未达账项金额	有争议款项金额	其他	

记账人员（签章）：　　　　　　　　　　　清查人员（签章）：

通过往来账项的清查，应将清查的结果填制往来款项清查报告表（见表7-6），填入各项债权、债务的余额。

对该收回的账款要及时催收，该偿付的账款应及时偿还，对呆账和坏账也应及时研究处理。

表 7-6　往来款项清查报告表

总分类账户		明细分类账户		清查结果		核对不符及原因					备注
名称	金额	名称	金额	核对相符金额	核对不符金额	核对不符单位	未达账项	争执款项金额	无法收回金额	其他	

记账人员（签章）：　　　　　　　　　　　清查人员（签章）：

在财产清查中查明的有关往来账项的坏账收入或坏账损失，应按照相关办法进行处理，不需要通过"待处理财产损溢"账户。

（四）存货的清查

存货的清查是指对各类原材料、在产品、半成品、产成品、低值易耗品、包装物、委托加工物资等进行的清查。由于其实物形态、体积、重量、存放方式等均有较大不同，因此需要采用不同的方法进行清查。一般而言，存货清查方法有实地盘点法和技术推算法两种，但大多采用实地盘点法。清查时既要从数量上核实，还要对质量进行鉴定。

在清查过程中，首先必须以各项存货目录规定的名称规格为标准，查明各项存货的名称、规格；其次再盘点数量、检查质量；最后为明确经济责任和便于查询，各项存货的保管人员必须在场，并参加盘点工作。

存货清查盘点结束时，应及时把盘点的数量和质量情况如实填制盘存单（见表 7-7），并由盘点人和存货保管人签名或盖章。盘存单是记录存货盘点结果，反映存货实有数的原始凭证。为进一步查明账实是否相符，确定盘盈、盘亏，还应根据"盘存单"和有关账簿记录编制账存实存对比表（见表 7-8）。该报告单是调整账簿记录的重要原始凭证，也是分析差异原因、明确经济责任的依据。

表 7-7　盘存单

单位名称：　　　　　　　　　　盘点时间：　　　　　　　　　　编号：
财产类别：　　　　　　　　　　存放地点：

序号	名称	规格型号	计量单位	实存数量	单价	金额	备注

盘点人员（签章）：　　　　　　　　　　保管人员（签章）：

表 7-8　账存实存对比表

单位名称：　　　　　　　　　　　20××年×月×日

编号	类别及名称	计量单位	账存		实存		差异				备注
							盘盈		盘亏		
			数量	金额	数量	金额	数量	金额	数量	金额	

主管人员（签章）：　　　　　　会计人员（签章）：　　　　　　制表人员（签章）：

　　盘盈的存货应按其重置成本作为入账价值，并通过"待处理财产损溢"科目进行会计处理，按管理权限报经批准后冲减当期管理费用。

　　存货发生的盘亏或毁损，应作为待处理财产损溢进行核算。按管理权限报经批准后，根据造成存货盘亏或毁损的原因，分别以下情况进行处理：

　　（1）属于计量收发差错和管理不善等原因造成的存货短缺，应先扣除残料价值、责任人赔偿，将净损失计入管理费用；

　　（2）属于自然灾害等非正常原因造成的存货毁损，应先扣除处置收入（如残料价值）、可以收回的保险赔偿，将净损失计入营业外支出。

【例7-4】　新发公司在财产清查中，发现甲材料盘盈20吨，每吨3 000元。会计分录如下：

　　借：原材料——甲材料　　　　　　　　　　　　　60 000
　　　　贷：待处理财产损溢——待处理流动资产损溢　　　　60 000

后经查明，盘盈的甲材料是由于计量仪器不准造成的溢余，报经有关领导批准冲减"管理费用"。根据批准处理意见进行会计处理，会计分录如下：

　　借：待处理财产损溢——待处理流动资产损溢　　　60 000
　　　　贷：管理费用　　　　　　　　　　　　　　　　　60 000

【例7-5】　新发公司在财产清查中发现乙材料盘亏300千克，每千克40元，不考虑增值税核算情况。会计分录如下：

　　借：待处理财产损溢——待处理流动资产损溢　　　12 000
　　　　贷：原材料——乙材料　　　　　　　　　　　　　12 000

后经查明，盘亏乙材料为自然损耗30千克，意外灾害造成损失260千克，过失人造成的毁损10千克。盘亏的乙材料，经批准责成过失人赔偿。会计分录如下：

　　借：管理费用　　　　　　　　　　　　　　　　　1 200
　　　　营业外支出　　　　　　　　　　　　　　　　10 400
　　　　其他应收款——过失人　　　　　　　　　　　400
　　　　贷：待处理财产损溢——待处理流动资产损溢　　12 000

若考虑增值税核算情况，则其会计分录如下：

借: 待处理财产损溢——待处理流动资产损溢				13 836		
贷: 原材料——乙材料					12 000	
应交税费——应交增值税（进项税额转出）					1 836	

借：管理费用　　　　　　　　　　　　　　　　　1 200
　　营业外支出　　　　　　　　　　　　　　　　12 052.4
　　其他应收款——过失人　　　　　　　　　　　　583.6
　　贷：待处理财产损溢——待处理流动资产损溢　　　　　　13 836

【数字资源7-3】

（五）固定资产的清查

固定资产是一种单位价值较高、使用期限较长的有形资产。因此，对于管理规范的企业而言，在清查中发现盘盈、盘亏的固定资产是比较少见的，也是不正常的。企业应当健全制度、加强管理，定期或者至少于每年年末对固定资产进行清查盘点，以保证固定资产核算的真实性和完整性。若清查中发现固定资产的损溢，应及时查明原因，然后编制"固定资产盘盈盘亏报告单"（见表7-9），并在期末结账前处理完毕。

表7-9　固定资产盘盈盘亏报告单

单位名称：　　　　　　　　　　　20××年×月×日

编号	类别及名称	计量单位	账存		实存		差异				备注
							盘盈		盘亏		
			数量	金额	数量	金额	数量	金额	数量	金额	

主管人员（签章）：　　　　会计人员（签章）：　　　　制表人员（签章）：

盘亏固定资产的会计处理与其他财产的盘亏相似，可通过"待处理财产损溢——待处理固定资产损溢"科目核算，盘亏造成的损失，经批准通过"营业外支出——盘亏损失"科目核算。

需要说明的是，企业在财产清查中盘盈的固定资产作为前期差错处理。盘盈的固定资产通过"以前年度损益调整"科目核算。"以前年度损益调整"科目属于损益类会计科目，该科目核算企业本年度发生的调整以前年度损益的事项以及本年度发现的重要前期差错更正涉及调整以前年度损益的事项。

【例 7-6】 新发公司在财产清查中盘亏设备一台,账面原值 100 000 元,已提折旧 80 000 元,会计分录如下:

借:待处理财产损溢——待处理固定损溢　　　　　　　　20 000
　　累计折旧　　　　　　　　　　　　　　　　　　　　80 000
　　　贷:固定资产　　　　　　　　　　　　　　　　　　　　　100 000

盘亏设备经批准后转入"营业外支出——盘亏损失",会计分录如下:

借:营业外支出——盘亏损失　　　　　　　　　　　　　20 000
　　　贷:待处理财产损溢——待处理固定资产损溢　　　　　　　20 000

【数字资源 7-4】

本章小结

　　财产清查就是根据账簿记录,通过对企业的财产物资进行盘点或核对,查明各项财产物资的实存数与账面结存数是否相符。财产物资的盘存制度有两种:永续盘存制、实地盘存制。永续盘存制是通过设置存货明细账对日常发生的存货增加和减少,都必须根据会计凭证在账簿中进行连续登记,并随时在账面上结算各项存货的结存数额的一种方法,目的是以账存数控制实存数。而实地盘存制对各种财产物资,平时在账簿上只登记增加数,不登记减少数,月末根据实地盘点的盘存数,倒挤出减少数并据以登记有关账簿的一种盘存制度。永续盘存制优于实地盘存制。

　　财产清查可以按照不同的标志进行分类:按财产清查范围的不同,可分为全面清查和局部清查;按清查时间的不同,可分为定期清查和不定期清查;按清查的执行系统的不同,可分为内部清查和外部清查。

　　财产清查一般是经过以下程序:成立财产清查小组;制订财产清查计划;组织财产清查实施;处理财产清查结果。财产清查方法包括实地盘点法、核对法、查询法、技术推算法。银行存款的清查采取核对法,必须按月编制银行存款余额调节表。企业要设置"待处理财产损溢"账户,对发生的盘盈和盘亏进行处理,即调整账面记录,与实际相符,经批准后做进一步的处理。例如,现金盘盈,借记"库存现金",贷记"待处理财产损溢";经批准后,借记"待处理财产损溢",贷记"营业外收入"。盘盈的存货,应冲减当期的管理费用;盘亏的存货,在减去过失人或者保险公司等赔款和残料价值之后,计入当期管理费用,属于非常损失的,计入营业外支出。

思考题

1. 什么是财务清查?造成财产账实不符的原因通常有哪些?
2. 财产清查的意义是什么?

3. 库存现金怎样清查？
4. 银行存款怎样清查？
5. 实物资产怎样清查？

练习题

一、单项选择题

1. 财产清查是对（　　）进行盘点和核对，确定其实存数，并检查其账存数和实存数是否相符的一种专门方法。

   A. 存货　　　　　　　　　　　B. 固定资产
   C. 货币资金　　　　　　　　　D. 各项财产

2. 全面清查和局部清查是按照（　　）来划分的。

   A. 财产清查的范围　　　　　　B. 财产清查的时间
   C. 财产清查的方法　　　　　　D. 财产清查的性质

3. 下列属于实物资产清查范围的是（　　）。

   A. 库存现金　　　　　　　　　B. 存货
   C. 银行存款　　　　　　　　　D. 应收账款

4. 银行存款清查中发现的未达账项，一般应当编制原始凭证。下列各项中，属于该原始凭证的是（　　）。

   A. 对账单　　　　　　　　　　B. 实存账存对比表
   C. 盘存单　　　　　　　　　　D. 银行存款余额调节表

5. 对于天然堆放的矿石，一般采用（　　）法进行清查。

   A. 技术推算　　　　　　　　　B. 抽查检验
   C. 询证核对　　　　　　　　　D. 实地盘点

6. 某企业仓库本期期末盘亏原材料，查明属于一般经营损失，下列经批准后进行会计处理的分录中，正确的是（　　）。

   A. 借：待处理财产损溢
   　　　贷：原材料
   B. 借：待处理财产损溢
   　　　贷：管理费用
   C. 借：管理费用
   　　　贷：待处理财产损溢
   D. 借：营业外支出
   　　　贷：待处理财产损溢

7. 盘亏的固定资产应该通过（　　）科目核算。

   A. 固定资产清理　　　　　　　B. 待处理财产损溢
   C. 以前年度损益调整　　　　　D. 材料成本差异

8. 无法查明原因的现金盘盈应该记入（　　）科目。
A. 管理费用　　　　　　　　　B. 营业外收入
C. 销售费用　　　　　　　　　D. 其他业务收入

二、多项选择题

1. 下列表述中，正确的有（　　）
A. 在清查小组盘点库存现金时，出纳人员必须在场
B. 在清查小组清查库存现金时，现金由清查人员盘点
C. 根据"现金盘点报告表"进行账务处理
D. 不必根据"现金盘点报告表"进行账务处理

2. 下列情况下，企业应当进行全面清查的有（　　）
A. 年终决算时　　　　　　　　B. 账簿漏记、重记时
C. 企业改变隶属关系时　　　　D. 清产核资时

3. 由于仓库保管员变动，应对其保管的全部存货进行盘点，下列关于这种清查类别的表述中，正确的有（　　）
A. 全面清查　　　　　　　　　B. 局部清查
C. 定期清查　　　　　　　　　D. 不定期清查

4. 下列各项中，属于实物资产清查常用方法的有（　　）。
A. 核对账目法　　　　　　　　B. 技术推算法
C. 实地盘点法　　　　　　　　D. 抽查法

5. 下列做法中，属于对账的有（　　）。
A. 账簿记录与原始凭证之间的核对
B. 总分类账簿与其所属明细分类账簿之间的核对
C. 库存现金日记账的期末余额合计与库存现金总账期末余额的核对
D. 财产物资明细账账面余额与财产物资实存数额的核对

6. 库存现金盘亏的账务处理中可能涉及的科目有（　　）。
A. 库存现金　　　　　　　　　B. 管理费用
C. 其他应收款　　　　　　　　D. 营业外支出

7. "待处理财产损溢"账户的贷方登记的有（　　）
A. 等待批准处理的财产盘亏
B. 根据批准的处理意见结转待处理的财产盘亏
C. 等待批准处理的财产盘盈
D. 根据批准的处理意见结转待处理的财产盘盈

三、判断题

1. 定期清查和不定期清查对象的范围均既可以是全面清查，也可以是局部清查。
（　　）
2. 非正常原因造成的存货盘亏损失经批准后应该计入"营业外支出"。（　　）
3. 原材料盘盈核实后应从"待处理财产损溢"科目转入"营业外收入"科目。
（　　）

4. 在进行库存现金和存货清查时出纳人员和实物保管人员不得在场。（ ）

5. 存货发生盘亏时，应根据不同的原因做出不同的处理。若属于一般经营性损失或定额内损失，记入"管理费用"科目。（ ）

6. "银行存款余额调节表"编制完成后，可以作为调整企业银行存款余额的原始凭证。（ ）

7. 存货清查过程中发现的定额内损耗计入"营业外支出"账户。（ ）

8. 在记账无误的情况下，银行对账单和企业银行存款日记账账面余额不一致是由于未达账项造成的。（ ）

9. 从财产清查的对象和范围，看全面清查只有在年终进行。（ ）

四、会计实训题

【目的】编制"银行存款余额调节表"。

【资料】惠生教育公司20××年7月31日银行存款日记账的余额为14 800元，银行对账单的余额为16 700元。经逐笔核对，发现以下未达账项。

（1）企业送存转账支票一张，系收到的销售货款4 600元，并已登记银行存款增加，但银行尚未记账。

（2）企业开出现金支票一张，支付办公费3 300元，但持票单位尚未到银行办理，银行尚未记账。

（3）企业委托银行代收某公司购货款4 000元，银行已收妥并登记入账，但企业因未收到收款通知，尚未记账。

（4）银行已代企业支付水电费800元，银行已登记企业银行存款减少，但企业未收到银行付款通知，尚未记账。

【要求】根据上述资料，编制银行存款余额调节表（见题表7-1），调整双方余额。

题表7-1　银行存款余额调节表

20××年7月31日　　　　　　　　　　　　　　　　单位：元

项目	金额	项目	金额
企业银行存款日记账余额： 加：银行已收，企业未收 减：银行已付，企业未付		银行对账单余额： 加：企业已收，银行未收 减：企业已付，银行未付	
调节后的余额		调节后的余额	

练习题答案请见【数字资源7-5】

第八章 财务报告

学习目的与要求

通过本章学习,学生掌握会计核算的基本方法——编制财务会计报告;了解财务报告的基本概念,掌握财务报告的基本编制方法;了解财务报告的定义和作用,掌握利润表和资产负债表的基本编制方法。

学习内容

1. 财务报告概述。
2. 资产负债表。
3. 利润表。
4. 现金流量表。

学习重点

1. 财务报告的定义、作用及种类。
2. 财务报告包括的内容。
3. 财务报告的基本要求。
4. 会计报表的编制。

学习难点

1. 资产负债表的填列方法。
2. 利润表的计算与填列方法。
3. 现金流量表的基本原理与内容。

> **案例导入**
>
> 2019年初康美药业财务造假案发，根据证监会认定，2016年至2018年期间，康美药业虚增巨额营业收入，通过伪造、变造大额定期存单等方式虚增货币资金，将不满足会计确认和计量条件工程项目纳入报表，虚增固定资产等。2020年7月21日晚间，上交所公告《关于对康美药业股份有限公司、实际控制人暨时任董事长兼总经理马兴田及有关责任人予以纪律处分的决定》。
>
> 思考：以康美药业为例，分析上市公司会计报表造假的动机是什么？会计报表舞弊带来的危害有哪些？

第一节　财务报告概述

一、财务报告的概念及内容

（一）财务报告的概念

财务报告，是指企业对外提供的反映企业某一特定日期财务状况和某一会计期间经营成果、现金流量等会计信息的文件。财务报告的主要作用是向财务报告使用者提供真实、公允的信息，用于落实和考核企业领导人经济责任的履行情况，并有助于包括所有者在内的财务报告使用者的经济决策。

（二）财务报告的内容

关于财务报告应包括哪些内容，《企业会计准则——基本准则》第四十四条规定："财务会计报告包括会计报表及其附注和其他应当在财务会计报告中披露的相关信息和资料。"企业对外提供的财务报告的内容、会计报表的种类和格式、会计报表附注的主要内容等，由会计准则规定；企业内部管理需要的会计报表由企业自行规定。

◆ **1. 会计报表**

根据《企业会计准则第30号——财务报表列报》的规定，财务报表是对企业财务状况、经营成果和现金流量的结构性表述。企业对外提供的财务报表至少包括资产负债表、利润表、现金流量表、所有者权益（或股东权益）变动表和附注。

◆ **2. 会计报表附注**

会计报表附注是对在资产负债表、利润表、现金流量表和所有者权益变动表等报表中列示项目的文字描述或明细资料，以及对未能在这些报表中列示项目的说明等。

◆ **3. 其他财务报告**

其他财务报告的编制基础与方式可以不受会计准则的约束，提供的信息十分广泛，并且提供相关信息的形式灵活多样，包括定性信息和非会计信息。根据现行国际惯例，其他财务报告的内容主要包括管理当局的分析与讨论预测报告、物价变动影响报告、社会责任报告等。

二、会计报表作用

会计报表是根据日常会计核算资料定期编制的，总括反映企业在某一特定日期的财务状况和某一会计期间的经营成果以及现金流量情况的书面报告文件。编制会计报表是会计核算的一种专门方法。

会计工作的目的，是向企业的管理者和与企业有关的各外部利害关系集团提供决策有用的会计信息。在会计制度和会计准则规范下，会计人员通过填制和审核会计凭证登记账簿等会计核算方法，对企业所发生的各种经济业务，虽然已经进行了连续、系统、全面的记录，但是，这些日常核算资料比较庞杂、分散，不能集中、概括、相互联系地反映企业的经济活动及其经营成果的全貌，因此，不便于理解和利用，很难满足信息使用者的需要。为了使会计信息有用，还需要对日常的会计核算资料进一步进行加工整理，并按照一定的要求和格式，定期编制会计报表。会计报表的作用，可概括为以下五个方面。

◆ **1. 为企业内部的经营管理者进行日常经营管理提供必要的信息资料**

各企业的经营管理者，需要经常不断地考核、分析本企业的财务状况、成本费用情况；评价本企业的经营管理工作；总结经验，查明问题存在的原因；改进经营管理工作，提高管理水平；预测经济前景，进行经营决策。所有这些工作都必须借助于会计报表所提供的会计信息才能够进行。

◆ **2. 为投资者进行投资决策提供必要的信息资料**

企业的投资者包括国家、法人、外商和社会公众等。投资者所关心的是投资的报酬和投资的风险，在投资前需要了解企业的财务状况和经营活动情况，以便做出正确的投资决策；投资后，需要了解企业的经营成果、资金使用状况以及资金支付报酬的能力等资料。而会计报表正是投资者了解所需信息的主要渠道。

◆ **3. 为债权人提供企业的资金运转情况和偿债能力的信息资料**

随着市场经济的不断发展，商业信贷和商业信用在社会经济发展过程中的作用日趋重要。由商业信贷所形成的债权人主要包括银行、非银行金融机构等，它们需要反映企业能按时支付利息和偿还债务的资料。由商业信用所形成的债权人是商品经济条件下的又一债权人（通过供应材料、设备及劳务等交易成为企业的债权人），以及因公司发行债券所形成的债权人（包括法人和社会公众），他们需要了解企业偿债能力的资料。而会计报表也是债权人了解这些信息的主要渠道。

◆ **4. 为财政、工商、税务等行政管理部门提供对企业实施管理和监督的各项信息资料**

财政、工商、税务等行政管理部门，履行国家管理企业的职能，负责检查企业的资金使用情况、成本计算情况、利润的形成和分配情况以及税金的计算和解缴情况；检查企业财经法纪的遵守情况。会计报表作为集中、概括反映企业经济活动情况及其结果的会计载体，是财政、工商、税务各部门对企业实施管理和监督的重要资料。

◆ **5. 为企业内部审计机构和外部审计部门检查、监督企业的生产经营活动提供必要的信息资料**

审计包括企业内部审计和外部审计。而审计工作一般是从会计报表审计开始的,所以,财务报表不仅能够为审计工作提供详尽、全面的数据资料,而且可以为会计凭证和会计账簿的进一步审计指明方向。

三、会计报表编制要求

企业在编制年度财务报告前,应当全面清查资产、核实债务,包括结算款项、存货、投资、固定资产、在建工程等。在年度中间,应根据具体情况对各项财产物资和结算款项进行重点抽查、轮流清查或者定期清查。企业清查、核实后,应当将清查、核实的结果及其处理办法向企业的董事会或者相应机构报告,并根据国家统一的会计准则的规定进行相应的会计处理。此外,还要做好结账和对账工作,并检查会计核算中可能存在的各种需要调整的情况。

企业在编制财务报告时,应当按照国家统一会计准则规定的会计报表格式和内容,根据登记完整、核对无误的会计账簿记录和其他有关资料编制会计报表,做到内容完整、数字真实、计算准确,不得漏报或者任意取舍。会计报表之间、会计报表各项目之间,凡有对应关系的数字,应当相互一致;会计报表中本期与上期的有关数字应当相互衔接。会计报表附注应当对会计报表中需要说明的事项做出真实、完整、清楚的说明。

第二节 资产负债表

一、资产负债表的概念和作用

(一)资产负债表的概念

资产负债表属于静态报表,是反映企业在某一特定日期财务状况的报表,主要提供有关企业财务状况方面的信息。通过资产负债表,可以提供企业在某一特定日期的资产总额及其结构,表明企业拥有或控制的资源及其分布情况;可以提供企业在某一特定日期的负债总额及其结构,表明企业未来需要用多少资产或劳务清偿债务以及清偿时间;可以反映企业所有者在某一特定日期所拥有的权益,据以判断资本保值、增值的情况以及对负债的保障程度。

(二)资产负债表的作用

资产负债表是总括反映企业在某一特定日期(月末、季末、半年末和年末)全部资产、负债、所有者权益情况的财务报表。资产负债表是根据资产、负债和所有者权益之间的相互关系,按照一定的分类标准和一定的排列顺序,并对日常会计核算工作中形成的大量数据进行高度浓缩整理后编制而成的。它表明企业在某一特定日期所拥有或控制的经济资源、所承担的现有义务和所有者对企业净资产的要求权,其编表依据是会计恒等式。

资产负债表可以向信息使用者提供企业当前所拥有或控制的经济资源总额及其分布情况,便于信息使用者衡量企业的经济实力,分析企业的生产经营能力,分析和评价企业的经济资源构成是否合理。

资产负债表可以向信息使用者提供企业经济资源的来源渠道及其构成情况,便于信息使用者分析企业资本结构的合理性和企业所面临的财务风险。

通过对资产负债表中资产、负债和所有者权益的综合分析,可以使信息使用者了解企业的财务实力、偿债能力和支付能力,有利于经营者做出正确的经营决策、投资决策和筹资决策,有利于企业外部利害关系集团做出正确的投资决策。

通过对年初和本期末资产负债表各项目数字的对比分析,可以使信息使用者了解企业资金结构的变化情况、财务状况的变动情况和变动趋势,以便判断和评价企业当前的竞争实力和发展前景。

二、资产负债表的结构及格式

资产负债表的结构有账户式和报告式两种,我国企业的资产负债表采用账户式结构。账户式资产负债表分左右两方,左方为资产项目,右方为负债及所有者权益项目。账户式资产负债表中的资产各项目的合计等于负债和所有者权益各项目的合计,即资产负债表左方和右方平衡。因此,通过账户式资产负债表,可以反映资产、负债、所有者权益之间的内在联系,即"资产=负债+所有者权益"。同时,资产负债表还提供表中各项目的年初数和本期期末数的比较资料。

资产项目大体按资产的流动性大小排列,流动性大的资产如"货币资金""交易性金融资产"等排在前面,流动性小的资产如"长期股权投资""固定资产"等排在后面。

负债及所有者权益项目一般按要求清偿时间的先后顺序排列:"短期借款""应付票据""应付账款"等需要在1年以内或者长于1年的一个正常营业周期内偿还的流动负债排在前面,"长期借款"等在1年以上才需偿还的非流动负债排在中间,在企业清算之前不需要偿还的所有者权益项目排在后面。

根据《企业会计准则》的规定,我国企业资产负债表格式如表8-1所示。

表8-1 资产负债表

编制单位: 　　　　　　　　年　月　日　　　　　　　　单位:元

资产	期末余额	上年年末余额	负债及所有者权益	期末余额	上年年末余额
流动资产:			流动负债:		
货币资金			短期借款		
交易性金融资产			交易性金融负债		
应收票据			应付票据		
应收账款			应付账款		

续表

资产	期末余额	上年年末余额	负债及所有者权益	期末余额	上年年末余额
预付账款			预收账款		
其他应收款			合同负债		
存货			应付职工薪酬		
合同资产			应交税费		
持有待售资产			其他应付款		
一年内到期的非流动资产			持有待售负债		
其他流动资产			一年内到期的非流动负债		
流动资产合计			其他流动负债		
非流动资产：			流动负债合计		
债权投资			非流动负债：		
其他债权投资			长期借款		
长期应收款			应付债券		
长期股权投资			长期应付款		
投资性房地产			预计负债		
固定资产			递延所得税负债		
在建工程			其他非流动负债		
无形资产			非流动负债合计		
商誉			所有者权益：		
长期待摊费用			实收资本		
递延所得税资产			资本公积		
其他非流动资产			其他综合收益		
非流动资产合计			盈余公积		
			未分配利润		
			所有者权益合计		
资产总计			负债及所有者权益总计		

三、资产负债表的编制方法

（一）资产负债表中的"上年年末余额"和"期末余额"

企业会计准则规定：会计报表至少应当反映相关两个期间的比较数据。也就是说，企业需要提供比较资产负债表，所以，资产负债表各项目需要分为"上年年末余额"和"期末余额"两栏分别填列。

◆ 1. "上年年末余额"的填列

资产负债表中"上年年末余额"栏内各项目数字，应根据上年年末资产负债表"期末余额"栏内所列数字填列。如果本年度资产负债表规定的各个项目的名称和内容同上年度不相一致，应对上年年末资产负债表各项目的名称和数字按照本年度的规定进行调整，按调整后的数字填入本年度资产负债表"上年年末余额"栏内。

◆ 2. "期末余额"的填列

资产负债表中"期末余额"是指某一会计期末的数字，即月末、季末、半年末或年末的数字。资产负债表各项目"期末余额"栏内的数字，一般可通过以下几种方法填列。

（1）根据总账余额直接填列。如"短期借款""实收资本"等项目可以根据相应总账的期末余额直接填列。

（2）根据总账余额计算填列。如"货币资金"项目，需要根据"库存现金""银行存款""其他货币资金"总账的期末余额合计数填列。

（3）根据明细账余额计算填列。如"应付账款"项目，需要根据"应付账款""预付账款"总账所属相关明细账的期末贷方余额计算填列。

（4）根据总账和明细账余额分析计算填列。如"长期借款"项目，需要根据"长期借款"总账期末余额，扣除"长期借款"总账所属明细账中反映的、将于1年内到期且企业不能自主地将清偿义务展期的长期借款部分，分析计算填列。

（5）根据有关账户余额减去其备抵账户余额后的净额填列。如"无形资产"项目是用"无形资产"账户余额减去"累计摊销"和"无形资产减值准备"账户余额后的净额填列。

（6）综合运用上述填列方法分析填列。如"应收账款"项目，应根据"应收账款"和"预收账款"账户所属各明细账户的期末借方余额合计数，减去"坏账准备"账户中有关的坏账准备期末余额后的金额填列。

（二）资产负债表中各主要项目的具体填列方法

◆ 1. "货币资金"项目

该项目反映企业库存现金、银行存款、外埠存款、银行汇票存款、银行本票存款、信用证保证金存款等的合计数，应根据"库存现金""银行存款""其他货币资金"账户的期末余额合计数填列。

◆ 2. "交易性金融资产"项目

该项目反映资产负债表日企业分类为以公允价值计量且其变动计入当期损益的金融资产，以及企业持有的直接指定为以公允价值计量且其变动计入当期损益的金融资产的期末账面价值，应根据"交易性金融资产"账户的相关明细账期末余额分析填列。自资产负债表日起超过1年到期且预期持有超过1年的以公允价值计量且其变动计入当期损益的非流动金融资产的期末账面价值，在"其他非流动金融资产"项目反映。

◆ 3. "应收票据"项目

该项目反映资产负债表日以摊余成本计量的，企业因销售商品、提供服务等收到的商业汇票，包括银行承兑汇票和商业承兑汇票，应根据"应收票据"账户的期末余额，减去

"坏账准备"账户中相关坏账准备期末余额后的金额分析填列。已向银行贴现和已背书转让的应收票据不包括在该项目内。

◆ 4."应收账款"项目

该项目反映资产负债表日以摊余成本计量的,企业因销售商品、提供服务等经营活动应收取的款项,应根据"应收账款"账户和"预收账款"账户所属各明细账的期末借方余额合计数,减去"坏账准备"账户中有关的坏账准备期末余额后的金额填列。如"应收账款"账户所属明细账期末有贷方余额,应在资产负债表"预收款项"项目内填列。

◆ 5."预付款项"项目

该项目反映企业预付给供应单位的款项,应根据"预付账款"账户和"应付账款"账户所属各明细账的期末借方余额合计数,减去"坏账准备"账户中相关坏账准备期末余额后的金额填列。如"预付账款"账户所属有关明细账期末有贷方余额的,应在资产负债表"应付账款"项目内填列。

◆ 6."其他应收款"项目

该项目反映企业除应收票据、应收账款、预付账款以外的应收和暂付其他单位和个人的款项,应根据"应收利息""应收股利""其他应收款"账户的期末余额合计数,减去"坏账准备"账户中相关坏账准备期末余额后的金额填列。其中的"应收利息"反映企业因债权投资而应收取的利息,应根据"应收利息"账户的期末余额确定;"应收股利"反映业权投资应收取的现金股,企业应收其他单位的利润,应根据"应收股利"账户的期末余额确定。

◆ 7."存货"项目

该项目反映企业在途和加工中的各项存货的价值,包括各种材料、商品、在产品、半成品、包装物、低值易耗品等,应根据"在途物资""原材料""库存商品""周转材料""委托加工物资""产成本"等账户的期末余额合计数,减去"存货跌价准备"账户期末余额后的金额填列。原材料采用计划成本法核算的企业,还应根据"材料采购"和"材料成本差异"账户所属明细账户的期末余额分析填列。

◆ 8."合同资产"项目

该项目反映企业已向客户转让商品而获得有条件收取对价的权利,应根据"合同资产"账户的相关明细账户期末余额,减去"合同资产减值准备"账户中相关的期末余额后的金额填列。

◆ 9."持有待售资产"项目

该项目反映资产负债表日划分为持有待售类别的非流动资产及划分为持有待售类别的处置组中流动资产和非流动资产的期末账面价值,应根据"持有待售资产"账户的期末余额,减去"持有待售资产减值准备"账户的期末余额后的金额填列。

◆ 10."其他流动资产"项目

该项目反映企业除以上流动资产项目外的其他流动资产,应根据有关账户的期末余额填列。如其他流动资产价值较大,应在会计报表附注中披露其内容和金额。

◆ 11."债权投资"项目

该项目反映资产负债表日企业以摊余成本计量的长期债权投资的期末账面价值,应根据"债权投资"账户的相关明细账户期末余额,减去"债权投资减值准备"账户中相关减值准备的期末余额后的金额分析填列。自资产负债表日起1年内到期的长期债权投资的期末账面价值,在"一年内到期的非流动资产"项目反映。企业购入的以摊余成本计量的1年内到期的债权投资的期末账面价值,在"其他流动资产"项目反映。

◆ 12. "其他债权投资"项目

该项目反映资产负债表日企业分类为以公允价值计量且其变动计入其他综合收益的长期债权投资的期末账面价值,应根据"其他债权投资"账户的相关明细账户期末余额分析填列。自资产负债表日起1年内到期的长期债权投资的期末账面价值,在"一年内到期的非流动资产"项目反映。企业购入的以公允价值计量且其变动计入其他综合收益的1年内到期的债权投资的期末账面价值,在"其他流动资产"项目反映。

◆ 13. "长期应收款"项目

该项目反映企业应收期限在1年以上的款项,应根据"长期应收款"账户的期末余额减去相应的"未实现融资收益"账户期末余额和"坏账准备"账户相关期末余额,再减去所属相关明细账中将于1年内到期的部分后的金额填列。

◆ 14. "长期股权投资"项目

该项目反映企业不准备在1年内(含1年)变现的各种股权性质投资的可收回金额,应根据"长期股权投资"账户的期末余额,减去"长期股权投资减值准备"账户期末余额后的金额填列。

◆ 15. "其他权益工具投资"项目

该项目反映资产负债表日企业指定为以公允价值计量且其变动计入其他综合收益的非交易性权益工具投资的期末账面价值,应根据"其他权益工具投资"账户的期末余额填列。

◆ 16. "投资性房地产"项目

该项目反映企业拥有的用于出租的建筑物和土地使用权的金额,应根据"投资性房地产"账户的期末余额填列。

◆ 17. "固定资产"项目

该项目反映资产负债表日企业固定资产的期末账面价值和企业尚未清理完毕的固定资产清理净损益,应根据"固定资产"账户的期末余额,减去"累计折旧"和"固定资产减值准备"账户的期末余额后的金额,以及"固定资产清理"账户的期末余额填列。其中的"固定资产清理"项目,反映企业因出售、毁损、报废等原因转入清理但尚未清理完毕的固定资产的账面价值,与固定资产清理过程中所发生的清理费用和变价收入等各项金额的差额,应根据"固定资产清理"账户期末余额填列。

◆ 18. "在建工程"项目

该项目反映资产负债表日企业尚未达到预定可使用状态的在建工程的期末账面价值和企业为在建工程准备的各种物资的期末账面价值,应根据"在建工程"账户的期末余额,减去"在建工程减值准备"账户的期末余额后的金额,以及"工程物资"账户的期末余额,减去"工程物资减值准备"账户的期末余额后的金额填列。

◆ 19. "无形资产"项目

该项目反映企业各项无形资产的期末可收回金额,应根据"无形资产"账户的期末余额,减去"累计摊销"和"无形资产减值准备"账户期末余额后的金额填列。

◆ 20."开发支出"项目

该项目反映企业自行研究开发无形资产在期末尚未完成开发阶段的无形资产的价值,应根据"开发支出"账户的期末余额填列。

◆ 21."长期待摊费用"项目

该项目反映企业尚未摊销的摊销期限在1年以上(不含1年)的各种费用,如租入固定资产改良支出、摊销期限在1年以上(不含1年)的其他待摊费用,应根据"长期待摊费用"账户的期末余额填列。

◆ 22."其他非流动资产"项目

该项目反映企业除以上资产以外的其他长期资产,应根据有关账户的期末余额填列。如其他非流动资产价值较大,应在会计报表附注中披露其内容和金额。

◆ 23."短期借款"项目

该项目反映企业借入尚未归还的1年以下(含1年)的借款,应根据"短期借款"账户的期末余额填列。

◆ 24."交易性金融负债"项目

该项目反映资产负债表日企业承担的交易性金融负债,以及企业持有的直接指定为以公允价值计量且其变动计入当期损益的金融负债的期末账面价值,应根据"交易性金融负债"账户的相关明细账户期末余额填列。

◆ 25."应付票据"项目

该项目反映资产负债表日以摊余成本计量的,企业因购买材料、商品和接受服务等开出、承兑的商业汇票,包括银行承兑汇票和商业承兑汇票,应根据"应付票据"账户的期末余额填列。

◆ 26."应付账款"项目

该项目反映资产负债表日以摊余成本计量的,企业因购买材料、商品和接受服务等经营活动应支付的款项,应根据"应付账款"账户和"预付账款"账户所属各有关明细账的期末贷方余额合计数填列。如"应付账款"账户所属各明细账期末有借方余额,应在资产负债表"预付款项"项目内填列。

◆ 27."预收款项"项目

该项目反映企业预收购买单位的账款,应根据"预收账款"和"应收账款"账户所属各有关明细账户的期末贷方余额合计填列。如"预收账款"账户所属各有关明细账户有借方余额的,应在资产负债表"应收账款"项目内填列。

◆ 28."合同负债"项目

该项目反映企业已收或应收客户对价而应履行向客户转让商品的义务,应根据"合同负债"账户的相关明细账户期末余额分析填列。

◆ 29."应付职工薪酬"项目

该项目反映企业应付未付的职工薪酬。应付职工薪酬包括应付职工的工资、奖金、津贴和补贴、职工福利费和医疗保险费、养老保险费等各种保险费以及住房公积金等。本项目应根据"应付职工薪酬"账户期末贷方余额填列。如"应付职工薪酬"账户期末有借方余额,以"-"号填列。

◆ 30. "应交税费"项目

该项目反映企业期末未交、多交或未抵扣的各种税金和其他费用,应根据"应交税费"账户的期末贷方余额填列。如"应交税费"账户期末为借方余额,该项目以"—"号填列。

◆ 31. "其他应付款"项目

该项目反映企业除应付票据、应付账款、应付职工薪酬、应交税费等以外的应付和暂收其他单位和个人的款项,应根据"应付利息""应付股利"和"其他应付款"账户的期末余额合计数填列。

◆ 32. "持有待售负债"项目

该项目反映资产负债表日处置组中与划分为持有待售类别的资产直接相关的负债的期末账面价值,应根据"持有待售负债"账户的期末余额填列。

◆ 33. "其他流动负债"项目

该项目反映企业除以上流动负债以外的其他流动负债,应根据有关账户的期末余额填列。如其他流动负债价值较大,应在会计报表附注中披露其内容及金额。

◆ 34. "长期借款"项目

该项目反映企业借入尚未归还的1年以上(不含1年)的借款本息,应根据"长期借款"账户的期末余额填列。

◆ 35. "应付债券"项目

该项目反映企业发行的尚未偿还的各种长期债券的本息,应根据"应付债券"账户的期末余额填列。

◆ 36. "长期应付款"项目

该项目反映资产负债表日企业除长期借款和应付债券以外的其他各种长期应付款项的期末账面价值,应根据"长期应付款"账户的期末余额,减去相关的"未确认融资费用"账户的期末余额,再减去所属相关明细账中将于1年内到期的部分后的金额,以及"专项应付款"账户的期末余额填列。其中的"专项应付款",是指企业取得的政府作为企业所有者投入的具有专项或特定用途的款项。

◆ 37. "预计负债"项目

该项目反映企业确认的对外提供担保、未决诉讼、产品质量保证等事项的预计负债的期末余额,应根据"预计负债"账户的期末余额填列。

◆ 38. "其他非流动负债"项目

该项目反映企业除以上非流动负债项目以外的其他非流动负债,应根据有关账户的期末余额填列。如其他非流动负债价值较大的,应在会计报表附注中披露其内容和金额。

上述非流动负债各项目中将于1年内(含1年)到期的负债,应在"一年内到期的非流动负债"项目内单独反映。上述非流动负债各项目均应根据有关账户期末余额减去将于1年内(含1年)到期的非流动负债后的金额填列。

◆ 39. "实收资本(或股本)"项目

该项目反映企业各投资者实际投入的资本(或股本)总额,应根据"实收资本(或股本)"账户的期末余额填列。

- **40."资本公积"项目**

该项目反映企业资本公积的期末余额,应根据"资本公积"账户的期末余额填列。

- **41."盈余公积"项目**

该项目反映企业盈余公积的期末余额,应根据"盈余公积"账户的期末余额填列。

- **42."未分配利润"项目**

该项目反映企业尚未分配的利润,应根据"本年利润"账户和"利润分配"账户的余额计算填列。未弥补的亏损,在该项目内以"—"号填列。

第三节 利 润 表

一、利润表的概念和作用

(一)利润表的概念

利润表属于动态报表,是反映企业在一定会计期间经营成果的报表,主要提供有关企业经营成果方面的信息。通过利润表,可以反映企业一定会计期间的收入实现情况和费用耗费情况;可以反映企业一定会计期间生产经营活动的成果,据以判断资本保值、增值情况。

(二)利润表的作用

利润表的列报必须充分反映企业经营业绩的主要来源和构成,有助于使用者判断净利润的质量及其风险,有助于使用者预测净利润的持续性,从而做出正确的决策。利润表可以反映企业一定会计期间的收入实现情况,如实现的营业收入有多少,投资收益有多少,营业外收入有多少等;可以反映一定会计期间的费用耗费情况,如耗费的营业成本有多少,税费有多少,销售费用、管理费用、财务费用各有多少,营业外支出有多少等;可以反映企业生产经营活动的成果,即净利润的实现情况,据以判断资本保值、增值情况。将利润表中的信息与资产负债表中的信息相结合,还可以提供进行财务分析的基本资料,如将赊销收入净额与应收账款平均余额进行比较,计算出应收账款周转率;将销货成本与存货平均余额进行比较,计算出存货周转率;将净利润与资产总额进行比较,计算出资产收益率等,可以表现企业资金周转情况以及企业的盈利能力和水平,便于报表使用者判断企业未来的发展趋势,做出经济决策。

二、利润表的结构及格式

常见的利润表结构主要有单步式和多步式两种。

在我国,企业利润表采用的基本上是多步式结构,即通过对当期的收入、费用、支出项目按性质加以归类,按利润形成的主要环节列示一些中间性利润指标,分步计算当期净损益。

利润表主要反映以下几方面的内容。

(1) 营业收入,由主营业务收入和其他业务收入组成。

(2) 营业利润,营业收入减去营业成本(主营业务成本、其他业务成本)、税金及附加、销售费用、管理费用、财务费用、资产减值损失、信用减值损失,加上公允价值变动收益、投资收益,即为营业利润。

(3) 利润总额,营业利润加上营业外收入,减去营业外支出,即为利润总额。

(4) 净利润,利润总额减去所得税费用,即为净利润。

(5) 每股收益,普通股或潜在普通股已公开交易的企业,以及正处于公开发行普通股或潜在普通股过程中的企业,还应当在利润表中列示每股收益信息,包括基本每股收益和稀释每股收益两项指标。

此外,为了使报表使用者通过比较不同期间利润的实现情况,判断企业经营成果的未来发展趋势,企业需要提供比较利润表,即还要就各项目再分为"本期金额"和"上期金额"两栏分别填列。利润表具体格式如表 8-2 所示。

表 8-2　利润表

编制单位:　　　　　　　　　　　年　月　　　　　　　　　　　　单位:元

项目	本期金额	上期金额
一、营业收入		
减:营业成本		
税金及附加		
销售费用		
管理费用		
财务费用		
其中:利息费用		
利息收入		
加:其他收益		
投资收益(损失以"-"号填列)		
其中:对联营企业和合营企业的投资收益		
以摊余成本计量的金融资产终止确认收益		
二、营业利润(亏损以"-"号填列)		
加:营业外收入		
减:营业外支出		
三、利润总额(亏损总额以"-"号填列)		
减:所得税费用		
四、净利润(净亏损以"-"号填列)		
五、其他综合收益的税后净额		

续表

项目	本期金额	上期金额
六、综合收益总额		
七、每股收益		
（一）基本每股收益		
（二）稀释每股收益		

三、利润表的编制方法

（一）利润表中的"本期金额"与"上期金额"

企业会计准则规定：会计报表至少应当反映相关两个期间的比较数据。也就是说，企业需要提供比较利润表，所以利润表各项目需要分为"本期金额"和"上期金额"两栏分别填列。

利润表中"本期金额"反映各项目的本期实际发生数。利润表中"上期金额"反映各项目上年同期实际发生数，在编报某月、某季度、某半年利润表时，该栏填列上年同期实际发生数；在编报年度利润表时，该栏填列上年全年实际发生数。如果上年度利润表与本年度利润表的项目名称和内容不相一致，应对上年度利润表项目的名称和数字按本年度的规定进行调整，填入本表"上期金额"栏。

（二）利润表中各主要项目的具体填列方法

利润表中各项目的金额，一般是根据有关账户的本期发生额来填列的。"本期金额"栏内各项数字，根据以下方法填列。

◆ 1."营业收入"项目

该项目反映企业经营主要业务和其他业务所取得的收入总额，应根据"主营业务收入"账户和"其他业务收入"账户的发生额合计分析填列。

◆ 2."营业成本"项目

该项目反映企业经营主要业务和其他业务发生的实际成本总额，应根据"主营业务成本"账户和"其他业务成本"账户的发生额合计分析填列。

◆ 3."税金及附加"项目

该项目反映企业经营业务应负担的消费税、城市维护建设税、资源税、教育费附加、房产税、城镇土地使用税、车船税、印花税等，应根据"税金及附加"账户的发生额分析填列。

◆ 4."销售费用"项目

该项目反映企业在销售商品过程中发生的包装费、广告费等费用，以及为销售本企业商品而专设的销售机构的职工薪酬、业务费等经营费用，应根据"销售费用"账户的发生额分析填列。

◆ 5."管理费用"项目

该项目反映企业为组织和管理生产经营发生的管理费用,应根据"管理费用"账户的发生额扣除"研发费用"明细账户的发生额分析填列。

◆ 6."研发费用"项目

该项目反映企业进行研究与开发过程中发生的费用化支出,以及计入管理费用的自行开发无形资产的摊销,应根据"管理费用"账户下的"研发费用"明细账户的发生额,以及"管理费用"账户下的"无形资产摊销"明细账户的发生额分析填列。

◆ 7."财务费用"项目

该项目反映企业为筹集生产经营所需资金而发生的利息支出等,应根据"财务费用"账户的发生额分析填列。其中的"利息费用"项目,反映企业为筹集生产经营所需资金等而发生的应予费用化的利息支出,应根据"财务费用"账户的相关明细账户的发生额分析填列;"利息收入"项目,反映企业确认的利息收入,应根据"财务费用"账户的相关明细账户的发生额分析填列。

◆ 8."其他收益"项目

该项目反映计入其他收益的政府补助,以及其他与日常活动相关且计入其他收益的项目,应根据"其他收益"账户的发生额分析填列。

◆ 9."投资收益"项目

该项目反映企业以各种方式对外投资所取得的净收益,应根据"投资收益"账户的发生额分析填列。如为投资净损失,该项目以"-"号填列。

◆ 10."营业利润"项目

该项目反映企业实现的营业利润,应根据上述项目计算填列。如为亏损,该项目以"-"号填列。

◆ 11."营业外收入"项目

该项目反映企业发生的营业利润以外的收益,主要包括与企业日常活动无关的政府补助、盘盈利得、捐赠利得(企业接受股东或股东的子公司直接或间接的捐赠,经济实质属于股东对企业的资本性投入的除外)等。本项目应根据"营业外收入"账户的发生额分析填列。

◆ 12."营业外支出"项目

该项目反映企业发生的营业利润以外的支出,主要包括公益性捐赠支出、非常损失、盘亏损失、非流动资产毁损报废损失等,应根据"营业外支出"账户的发生额分析填列。

◆ 13."利润总额"项目

该项目反映企业实现的利润总额,应根据"营业利润""营业外收入"和"营业外支出"项目计算填列。如为亏损,该项目以"-"号填列。

◆ 14."所得税费用"项目

该项目反映企业按规定从本期利润总额中减去的所得税,应根据"所得税费用"账户的发生额分析填列。

◆ 15."净利润"项目

该项目反映企业实现的净利润,应根据"利润总额"和"所得税费用"项目计算填列。如为净亏损,该项目以"-"号填列。

第四节　现金流量表

一　现金流量表的概念和作用

现金流量表，是反映企业一定会计期间现金及现金等价物流入和流出情况的报表，属于动态报表。

企业编制现金流量表的主要目的，是为会计报表使用者提供企业一定会计期间内现金和现金等价物流入和流出的信息，以便于会计报表使用者了解和评价企业获取现金和现金等价物的能力，并据以预测企业未来现金流量。所以，现金流量表在评价企业经营业绩，衡量企业财务资源和财务风险以及预测企业未来前景方面，有着十分重要的作用。现金流量表有助于评价企业支付能力、偿债能力和周转能力；有助于预测企业未来现金流量；有助于分析企业收益质量及影响现金净流量的因素。

二　现金流量表编制基础

现金流量表是以现金及现金等价物为基础编制的，这里的现金包括库存现金、可以随时用于支付的存款。

（一）库存现金

库存现金，是指企业持有的、可随时用于支付的现金。

（二）银行存款

银行存款，是指企业存在金融企业、随时可以用于支付的存款，它与银行存款账户核算的银行存款基本一致，主要的区别是编制现金流量表所指的银行存款是可以随时用于支付的银行存款，如结算户存款、通知存款等。

（三）其他货币资金

其他货币资金，是指企业存在金融企业有特定用途的资金，也就是其他货币资金账户核算的银行存款，如外埠存款、银行汇票存款、银行本票存款、信用证保证金存款、在途货币资金等。

（四）现金等价物

现金等价物，是指企业持有的期限短、流动性强、易于转换为已知金额的现金、价值变动风险很小的投资。这一定义本身包含了判断一项投资是否属于现金等价物的四个条件，即期限短、流动性强、易于转换为已知金额的现金、价值变动风险很小。其中，期限短、流动性强,强调了变现能力,而易于转换为已知金额的现金、价值变动风险很小,则强调了支付能力的大小。

三、现金流量的分类

在现金流量表中,企业应当按照经营活动、投资活动和筹资活动的现金流量分类分项列示。经营活动的现金流量应当按照其经营活动的现金流入和流出的性质分项列示;投资活动的现金流量应当按照其投资活动的现金流入和流出的性质分项列示;筹资活动的现金流量应当按照其筹资活动的现金流入和流出的性质分项列示。

(一)经营活动产生的现金流量

经营活动是指企业投资活动和筹资活动以外的所有交易和事项,即除投资活动和筹资活动以外的所有交易和事项,都可归属于经营活动。对于工商企业而言,经营活动主要包括销售商品、提供劳务、购买商品、接受劳务、支付税费等。

通常情况下,经营活动产生的现金流入项目主要有:销售商品、提供劳务收到的现金;收到的税费返还;收到其他与经营活动有关的现金。经营活动产生的现金流出项目主要有:购买商品、接受劳务支付的现金;支付给职工以及为职工支付的现金;支付的各项税费;支付其他与经营活动有关的现金。

(二)投资活动产生的现金流量

投资活动是指企业长期资产的购建和不包括在现金等价物范围内的投资及其处置活动。

通常情况下,投资活动产生的现金流入项目主要有:收回投资收到的现金;取得投资收益收到的现金;处置固定资产、无形资产和其他长期资产收回的现金净额;处置子公司及其他营业单位收到的现金净额;收到其他与投资活动有关的现金。投资活动产生的现金流出项目主要有:购建固定资产、无形资产和其他长期资产支付的现金;投资支付的现金;取得子公司及其他营业单位支付的现金净额;支付其他与投资活动有关的现金。

(三)筹资活动产生的现金流量

筹资活动是指导致企业资本及债务规模和构成发生变化的活动。

通常情况下,筹资活动产生的现金流入项目主要有:吸收投资收到的现金;取得借款收到的现金;收到其他与筹资活动有关的现金。筹资活动产生的现金流出项目主要有:偿还债务支付的现金;分配股利、利润或偿付利息支付的现金;支付其他与筹资活动有关的现金。

需要注意的是,对于企业日常活动之外特殊的、不经常发生的特殊项目,如自然灾害损失、保险赔款、捐赠等,企业应当将其归并到相关类别中单独反映。

四、现金流量表的结构及格式

在现金流量表中,现金及现金等价物被视为一个整体,企业现金形式的转换不会产生现金的流入和流出。例如，企业从银行提取现金，是企业现金存放形式的转换，并未流出企业，不构成现金流量。同样，现金与现金等价物之间的转换也不属于现金流量，例如，企业用现金购买三个月到期的国库券。根据企业业务活动的性质和现金流量的来源，现金流量表在结构上将企业一定期间产生的现金流量分为三类：经营活动产生的现金流量、投资活动产生的现金流量和筹资活动产生的现金流量。

完整的现金流量表的结构包括主表及其补充资料。主表反映现金流量表的各项目内容。主表有五项：一是经营活动产生的现金流量；二是投资活动产生的现金流量；三是筹资活动产生的现金流量；四是汇率变动对现金及现金等价物的影响；五是现金及现金等价物净增加额。其中，经营活动产生的现金流量是按直接法编制的。现金流量表的基本格式见表8-3。

表8-3 现金流量表   会企03表

编制单位：　　　　　　　　　　年　月　　　　　　　　　　　单位：

项目	本期金额	上期金额
一、经营活动产生的现金流量		
销售商品、提供劳务收到的现金		
收到的税费返还		
收到的其他与经营活动有关的现金		
现金流入小计		
购买商品、接受劳务支付的现金		
支付给职工以及为职工支付的现金		
支付的各项税费		
支付的其他与经营活动有关的现金		
现金流出小计		
经营活动产生的现金流量净额		
二、投资活动产生的现金流量		
收回投资所收到的现金		
取得投资收益所收到的现金		
处置固定资产、无形资产和其他长期资产所收回的现金净额		
收到的其他与投资活动有关的现金		
现金流入小计		
购建固定资产、无形资产和其他长期资产所支付的现金		
投资所支付的现金		
支付的其他与投资活动有关的现金		
现金流出小计		
投资活动产生的现金流量净额		

续表

项目	本期金额	上期金额
三、筹资活动产生的现金流量		
吸收投资所收到的现金		
借款所收到的现金		
收到的其他与筹资活动有关的现金		
现金流入小计		
偿还债务所支付的现金		
分配股利、利润或偿付利息所支付的现金		
支付的其他与筹资活动有关的现金		
现金流出小计		
筹资活动产生的现金流量净额		
四、汇率变动对现金的影响		
五、现金及现金等价物净增加额		

本章小结

本章主要讲述财务报告的概念、组成及编制步骤。会计报表是对企业财务状况、经营成果和现金流量的结构性表述，具体包括资产负债表、利润表、现金流量表和所有者权益（或股东权益）变动表。

资产负债表是企业的最主要报表。它是以特定的会计等式、专门的排列结构，总括地反映会计主体在某一特定日期的各项资产、负债和所有者权益情况的会计报告。我国企业编制的资产负债表按国务院、财政部的规定，统一采用比较式的账户结构形式，并按项目的流动性及其流动程度进行分类和排列。

利润表总括反映企业在一定会计期间的经营成果及其分配情况。按规定，利润表应按企业的各项收入、费用以及构成利润的各个项目分类分项列示。我国企业会计制度统一规范利润表采用多步式、报告式的报表结构。

现金流量表是综合反映企业一定会计期间内经营活动、投资活动和筹资活动等引起现金及现金等价物的流入与流出量信息的会计报表。我国现金流量表的基本结构形式由主表和补充资料两大部分组成，现金流量表的实际编制，主要有直接法和间接法两种。由于我国现金流量表的主表是按"直接法"设计的，而补充资料是按"间接法"构思的，所以上述两种编表方法在当前均具有重要的意义。

思考题

1. 财务报告的作用是什么？
2. 财务报告包括哪些具体要求？

3. 为什么要编制资产负债表？
4. 资产负债表的结构和内容如何？
5. 资产负债表项目的填列方法有哪几种？
6. 我国利润表的结构和内容是如何规定的？
7. 怎样填制利润表"本期金额"一栏的各个项目？
8. 所有者权益变动表有何作用？它包括哪些主要内容？
9. 我国现金流量表的结构和内容是如何规定的？
10. 会计报表附注主要包括哪些内容？

练习题

一、单项选择题

1. 会计报表中各项目的数字，其直接来源是（　　）。
   A. 原始凭证　　　　　　　　　B. 记账凭证
   C. 日记账　　　　　　　　　　D. 账簿记录
2. 如果"预收账款"科目有借方余额，则在资产负债表中，应（　　）。
   A. 以负号列在"预收账款"项目下　　B. 列在"预付账款"项目下
   C. 列在"应收账款"项目下　　　　　D. 列在"应付账款"项目下
3. 最关心企业的偿债能力和支付利息能力的会计报表使用者是（　　）。
   A. 政府机构　　　　　　　　　B. 债权人
   C. 投资人　　　　　　　　　　D. 企业职工
4. 下列会计报表中，反映企业在某一特定日期财务状况的是（　　）。
   A. 现金流量表　　　　　　　　B. 利润表
   C. 资产负债表　　　　　　　　D. 利润分配表
5. 会计报表中没有规定统一格式的报表是（　　）。
   A. 对外报表　　　　　　　　　C. 资产减值准备明细账
   B. 对内报表　　　　　　　　　D. 所有者权益增减变动表
6. 累计折旧在资产负债表中应作为（　　）列示。
   A. 费用　　　　　　　　　　　B. 负债
   C. 资产减项　　　　　　　　　D. 所有者权益
7. 资产负债表下列项目中，应根据有关账户期末余额计算填列的是（　　）。
   A. 货币资金　　　　　　　　　B. 应收票据
   C. 存货　　　　　　　　　　　D. 应付账款
8. 根据我国统一会计制度的规定，企业资产负债表的格式是（　　）。
   A. 报告式　　　　　　　　　　B. 账户式
   C. 多步式　　　　　　　　　　D. 单步式
9. 资产负债表中资产的排列顺序是（　　）。
   A. 项目的收益性　　　　　　　B. 项目的重要性

C. 项目的流动性　　　　　　　　D. 项目的时间性

10. 资产负债表项目中，（　　）应根据相应总账账户期末借方余额直接填列。
A. 待摊费用　　　　　　　　　　B. 长期股权投资
C. 应收票据　　　　　　　　　　D. 预付账款

二、多项选择题

1. 会计报表的使用者有（　　）。
A. 投资者　　　　　　　　　　　B. 债权人
C. 国家有关宏观管理部门　　　　D. 企业内部管理者

2. 会计报表的编制要求包括（　　）。
A. 数字真实　　　　　　　　　　B. 计算准确
C. 内容完整　　　　　　　　　　D. 说明清楚

3. （　　）统称为中期报表。
A. 月度报表　　　　　　　　　　B. 季度报表
C. 半年度报表　　　　　　　　　D. 年度报表

4. 企业对外会计报表主要包括（　　）。
A. 资产负债表　　　　　　　　　B. 利润表
C. 现金流量表　　　　　　　　　D. 所有者权益变动表

5. 会计报表编制前的准备工作包括（　　）。
A. 本期及时入账　　　　　　　　B. 进行账证核算
C. 进行财产清查　　　　　　　　D. 保证账账相符

6. 利用资产负债表资料，可以了解（　　）。
A. 偿债能力情况　　　　　　　　B. 权益结构能力情况
C. 资源分布情况　　　　　　　　D. 利润形成情况

7. 在编制资产负债表时，需要根据明细账户期末余额计算填列的项目有（　　）。
A. 货币资金　　　　　　　　　　B. 银行存款
C. 应收账款　　　　　　　　　　D. 预付账款

8. 下列账户中，（　　）应作为填列资产负债表"存货"项目的依据。
A. 物资采购　　　　　　　　　　B. 生产成本
C. 包装物　　　　　　　　　　　D. 工程物资

9. 资产负债表中"货币资金"项目的期末数，应根据（　　）账户期末余额的合计数填列。
A. 其他应收款　　　　　　　　　B. 现金
C. 其他货币资金　　　　　　　　D. 银行存款

10. 利润表可以提供的信息包括（　　）。
A. 收入情况　　　　　　　　　　B. 成本和费用情况
C. 净利润（或亏损）情况　　　　D. 获利能力

三、判断题

1. 企业会计报表，必须经过中国注册会计师审核，并出具审计报告方可对外报送。
（　　）

2. 资产负债表是反映企业在一定时期内财务状况的报表。（ ）
3. 编制企业会计报表的主要目的是满足国家税务机关纳税的需要。（ ）
4. 在我国，对外会计报表的种类、格式、指标内容和编报时间等，都是由国家统一的会计制度予以规定的。（ ）
5. 资产负债表中的"存货"项目，不包括"生产成本"账户期末借方余额。（ ）
6. 成本类报表属于单位内部报表，其种类、格式、内容等，均可由单位自行规定。（ ）
7. 利润表中的"投资收益"项目，反映企业一定期间对外投资所取得的投资净收益。（ ）
8. 实际工作中，为使会计报表及时报送，企业可以提前结账。（ ）
9. 资产负债表分左右两方，其各项目都可以根据总账账户和有关明细账户的期末余额直接填列。（ ）
10. 现金流量表对于不涉及现金收支的投资和筹资活动均不予反映。（ ）

四、会计实训题

【目的】练习资产负债表的编制。

【资料】2021年年末，甲公司有关账户余额情况见题表 8-1：

题表 8-1

账户	金额	账户	金额
材料采购	100 000 元（借方）	预付账款	20 000 元（贷方）
材料成本差异	1 000 元（贷方）	应付账款	180 000 元（贷方）
原材料	100 000 元（借方）	其中：A 公司	220 000 元（贷方）
生产成本	15 000 元（借方）	B. 公司	40 000 元（借方）
工程物资	30 000 元（借方）	预收账款	20 000 元（贷方）
固定资产	5 000 000 元（借方）	其中：C 公司	30 000 元（贷方）
累计折旧	1 200 000 元（贷方）	D. 公司	10 000 元（借方）
应收账款	200 000 元（借方）		
其中：M 公司	250 000 元（借方）		
N 公司	50 000 元（贷方）		

【要求】试分别计算资产负债表中存货、应收账款、预付款项、应付账款、预收款项和固定资产项目的数额。

练习题答案请见【数字资源 8-1】

第九章 会计核算程序

学习目的与要求

了解会计核算程序的意义和种类;熟悉会计核算程序的基本要求以及科目汇总表会计核算程序的特点和程序;掌握记账凭证会计核算程序和汇总记账凭证会计核算程序的特点和程序。

学习内容

1. 会计核算程序意义和种类。
2. 记账凭证会计核算程序。
3. 科目汇总表会计核算程序。
4. 汇总记账凭证会计核算程序。

学习重点

1. 记账凭证会计核算程序的特点和程序。
2. 汇总记账凭证会计核算程序的特点和程序。
3. 科目汇总表的编制。

学习难点

1. 账务处理程序及其种类。
2. 科目汇总表会计核算程序以及科目汇总表的编制。
3. 汇总记账凭证会计核算程序以及汇总记账凭证的编制。

> **案例导入**
>
> 华晨商场是一家中等规模的商场。假设2022年12月8日有一位顾客在办公用品柜台购买了一台小型复印机,价值2 700元。收银台收到顾客支付的现金并开具了发票,柜台将复印机销售给该顾客。
>
> 思考:这笔经济业务将按怎样的过程最终反映在华晨商场的月末会计报表中?

第一节 会计核算程序意义和种类

一、会计核算程序概念及意义

在实际工作中,会计凭证、会计账簿、会计报表是组织会计核算的工具,它们不是彼此孤立存在的,而是以一定形式相互联系、相互结合,构成一个完整的会计核算体系。账务处理的先后次序关系就是会计核算程序。

会计核算程序也称为账务处理程序,是指在会计核算中,以账簿体系为核心,把会计凭证、会计账簿、记账程序与方法相结合起来的技术组织方式。账簿体系是指账簿的种类、格式和各种账簿之间的相互联系,它是会计核算程序的核心部分。记账程序与方法是指从整理并审核原始凭证到记账凭证的填制、登记明细分类账和总分类账、编制会计报表等一系列工作的顺序和方法。由于各单位的规模大小、性质、业务繁简不相同,需要设置的会计凭证的种类和格式、会计账簿的种类和格式以及编制的会计报表也不尽相同,也就构成了不同的会计账务处理程序,不同的账务处理程序又有不同的方法、特点和适用范围。不同的单位科学、合理地选择适用于本单位的会计核算程序,对于保证会计核算工作质量,提高会计核算工作效率,为经济管理提供全面、准确、及时、有用的会计信息,有效地组织会计核算具有重要意义。

二、会计核算程序设置要求

各会计主体在设计会计核算程序时应遵循以下要求。

第一,应从本会计主体的实际情况出发。充分考虑本会计主体经济活动的性质、经济管理的特点、规模的大小、经济业务的繁简以及会计机构和会计人员的设置等相关因素,使会计核算程序与本单位会计核算工作的需要相适应。一般而言,在经济活动内容比较庞杂、规模比较大、经济业务繁多的企业,其会计核算组织程序相对也比较复杂。

第二,应以保证会计核算质量为立足点。确定会计核算程序的目的是要保证能够准确、及时和完整地提供系统而完备的会计信息资料,以满足会计信息使用者了解会计信息并据以做出经济决策的需要。因而,会计核算程序应以保证会计信息质量为根本立足点。

第三,应力求降低会计核算成本。在满足会计核算工作需要、保证会计核算工作质量、提高会计核算工作效率的前提下,力求简化会计核算手续,节省会计核算时间,降低会计核算成本。

第四,应有利于建立会计工作岗位责任制。设计会计核算程序,应有利于会计部门和会计人员的分工与合作,有利于明确各会计人员工作岗位的职责,并应有利于不同步骤之间的相互牵制,使各个环节分工明确、责任清楚。

以上四点是建立会计核算程序的基本要求。但在实际工作中,由于各个会计主体的具体情况不同,会计核算程序也不可能完全相同。

三、会计核算程序种类

在我国会计核算工作中,会计核算程序主要有以下五种:
(1) 记账凭证会计核算程序;
(2) 科目汇总表会计核算程序;
(3) 汇总记账凭证会计核算程序;
(4) 日记总账会计核算程序;
(5) 多栏式日记账会计核算程序。

以上五种账务处理程序中,最基本的是记账凭证会计核算程序,其余四种都是在记账凭证会计核算程序基础上发展演变起来的,它们之间的基本会计核算程序是相同的,不同之处主要表现在登记总账的数据来源和方法不同。本教材主要介绍前三种常用的会计核算程序。

第二节 记账凭证会计核算程序

一、记账凭证会计核算程序特点

记账凭证会计核算程序,是指对发生的经济业务事项,首先根据原始凭证或汇总原始凭证编制记账凭证,然后直接根据收付转记账凭证逐笔登记总分类账的一种会计核算程序。这种会计核算程序的显著特点是记账凭证无须汇总,直接据以逐笔登记总分类账。

二、记账凭证会计核算程序步骤

记账凭证会计核算程序所采用的记账凭证既可以是专用记账凭证,也可以是通用记账凭证。当采用专用记账凭证时,其账务处理一般要经过以下六个步骤:

第一，经济业务发生以后，根据有关的原始凭证或原始凭证汇总表填制各种专用记账凭证（收款凭证、付款凭证和转账凭证）；

第二，根据收款凭证和付款凭证逐笔登记"库存现金""银行存款"日记账；

第三，根据记账凭证并参考原始凭证或原始凭证汇总表，逐笔登记各种明细分类账；

第四，根据各种记账凭证逐笔登记总分类账；

第五，月末，将日记账、明细分类账的余额与总分类账中相应账户的余额进行核对；

第六，月末，根据总分类账和明细分类账的资料编制会计报表。

记账凭证会计核算程序的账务处理步骤如图 9-1 所示。

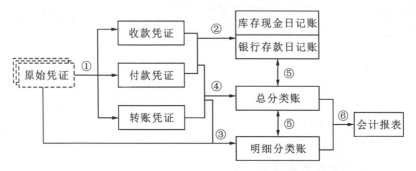

图 9-1　记账凭证会计核算程序账务处理步骤示意图

三　记账凭证会计核算程序优缺点及适用范围

（一）记账凭证会计核算程序的优缺点

◆ 1. 记账凭证会计核算程序的优点

在记账凭证上能够清晰地反映账户之间的对应关系。在记账凭证会计核算程序下，当一笔简单的经济业务发生以后，无论采用的是专用记账凭证还是通用记账凭证，都可以利用一张记账凭证即可编制出该笔经济业务的完整会计分录；而在比较复杂的经济业务发生以后，也可以利用多张凭证为其编制简单分录，或编制涉及两个以上会计科目的复杂分录。因此，在每一张记账凭证上，账户之间的对应关系都能一目了然。

在总分类账上能够比较详细地反映经济业务的发生情况。在记账凭证会计核算程序下，不仅对各种日记账和明细分类账采取逐笔登记的方法，对于总分类账的登记方法也是如此。因此，在总分类账上能够详细清晰地反映所发生的经济业务的情况。

总分类账登记方法易于掌握。记账凭证会计核算程序的特点是根据记账凭证直接逐笔登记总分类账，使得总分类账的登记方法与明细分类账的登记方法完全相同，因而也是一种最易于掌握的账户登记方法。

◆ 2. 记账凭证会计核算程序的缺点

总分类账登记工作量过大。对发生的每一笔经济业务都要根据记账凭证逐笔在总分类账中进行登记，实际上与日记账和明细分类账登记的内容一致，是一种简单的重复登记，势必增大登记总分类账的工作量，特别是在经济业务量比较多的情况下更是如此。

账页耗用多,预留账页的数量难以把握。由于总分类账对发生的所有经济业务要重复登记一遍,势必会耗用更多的账页,造成一定的账页浪费。特别是在一个账簿上设置多个账户时,由于登记业务的多少很难预先确定,对于每一个账户应预留多少账页很难把握,预留过多会造成浪费,预留过少又会影响账户登记的连续性。在预留账页比较多的情况下,由于在新的会计年度一般要更换新账簿,所有旧账簿中预留未用的账页也会被废止不用,在一定程度上形成了账页浪费。

(二)记账凭证会计核算程序的适用范围

记账凭证会计核算程序一般只适用于规模较小、经济业务量比较少、需要编制记账凭证不是很多的会计主体。如果业务量过小,也可使用通用记账凭证,以避免因凭证种类的多样化而造成凭证购买上的过多支出。

第三节 科目汇总表会计核算程序

一、科目汇总表会计核算程序特点

科目汇总表会计核算程序又称记账凭证汇总表账务处理程序,是根据一定会计期间的全部记账凭证,定期将相同的会计科目归类汇总编制科目汇总表,并据以登记总分类账的一种会计核算程序。其主要特点是:定期根据所有的记账凭证编制科目汇总表,然后根据科目汇总表登记总分类账。它是在记账凭证会计核算程序的基础上发展和演变而来的,也是会计实务中应用最为广泛的一种会计核算程序。

二、科目汇总表会计核算程序步骤

在科目汇总表会计核算程序下,所采用的记账凭证既可以是专用记账凭证,也可以是通用记账凭证。当采用专用记账凭证时,其账务处理一般要经过以下七个步骤:

第一,经济业务发生以后,根据有关的原始凭证或原始凭证汇总表填制各种专用记账凭证(收款凭证、付款凭证和转账凭证);

第二,根据收款凭证和付款凭证逐笔登记"库存现金""银行存款"日记账;

第三,根据记账凭证并参考原始凭证或原始凭证汇总表,逐笔登记各种明细分类账;

第四,根据各种记账凭证汇总编制科目汇总表;

第五,根据科目汇总表汇总登记总分类账;

第六,月末,将日记账、明细分类账的余额与总分类账中相应账户的余额进行核对;

第七,月末,根据总分类账和明细分类账的资料编制会计报表。

科目汇总表会计核算程序的账务处理步骤如图9-2所示。

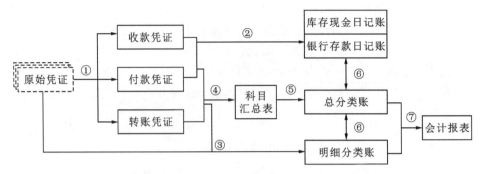

图 9-2 科目汇总表会计核算程序账务处理步骤示意图

三、科目汇总表会计核算程序优缺点及适用范围

（一）科目汇总表会计核算程序的优缺点

◆ **1. 科目汇总表会计核算程序的优点**

可以利用该表的汇总结果进行账户发生额的试算平衡。科目汇总表上的汇总结果反映了一定会计期间内所有账户的借方发生额和贷方发生额之间的相等关系，利用这种发生额的相等关系，可以进行全部账户记录的试算平衡，借以检验账户发生额的准确性。

在试算平衡的基础上记账能够保证总分类账登记的正确性。在科目汇总表会计核算程序下，总分类账是根据科目汇总表上的汇总数字登记的。由于在登记总分类账之前，能够通过科目汇总表的汇总结果检验所填制的记账凭证是否正确，就等于在记账前进行了一次试算平衡，对汇总过程中可能存在的错误也容易发现。在所有账户借、贷方发生额相等的基础上再记账，在一定程度上能够保证总分类账登记的正确性。

可以大大减轻登记总分类账的工作量。在科目汇总表核算组织程序下，可根据科目汇总表上有关账户的汇总发生额，在月中定期或月末一次性登记总分类账，可以使登记总分类账的工作量大为减轻。

适用性比较强。与记账凭证等会计核算程序相比较，科目汇总表会计核算程序的优点较多，任何规模的会计主体都可以采用。

◆ **2. 科目汇总表会计核算程序的缺点**

编制科目汇总表的工作量比较大。在科目汇总表会计核算程序下，对发生的经济业务首先也要填制专用或通用记账凭证，在此基础上，还需要定期对这些记账凭证进行汇总，以编制作为登记总分类账依据的科目汇总表，这无疑会增加一定的工作量。

科目汇总表不能够清晰地反映账户之间的对应关系。科目汇总表是按各个会计科目归类汇总其发生额的，在该表中不能清楚地显示各个账户之间的对应关系，从而导致据以登记的总分类账户中难以清晰地反映经济业务的来龙去脉。

（二）科目汇总表会计核算程序的适用范围

由于科目汇总表会计核算程序的账务核算程序清楚，又具有能够进行账户发生额的试算平衡，并减轻总分类账登记工作量等优点，因而，不论规模大还是小的会计主体都可以采用。

第四节 汇总记账凭证会计核算程序

一、汇总记账凭证会计核算程序特点

汇总记账凭证会计核算程序，是定期将所有记账凭证汇总编制成汇总收款记账凭证、汇总付款记账凭证和汇总转账记账凭证，然后再根据汇总记账凭证登记总分类账的会计核算程序。其主要特点是：定期（如5天或10天）根据收款凭证、付款凭证和转账凭证，按照会计账户的对应关系进行汇总，分别编制"汇总收款凭证""汇总付款凭证"和"汇总转账凭证"；再根据各种汇总记账凭证登记总分类账。

二、汇总记账凭证会计核算程序步骤

在汇总记账凭证会计核算程序下，所采用的记账凭证应是专用记账凭证，而不宜是通用记账凭证。其账务处理的程序一般要经过以下七个步骤：

第一，经济业务发生以后，根据有关的原始凭证或原始凭证汇总表填制各种专用记账凭证（收款凭证、付款凭证和转账凭证）；

第二，根据收款凭证和付款凭证逐笔登记"库存现金""银行存款"日记账；

第三，根据记账凭证并参考原始凭证或原始凭证汇总表，逐笔登记各种明细分类账；

第四，根据各种记账凭证分别编制汇总收款凭证、汇总付款凭证和汇总转账凭证；

第五，根据各种汇总记账凭证汇总登记总分类账；

第六，月末，将日记账、明细分类账的余额与总分类账中相应账户的余额进行核对；

第七，月末，根据总分类账和明细分类账的资料编制会计报表。

汇总记账凭证会计核算程序的账务处理步骤如图9-3所示。

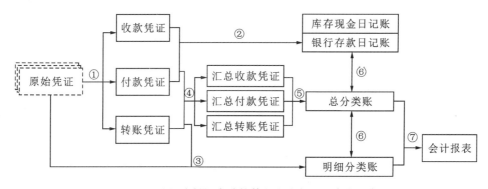

图9-3 汇总记账凭证会计核算程序账务处理步骤示意图

三、汇总记账凭证会计核算程序的优缺点及适用范围

（一）汇总记账凭证会计核算程序的优缺点

◆ **1. 汇总记账凭证会计核算程序的优点**

在汇总记账凭证上能够清晰地反映账户之间的对应关系。在汇总记账凭证会计核算程序下，所采用的是专用记账凭证和汇总记账凭证。汇总记账凭证是采用按会计科目对应关系进行分类汇总的办法，能够清晰地反映出有关会计账户之间的对应关系。

可以大大减少登记总分类账的工作量。在汇总记账凭证会计核算程序下，可以根据汇总记账凭证上有关账户的汇总发生额，在月份当中定期或月末一次性登记总分类账，可以使登记总分类账的工作量大为减少。

◆ **2. 汇总记账凭证会计核算程序的缺点**

定期编制汇总记账凭证的工作量比较大。对发生的经济业务首先要填制专用记账凭证，即收款凭证、付款凭证和转账凭证，在此基础上，还需要定期分类地对这些专用记账凭证进行汇总，编制作为登记总分类账依据的汇总记账凭证，增加了编制汇总记账凭证的工作量。

对汇总过程中可能存在的错误难以发现。编制汇总记账凭证是一项比较复杂的工作，容易产生汇总错误。而且，汇总记账凭证本身又不能体现出有关数字之间的平衡关系，即使存在汇总错误也很难发现。

（二）汇总记账凭证会计核算程序的适用范围

由于汇总记账凭证会计核算程序具有能够清晰地反映账户之间的对应关系和能够减轻登记总分类账的工作量等优点，它一般只适用于规模较大、经济业务量比较多，且专用记账凭证虽然多但转账凭证比较少的会计主体。

本章小结

本章主要讲述会计核算程序的概念、种类及步骤。会计核算程序，也称账务处理程序，或会计核算形式，是指在会计核算中，以账簿体系为核心，把会计凭证、会计账簿、记账程序与方法相结合起来的技术组织方式。

记账凭证会计核算程序是指根据经济业务发生后填制的各种记账凭证直接逐笔地登记总分类账，并定期编制会计报表的一种账务处理程序。记账凭证会计核算程序是一种最基本的会计核算程序。

在记账凭证会计核算程序下，记账凭证可以采用"收款凭证""付款凭证""转账凭证"等专用记账凭证的格式，也可采用通用记账凭证的格式。会计账簿一般应设置借、贷、余（或收、付、余）三栏式"库存现金日记账"和"银行存款日记账"；各总分类账均采用借、贷、余三栏式；明细分类账可根据核算需要，采用借、贷、余三栏式，数量金额式或多栏式。

科目汇总表会计核算程序是指根据各种记账凭证先定期（或月末一次）按会计科目汇总编制科目汇总表，然后根据科目汇总表登记总分类账，并定期编制会计报表的会计核算程序。在科目汇总表会计核算程序下采用的记账凭证与记账凭证会计核算程序、汇总记账凭证会计核算程序相比，有一些共同之处，如也需要使用各种专用记账凭证，但也存在较大差别，比较独特的做法是要设置"科目汇总表"这种具有汇总性质的记账凭证。使用的会计账簿、会计报表与前两种会计核算程序基本相同。

汇总记账凭证会计核算程序是指根据各种专用记账凭证定期汇总编制汇总记账凭证，然后根据汇总记账凭证登记总分类账，并定期编制会计报表的一种会计核算程序。

在汇总记账凭证会计核算程序下，采用的记账凭证与会计账簿种类也很多。从记账凭证角度看，除使用专用记账凭证外，还应使用各种汇总记账凭证，包括汇总收款凭证、汇总付款凭证和汇总转账凭证，这是该会计核算程序在记账凭证使用上的独特之处。使用的会计账簿和会计报表与记账凭证会计核算程序基本相同。

思考题

1. 什么是会计核算程序？设计会计核算程序的意义是什么？
2. 什么是记账凭证会计核算程序？这种会计核算程序有哪些优点？
3. 简述记账凭证会计核算程序的内容。
4. 什么是科目汇总表会计核算程序？这种会计核算程序有哪些优点？
5. 简述科目汇总表会计核算程序的内容。
6. 怎样编制科目汇总表？科目汇总表的主要作用是什么？
7. 什么是汇总记账凭证会计核算程序？简述其账务处理步骤。
8. 各种会计核算程序的主要区别是什么？

练习题

一、单项选择题

1. 各种会计核算程序最主要的区别是（　　）。
   A. 账簿组织不同　　　　　　　　B. 记账程序不同
   C. 登记总账的依据不同　　　　　D. 记账方法不同
2. 直接根据记账凭证逐笔登记总分类账，这种会计核算程序是（　　）。
   A. 记账凭证会计核算程序　　　　B. 科目汇总表会计核算程序
   C. 汇总记账凭证会计核算程序　　D. 日记总账会计核算程序
3. 采用科目汇总表会计核算程序要求编制的记账凭证是（　　）。
   A. 收款凭证一借多贷　　　　　　B. 付款凭证一贷多借
   C. 转账凭证一贷多借　　　　　　D. 记账凭证一借一贷
4. 在下列会计核算程序中，（　　）是最基本的核算形式。
   A. 总账会计核算程序　　　　　　B. 汇总记账凭证会计核算程序

C. 科目汇总表会计核算程序　　　　　　D. 记账凭证会计核算程序

5. 记账凭证会计核算程序的主要特点是（　　）。

A. 根据各种记账凭证编制汇总记账凭证　B. 根据各种记账凭证逐笔登记总分类账

C. 根据各种记账凭证编制科目汇总表　　D. 根据各种汇总记账凭证登记总分类账

6. 汇总收款凭证是根据（　　）汇总编制而成的。

A. 原始凭证　　　　　　　　　　　　　B. 汇总原始凭证

C. 付款凭证　　　　　　　　　　　　　D. 收款凭证

7. 汇总记账凭证会计核算程序适用于（　　）的企业。

A. 规模较大、经济业务较多　　　　　　B. 规模较小、经济业务不多

C. 规模较大、经济业务不多　　　　　　D. 规模较小、经济业务较多

8. 记账凭证会计核算程序适用于（　　）。

A. 规模较大、经济业务量较多的单位　B. 规模较小、经济业务量较多的单位

C. 规模较小、经济业务量较少的单位　D. 会计基础工作比较规范的单位

9. 科目汇总表会计核算程序的主要缺点是（　　）。

A. 登记总账的工作量太大　　　　　　　B. 编制科目汇总表的工作量太大

C. 不便于对会计工作分工　　　　　　　D. 看不出科目之间的对应关系

10. （　　）的特点是直接根据记账凭证逐笔登记总分类账。

A. 记账凭证会计核算程序　　　　　　　B. 科目汇总表会计核算程序

C. 汇总记账凭证会计核算程序　　　　　D. 多栏式日记账会计核算程序

二、多项选择题

1. 记账凭证会计核算程序需要设置（　　）账簿。

A. 总分类账　　　　　　　　　　　　　B. 明细分类账

C. 现金日记账　　　　　　　　　　　　D. 银行存款日记账

2. 目前，我国常用的会计核算程序有（　　）。

A. 记账凭证会计核算程序　　　　　　　B. 汇总记账凭证会计核算程序

C. 科目汇总表会计核算程序　　　　　　D. 多栏式日记账会计核算程序

3. 科目汇总表会计核算程序需要设置的记账凭证有（　　）。

A. 收款凭证　　　　　　　　　　　　　B. 付款凭证

C. 转账凭证　　　　　　　　　　　　　D. 科目汇总表

4. 总账的登记依据可以是（　　）。

A. 记账凭证　　　　　　　　　　　　　B. 汇总记账凭证

C. 科目汇总表　　　　　　　　　　　　D. 原始凭证

5. 记账凭证会计核算程序的优点有（　　）。

A. 登记总分类账的工作量较小　　　　　B. 账务处理程序简单明了，易于理解

C. 总分类账登记详细，便于查账、对账　D. 适用于规模大、业务量多的大中型企业

6. 在不同会计核算程序下，下列可以作为登记总分类账依据的有（　　）。

A. 记账凭证　　　　　　　　　　　　　B. 科目汇总表

C. 汇总记账凭证　　　　　　　　　　　D. 多栏式日记账

7. 科目汇总表会计核算程序的优点有（　　　）。
A. 简化登记总账的工作　　　　　B. 总账中能反映账户的对应关系
C. 总账中能逐笔反映经济业务的发生情况　D. 可以进行试算平衡
8. 在不同会计核算程序下，各种明细账登记的依据是（　　　）。
A. 收款凭证　　　　　　　　　　B. 付款凭证
C. 原始凭证　　　　　　　　　　D. 原始凭证汇总表
9. 各种会计核算程序的相同之处表现为（　　　）。
A. 根据原始凭证编制汇总原始凭证
B. 根据原始凭证或原始凭证汇总表编制记账凭证
C. 根据记账凭证逐笔登记总账
D. 根据总账及明细账编制会计报表
10. 关于科目汇总表会计核算程序，下列说法正确的有（　　　）。
A. 科目汇总表会计核算程序可以大大减轻总账的登记工作
B. 科目汇总表会计核算程序可以对发生额进行试算平衡
C. 科目汇总表会计核算程序下，总分类账能明确反映账户的对应关系
D. 科目汇总表会计核算程序适用于规模较大、业务量较多的单位

三、判断题

1. 无论采用哪种会计核算程序，记账凭证都可以采用收款凭证、付款凭证和转账凭证。（　　）
2. 科目汇总表和汇总记账凭证都是在记账凭证的基础上汇总形成的，因此它都可以反映账户间的对应关系。（　　）
3. 记账凭证会计核算程序的特点是直接根据汇总记账凭证逐笔登记总分类账和明细分类账，它是最基本的会计核算程序。（　　）
4. 各种会计核算程序的主要区别是其所采用的账簿的格式结构不同。（　　）
5. 编制财务会计报告是企业会计核算程序的组成部分。（　　）
6. 根据记账凭证汇总表逐笔登记总分类账的账务处理程序是记账凭证会计核算程序。（　　）
7. 汇总记账凭证会计核算程序可以简化总账的登记工作，所以适用于规模大、经济业务较多的大中型企业单位。（　　）
8. 总分类账只能根据记账凭证逐笔登记。（　　）
9. 各种会计核算程序之间的主要区别在于登记总账的依据和方法不同。（　　）
10. 任何会计核算程序的第一步是必须将所有的原始凭证都汇总编制为汇总原始凭证。（　　）

四、会计实训题

【目的】练习科目汇总表会计核算程序。
【资料】华兴公司 2021 年 11 月 1 日至 30 日发生以下经济业务。

1. 向大华工厂购入 A 材料 500 千克，每千克单价 140 元，增值税税率为 13%，货款以银行存款支付。

2. 以现金支付 A 材料运杂费 200 元。

3. A 材料 500 千克验收入库，按实际成本转账。

4. 行政部张清出差归来，报销差旅费 580 元，以现金支付。

5. 仓库发出 B 材料 400 千克，每千克进价 100 元，其中，300 千克用于生产甲产品，100 千克用于生产乙产品。

6. 购入新机器一台，价值 60 000 元，增值税税率 13%，以银行存款支付。

7. 销售给大发公司甲产品 200 件，每件 300 元，增值税税率 13%，货款尚未收到。

8. 仓库发出 A 材料 200 千克，每千克单价 130 元，用于生产甲产品。

9. 以现金 290 元支付销售产品运杂费。

10. 开出现金支票 1 800 元，提取现金。

11. 以转账支票 550 元购买管理部门办公用品。

12. 售出乙产品 100 件，价款 48 000 元，增值税税率为 13%，货款存入银行。

13. 收到华西公司所欠货款 58 500 元，存入银行。

14. 从银行提取现金 46 000 元，备发工资。

15. 以银行存款支付本月电费 4 800 元，其中，车间用电 4 000 元，管理部门用电 800 元。

16. 计提本月职工工资 109 000 元，其中，生产工人工资 68 200 元（甲产品工人工资 43 600 元，乙产品工人工资 24 600 元），车间技术、管理人员工资 16 200 元，行政管理部门人员工资 24 600 元。

17. 计提本月固定资产折旧 4 890 元，其中，车间用固定资产折旧 3 400 元，行政管理部门固定资产折旧 1 490 元。

18. 从南湖工厂购入 B 材料 300 千克，每千克单价 120 元，增值税税率为 13%，货款尚未支付。

【要求】

（1）根据上述经济业务编制会计分录。

（2）根据会计分录编制科目汇总表。

（3）依据科目汇总表登记相关总账。

练习题答案请见 【数字资源 9-1】

参考文献

[1] 李岚. 会计基础[M]. 上海：上海交通大学出版社，2020.

[2] 财政部会计财务评价中心. 初级会计实务[M]. 北京：经济科学出版社，2019.

[3] 周忠民. 会计学原理[M]. 大连：东北财经大学出版社，2021.

[4] 杨明海、骆希亚主编，会计学[M]. 北京：中国市场出版社，2015.

[5] 杨明海、邓青. 基础会计学[M]. 北京：人民邮电出版社，2020.

[6] 陈国辉，迟旭升. 基础会计[M]. 大连：东北财经大学出版社，2021.

[7] 唐国平. 会计学原理[M]. 北京：中国财政经济出版社，2020.

[8] 李建玲，周美容. 基础会计[M]. 长春：东北师范大学出版社，2016.

与本书配套的二维码资源使用说明

  本书部分课程及与纸质教材配套数字资源以二维码链接的形式呈现。利用手机微信扫码成功后提示微信登录,授权后进入注册页面,填写注册信息。按照提示输入手机号码,点击获取手机验证码,稍等片刻收到 4 位数的验证码短信,在提示位置输入验证码成功,再设置密码,选择相应专业,点击"立即注册",注册成功。(若手机已经注册,则在"注册"页面底部选择"已有账号?立即登录",进入"账号绑定"页面,直接输入手机号和密码登录。)接着提示输入学习码,刮开教材封面防伪涂层,输入 13 位学习码(正版图书拥有的一次性使用学习码),输入正确后提示绑定成功,即可查看二维码数字资源。手机第一次登录查看资源成功以后,再次使用二维码资源时,在微信端扫码即可登录进入查看。